高校思想政治教育治理研究丛书

高校思想政治教育生态治理研究

代玉启 白永生 等著

团结出版社

图书在版编目（CIP）数据

高校思想政治教育生态治理研究 / 代玉启，白永生著 . -- 北京：团结出版社，2022.9
　　ISBN 978-7-5126-9639-6

Ⅰ. ①高… Ⅱ. ①代… ②白… Ⅲ. ①高等学校 - 思想政治教育 - 研究 - 中国 Ⅳ. ① G641

中国版本图书馆 CIP 数据核字 (2022) 第 172232 号

出　　版：团结出版社
　　　　　（北京市东城区东皇城根南街 84 号 邮编：100006）
电　　话：（010）65228880　65244790（出版社）
　　　　　（010）65238766　85113874　65133603（发行部）
　　　　　（010）65133603（邮购）
网　　址：http://www.tjpress.com
E-mail：zb65244790@vip.163.com
　　　　　tjcbsfxb@163.com（发行部邮购）
经　　销：全国新华书店
印　　装：三河市东方印刷有限公司

开　　本：170mm×240mm　16 开
印　　张：14
字　　数：201 千字
版　　次：2022 年 9 月　第 1 版
印　　次：2022 年 9 月　第 1 次印刷

书　　号：978-7-5126-9639-6
定　　价：48.00 元
　　　　　（版权所属，盗版必究）

丛书编委会

主　编：冯　刚
副主编：吴满意　吴增礼　张小飞　吴成国

编　委（以姓氏笔画为序）：

王习胜　王　振　邓卓明　代玉启　白永生　冯　刚　成黎明　严　帅
李　明　李　琳　吴满意　吴增礼　张小飞　吴成国　张　智　罗仲尤
赵　君　胡玉宁　钟一彪　秦在东　徐先艳　谈传生　龚　超　鲁　力
谢成宇　谢守成

北京师范大学思想政治工作研究院
湖南大学马克思主义学院
电子科技大学马克思主义学院　　　　　　　**组编**
西南石油大学马克思主义学院
重庆交通大学思想政治教育质量评价中心

《高校思想政治教育治理研究》丛书
前　言

新时代高校思想政治教育治理研究从初步兴起到不断发展，逐渐成为高校思想政治教育研究的重要内容构成，是思想政治教育研究因事而化、因时而进、因势而新的发展结果，也是思想政治教育研究聚焦教育规律、思想政治工作规律、学生成长规律的发展结果。总的来说，遵循国家治理体系和治理能力现代化建设的战略部署，适应新时代思想政治教育治理理念政策的创新发展，回应思想政治教育实践的现实需求，是新时代高校思想政治教育治理研究兴起的三大重要因素。[①]

首先，开展高校思想政治教育治理研究是遵循国家治理体系和治理能力现代化建设战略部署的必然要求。

习近平总书记在中央全面深化改革领导小组第十二次会议上指出："要高度重视思想政治工作，改革推进到哪一步，思想政治工作就要跟进到哪一步。"[②] 今天，我们处在全面深化改革的历史阶段。2013年11月，十八届三中全会通过的《中共中央关于全面深化改革若干重大问题的决定》指出，全面深化改革的总目标是完善和发展中国特色社会主义制度，推进国家治理体系和治理能力现代化。2017年10月，党的十九大报告提出："必须坚持和完善中国特色社会主义制度，不断推进国家治理体系和治理能力现代化，坚决破除一切不合时宜的思想观念和体制机制弊端，突破利益固化的

[①] 冯刚等：《新时代高校思想政治教育治理论》，中国社会科学出版社2021年版，第41页。
[②] 《习近平主持召开中央全面深化改革领导小组第十二次会议强调：把握改革大局　自觉服从改革大局　共同把全面深化改革这篇大文章做好》，《人民日报》2015年5月6日。

藩篱，吸收人类文明有益成果，构建系统完备、科学规范、运行有效的制度体系，充分发挥我国社会主义制度优越性。"①可见，中国特色社会主义进入新时代，治理的意义和价值也愈加显现，特别是党的十八届三中全会将"完善和发展中国特色社会主义制度，推进国家治理体系和治理能力现代化"作为全面深化改革的总目标后，有关国家治理现代化的论题更是成为学界关注的焦点。对思想政治教育治理现代化，乃至高校思想政治教育治理现代化的理论诉求蕴含其中。②

2019年10月，党的十九届四中全会通过了《中共中央关于坚持和完善中国特色社会主义制度、推进国家治理体系和治理能力现代化若干重大问题的决定》，总结了国家制度和国家治理体系的优势，强调要加强制度理论研究和宣传教育，提出"加强和改进学校思想政治教育，建立全员、全程、全方位育人体制机制"。《决定》拓展了高校思想政治教育治理研究的视域，也使高校思想政治教育治理现代化研究有了直接的理论遵循。③2021年7月，中共中央、国务院印发《新时代加强和改进思想政治工作的意见》提出，要"加强学校思想政治工作，加快构建学校思想政治工作体系，实施时代新人培育工程，完善青少年理想信念教育齐抓共管机制，培养德智体美劳全面发展的社会主义建设者和接班人"。这些都对构建新时代高校思想政治教育治理体系提出了新要求，也对加强新时代高校思想政治教育治理的研究提出了新任务。

其次，开展高校思想政治教育治理研究是适应新时代思想政治教育治理理念政策的创新发展，推动高校思想政治教育高质量发展的客观需要。

党的十八大以来，以习近平同志为核心的党中央高度重视思想政治工作，把高校思想政治工作摆在突出位置，作出一系列重大决策部署，出台了一系列新时代高校思想政治教育政策制度，它们是开展高校思想政治教

---

① 《习近平谈治国理政（第三卷）》，外文出版社2020年版，第17页。
② 冯刚等：《新时代高校思想政治教育治理论》，中国社会科学出版社2021年版，第40页。
③ 冯刚等：《新时代高校思想政治教育治理论》，中国社会科学出版社2021年版，第40页。

育治理的重要依据。比如中共中央、国务院通过《关于加强和改进新形势下高校思想政治工作的意见》，对"构建教书育人、科研育人、实践育人、管理育人、服务育人、文化育人、组织育人长效机制"提出了明确要求；教育部印发《高校思想政治工作质量提升工程实施纲要》着力推动"十大育人体系"质量提升；教育部等八部门印发和实施《关于加快构建高校思想政治工作体系的意见》，对构建高校思想政治教育治理体系做出了明确的工作部署。文本上的政策规范必须要转化为现实中的工作行为，即高校思想政治教育治理实践是实现政策制度从文字要求转化为行动规范的基本方式，而"只有进行系统的高校思想政治教育治理研究，为实践提供科学的理论指导，才能用最适宜的治理手段、最合理的治理方式，通过最便捷的治理途径，达致最满意的治理效果，让新时代思想政治教育政策制度释放出最大的治理效能。所以，开展高校思想政治教育治理研究是贯彻落实新时代高校思想政治教育政策制度，实现其创新发展的内在要求"[①]。所以，在"十四五"规划和实现二〇三五年远景目标的大背景下，进一步关注和研究新时代高校思想政治教育治理的基础理论、重点内容、动力系统、评价方式、政策环境等不仅是推进国家治理现代化的题中应有之义，也是高校思想政治教育高质量发展的现实需要，对加强和改进高校思想政治教育、丰富思想政治教育学科内涵具有十分重要的理论和现实意义。

最后，开展高校思想政治教育治理研究是回应新时代高校思想政治教育实践发展的现实需求。

习近平总书记指出："一种理论的产生，源泉只能是丰富生动的现实生活，动力只能是解决社会矛盾和问题的现实要求。"[②]新时代思想政治教育环境、条件的变化，推动着高校思想政治教育工作的调整优化、守正创新。当前，世界百年未有之大变局加速演进，我国经济社会发展模式面临深刻调整，现代信息技术深刻改变着我们的生产生活方式、思维方式，这些增加了高

[①] 冯刚等：《新时代高校思想政治教育治理论》，中国社会科学出版社2021年版，第45页。
[②] 《习近平谈治国理政（第三卷）》，外文出版社2020年版，第63页。

校思想政治教育治理实践的复杂性,要求高校思想政治教育治理实践更加具有系统性、整体性和协同性。高校思想政治教育治理实践的复杂性和系统性,要求它的现代化进程需要以理论研究为基础,探究重要的基本问题,厘清重要的基本概念,并且以具体实践为导向,聚焦实践前沿,把握实践需求。开展新时代高校思想政治教育治理研究正是回应思想政治教育实践发展的现实需要。

"如何实现高校思想政治教育的有效治理不仅仅是实践课题,也是理论课题,具体涉及治理什么、为什么需要治理、如何治理、治理效果怎么样等一系列问题。"① 高校思想政治教育治理作为一个理论课题,涉及的重点问题包括:高校思想政治教育治理为什么要实现现代化,高校思想政治教育治理现代化的理论支撑和实践基础是什么,高校思想政治教育治理需要实现什么样的现代化,新时代高校思想政治教育治理体系治理能力的基本特征是什么等。② 其中,高校思想政治教育治理的基本内涵、基本特征、价值要义等是研究重点。高校思想政治教育治理作为一个实践命题,需要有丰厚的科学理论作指引。思想政治教育治理实践的复杂性和系统性,要求它的现代化进程必须以思想政治教育实践为导向,聚焦实践前沿,把握实践需求,并寻求与之相对应的科学理论作支撑。③ 高校思想政治教育治理实践的运行研究是高校思想政治教育治理研究的重要组成部分。其中,高校思想政治教育治理的载体运用、方法创新、危机应对、队伍建设、质量评价、外部环境等应该是研究的重点内容。

综上所述,立足新时代,开展高校思想政治教育治理研究具有重要的理论价值和现实意义,是思想政治教育学科发展的新增长点。本丛书旨在从不同侧面对上述问题做出探索性研究,为构建高校思想政治教育治理体系和治理能力在学理和实践体系方面提供参考。丛书包括《高校思想政治教育治理引论》《高校思想政治教育治理能力研究》《高校思想政治教育数据治理研究》《高校思想政治教育治理生态研究》《高校思想政治教育治

---

① 冯刚等:《新时代高校思想政治教育治理论》,中国社会科学出版社2021年版,第43页。
② 冯刚:《推进新时代思想政治教育治理体系现代化》,《中国教育报》2020年3月19日。
③ 冯刚:《推进新时代思想政治教育治理体系现代化》,《中国教育报》2020年3月19日。

评价研究》5本分册，分别从基本理论、治理能力、数据治理、环境治理和治理评价等方面开展深入研究。《高校思想政治教育治理研究》系列丛书的编写，邀请了思想政治教育学界理论与实践方面的相关专家学者共同参与，其中既有马克思主义学院长期从事思想政治教育研究的资深专家，也有在大学生思想政治教育一线工作的中青年骨干，还有来自高校思想政治工作不同战线的相关负责同志。因此，丛书的编写工作不仅注重对理论问题的深入探讨，也注意在理论与实践的良性互动下，不断总结与提升高校思想政治教育相关实践经验，坚持理论与实践相统一，坚持思想政治教育学科与多学科协同研究相促进，不断推动高校思想政治教育治理研究的持续深入发展，从而为培养理论研究的学术团队和实践领域的行家里手，推动高校思想政治教育治理的高质量发展做出贡献。

丛书主要对高校思想政治教育治理的理论基础、治理能力、数据治理、治理生态、治理评价等基本问题做了初步研究和探索，并没有涵盖高校思想政治教育治理涉及的所有问题，期待学界对高校思想政治教育治理问题给予更多的关注，有更多学界同仁参与到这一问题的研究中，共同推动思想政治教育学科内涵式发展，实现思想政治教育研究的理论创新，推动高校思想政治教育治理的实践创新，为提高高校思想政治教育的育人治理和效能，建设中国特色世界一流大学，推动国家治理现代化贡献力量。

冯刚

目 录

导 论 生态治理——高校思想政治教育的重要视角 …………… 001
  一、当前高校思想政治教育生态治理模式分析：样态与效应 ……… 002
  二、基于质量导向的高校思想政治教育生态治理模式：内涵与特质 …… 006
  三、基于质量导向的高校思想政治教育生态治理模式优化理路 …… 009

第一章 高校思想政治教育生态的历史变迁 …………………… 016
  一、高校思想政治教育生态的演进历程 ……………………… 016
  二、高校思想政治教育生态的历史发展特征 ………………… 034
  三、高校思想政治教育生态治理的历史经验 ………………… 039

第二章 高校思想政治教育生态的现状分析 …………………… 044
  一、高校思想政治教育生态治理的基本情况 ………………… 044
  二、高校思想政治教育生态系统面临的困境 ………………… 048
  三、高校思想政治教育生态系统面临困境的主要原因 ……… 054

第三章 境外高校思想政治教育生态概览——以新加坡为例 …… 059
  一、新加坡高校思想政治教育治理模式：政府监督、
    大学自治、多方参与型治理模式 ………………………… 060
  二、新加坡高校思想政治教育生态治理的实践路径 ………… 062
  三、新加坡高校思想政治教育生态治理模式特征 …………… 069

第四章 高校思想政治理论课程生态治理 ……………………… 071
  一、高校思想政治理论课程的制度生态治理 ………………… 071
  二、高校思想政治理论课程的"微生态"治理 ………………… 075
  三、高校思想政治理论课程"小课堂"与"社会大课堂"
    生态的协同治理 …………………………………………… 080

　　　　四、高校思想政治理论课主渠道与日常思想政治
　　　　　　教育主阵地生态的协同治理 ·············· 085
　　　　五、高校思想政治理论课程网络生态治理 ············ 088

第五章　高校日常思想政治工作生态治理 ················ 092
　　　　一、高校日常思想政治工作生态治理的意蕴阐述 ········ 092
　　　　二、高校日常思想政治工作生态治理的机遇 ·········· 098
　　　　三、高校日常思想政治工作生态运行逻辑 ············ 103
　　　　四、高校日常思想政治教育工作生态治理 ············ 108

第六章　社会良性运行：高校思想政治教育生态
　　　　治理的有效保障 ························ 123
　　　　一、社会良性运行与思想政治教育生态治理整合 ········ 123
　　　　二、社会良性运行影响高校思想政治教育生态治理的机制 ···· 127

第七章　思想政治工作者：高校思想政治教育生态治理
　　　　的关键力量 ·························· 135
　　　　一、高校思想政治教育生态治理的主体界说 ·········· 135
　　　　二、思想政治工作者在高校思想政治教育生态治理中的重要作用 ··· 141
　　　　三、以高校思想政治工作者治理效能提升助推思想政治
　　　　　　教育生态治理现代化 ···················· 145

第八章　高校思想政治教育生态治理实践问题的再思考 ········ 152
　　　　一、治理载体：实现高校班集体本质的时代拓展 ········ 152
　　　　二、治理主体：实现辅导员与思政课教师协同育人 ······ 159
　　　　三、治理目标：培养担当民族复兴大任的时代新人 ······ 166
　　　　四、治理样态：建构基于社会运行的"大思政课"体系 ···· 178

结　　语 ·································· 188
　　　　一、本书研究的主要内容和研究维度 ·············· 188
　　　　二、全书研究呈现的主要特点 ·················· 194
　　　　三、需要继续深化和拓展研究的重点问题 ············ 198

参考文献 ·································· 203

后　　记 ·································· 208

导 论
生态治理——高校思想政治教育的重要视角

党的十九届四中全会指出:"坚持和完善中国特色社会主义制度、推进国家治理体系和治理能力现代化,是全党的一项重大战略任务。"① 这不仅为国家治理指明了方向,更对思想政治教育治理提出更高的要求。作为党和国家各项工作的"生命线"和中心环节,无论处于课程形态、实践形态抑或学科形态,思想政治教育都不是孤立的,而是与社会大系统、社会其他系统之间相互联系、相互制约,耦合运行。在此意义上,开展思想政治教育治理必须运用全局性、系统性、动态性的思维方式。生态学作为社会科学和自然科学之间的桥梁,内蕴系统性、全局性、动态性的思维特征。因此,借鉴并运用生态思维研究思想政治教育治理,同时构建思想政治教育生态治理体系,不仅是助推实现新时代高校思想政治教育治理体系和治理能力现代化的重大理论和实践命题,更是高校思想政治教育内涵式发展的实现路径。

从已有的研究成果看,研究高校思想政治教育生态治理的思路一般都是从学理层面入手,在社会治理或生态学视域下分析高校思想政治教育内涵、意义、特征和价值,随后进入实践层面,聚焦和探索相关对策建议以及由此衍生出的一些问题,而对内在机理和逻辑关注不够。为更清晰地描述高校思想政治教育生态治理的演进机理,必须将当前高校思想政治教育

---

① 《中共中央关于坚持和完善中国特色社会主义制度 推进国家治理体系和治理能力现代化若干重大问题的决定》,《人民日报》2019 年 11 月 6 日。

生态治理模式的样态和效应进行有效梳理，对高质量的高校思想政治教育生态治理模式的演化机理进行反思性分析，进而得出结论和启示。因此，本研究在立足当前学界理论研究和发展样态的基础上，跳出思想政治教育生态治理本身来看思想政治教育生态治理，厘清高校思想政治教育现有治理模式的效应和成因，力图阐释基于质量导向的生态治理模式内涵和特质，优化其展开理路。

一、当前高校思想政治教育生态治理模式分析：样态与效应

（一）当前高校思想政治教育生态治理模式的样态分析

党的十八大以来，高校思想政治教育坚持立德树人根本任务，坚持社会主义大学办学治校基本内涵，坚持守正创新重要方法，通过协同创新、统筹发展，培养了一大批建设中国特色社会主义事业的时代新人，总体呈现持续加强改进的良好发展态势，得到国家、社会各界、学校和家庭的肯定。正如习近平总书记在全国高校思想政治工作会议上指出："对当代高校学生，党和人民充分信任、寄予厚望。"[①] 这充分证明我国高校思想政治教育现有治理模式的有效性。当前我国高校思想政治教育的治理模式，总体已形成"以学校党委统筹领导，马克思主义学院统管思想政治理论课，学工部门统管日常思想政治教育工作，党政工团齐抓共管"这一具有中国气派、中国特色、中国风格的"中国之治"。高校思想政治教育治理的体制机制运转顺畅，初步形成高校思想政治工作质量提升"十大"育人体系、"省－市－县－高校"纵向一体化思想政治工作体系和"党委政府教育工作、学校、教师、学生、用人"五位一体的教育评价改革体系。然而，从生态视角检视目前我国高校思想政治教育治理，还存在诸多短板，其重要原因之一在于目前高校思想政治教育治理体系和治理能力现代化存在不足。而当前高校思想政治教育生态治理模式的三种宏观样态值得学界关注，具体表现为：

一是"不出事"倾向。"不出事"倾向以稳定主义为中心，以安全稳定

---

① 《习近平在全国高校思想政治工作会议上强调：把思想政治工作贯穿教育教学全过程　开创我国高等教育事业发展新局面》，《人民日报》2016年12月9日。

为高校思想政治教育的着眼点和落脚点。一方面，它表现为以"不求有功、但求无过"的治理理念，追求"学生不闹事、高校不出事"的治理目标，甚至存在以"人治"为导向的摆平行为和以"模糊责权"为导向的"和稀泥"现象。这一现象的实质是忽视高校思想政治工作"因事而化、因时而进、因势而新"的理论导向与实践路径，导致高校思想政治教育的创新意识匮乏、变革精神贫乏、实践理念缺乏。另一方面，它表现为以"服务为中心"的治理理念，追求"表面和谐"的治理目标，片面强调服务，对高校大学生存在的错误观点和行为抱有"多一事不如少一事"的消极态度，却忽略思想理论教育、价值引领的内在要求和首要任务，导致思想政治教育在立德树人中严重缺位。其实质是未能有效把握教书育人、思想政治工作和高校学生的成长三者的内在规律，导致高校思想政治工作在"解决实际问题和解决思想问题相结合""规范严格教育要求和科学精准教育方式相结合"上存在明显短板。

二是形式化倾向。形式化倾向以形式主义为中心，以数量、数据作为高校思想政治教育的评价标准，是典型的形式对内容的僭越。第一，它表现为活动至上。以追求思想政治教育"形象工程"之逻辑开展。思想政治理论课实践教学、思想政治教育日常实践活动均满足于声势浩大的活动演出，追求惊涛拍岸的宣传声势，却忽略春风化雨、润物细无声的教育方式和教育效果，使思想政治教育停滞于"墙上风景"。第二，它表现为数据为王。以量化思维为治理导向，过度依赖表格清单、过度注重数据指标和量化考核在思想政治教育中的应用，而忽视教育内容、教育对象、教育环境的差异，比如通过采用人脸识别技术考核高校学生课堂出勤率和抬头率。第三，它表现为有始无终。以传达到位为治理导向，呈现出重部署轻落实、有开头无结尾、有形式不作为的态势，缺乏对思想政治教育实践的持续性跟进、阶段性评估和实效性反思。在这种态势影响下，高校思想政治教育注重形式手段的创新求异，忽视学理的透析回应，致使思想政治教育形式与内容脱节，育人实效难以显现。

三是碎片化倾向。碎片化倾向以本位主义为中心，是导致高校思想政治教育育人效果不够理想的重要原因。一方面，当前高校思想政治教育治理缺乏协同性。多头领导、责权不明晰的顽疾在高校思想政治教育中普遍存在且影响深远。高校内部子系统各自为政、自成体系，部门之间、上下级之间沟通协调难度大，协同育人衔接不够紧密，各行其道。碎片化的高校思想政治教育治理严重削弱思想政治工作的效能。另一方面，当前高校思想政治教育治理缺乏系统性，统筹规划和资源整合能力薄弱，临时性、突击性活动较多，系统性、长远性的资源聚合匮乏，思想政治教育的连贯性、持续性、渗透性机制不够完善。这导致高校思想政治工作中琐碎事务接二连三，临时安排层出不穷。"时间紧、任务重、压力大"成为高校思想政治教育基层执行者和学生的常态化现象。这种碎片化倾向导致的冲突、内耗和盲区制约了高校思想政治工作质量的整体提升[①]，对高校思想政治教育工作者和学生带来困扰，尤其是学生主观能动性无法得到有效发挥。

（二）当前高校思想政治教育生态治理模式的效应

基于上述三种生态治理模式的样态分析，高校思想政治教育在加强和改进的过程中依旧存在困境。这些问题不仅影响思想政治教育的实效性，而且也影响人们对思想政治教育的认同感。总体而言，现有高校思想政治教育生态治理主要表征为三种具体效应。

一是高校思想政治教育对学生成长的贡献值仍需提高。反思当前高校思想政治教育生态治理模式的三种样态，无论是稳定主义导致的"不出事"倾向、形式主义引起的形式化倾向，抑或本位主义产生的碎片化倾向，突出表现为学生对思想政治教育获得感不强，甚至稍显抵触。这反映出当前高校思想政治教育对学生成长贡献值仍显不足的深层次效应。尽管疫情防控、精准扶贫、建党百年等重大主题和重要契机对高校学生"培养爱国之情、砥砺强国之志、实践报国之行"[②]具有重大涵育功能，但究其本质，这主要不是高校思想政治教育发挥的作用，而是基于国家和民族宏大叙事下的现实实践和历史传承的重要作用。在此逻辑下，高校学生思想行为变化与思

---

① 冯刚、成黎明：《治理视域下高校思想政治工作体系构建的逻辑与路径》，《思想理论教育》2020年第8期。

② 《中共中央 国务院印发〈新时代爱国主义教育实施纲要〉》，《人民日报》2019年11月13日。

想政治教育之间的内在关联究竟如何？当前思想政治教育对高校学生思想行为变化的直接和间接作用如何体现？当前思想政治教育对高校学生思想行为变化的正向和负向作用又有哪些？这是高校思想政治教育理论和实践急需解决的问题。唯有厘清其内在机理，才能有效提高思想政治教育对高校学生成长的贡献值。

二是高校思想政治教育者自我认同困惑亟待开解。让有信仰的人讲信仰，使思想政治教育队伍真正做到"可信、可敬、可靠，乐为、敢为、有为"，这是推动新时代高校思想政治工作高质量高标准发展的重要条件。然而，当前高校思想政治教育队伍，尤其是高校辅导员普遍存在工作负荷强、焦虑感强、社会地位和经济收入低、考核晋升压力大等现实问题。这些现实问题加剧高校思想政治教育者职业倦怠和职业消极、获得感和幸福感缺失，尤其表现为高校辅导员的高转岗率和离职率。其实质是高校思想政治教育者在外部环境影响下对自我认同的困惑和消解。而这一效应的凸显也直接影响高校思想政治教育者对学生价值引领、解疑释惑的质量、效度和张力，使思想政治教育实践从本源上大打折扣。

三是高校思想政治教育的整体形象有待优化。当前高校思想政治教育整体形象与高校思想政治工作的定位和要求还存在一定差距，具体体现为四个维度。从思想政治教育受众而言，高校学生对思想政治理论课和其他专业课之间存在差异化区分，对思想政治教育者和其他教师之间存在差异化对待，部分学生甚至认同思想政治教育"无用论"、思想政治理论课是"水课"等错误观点。从思想政治教育外部参与者和旁观者而言，社会外部对高校思想政治教育整体认同不强，思想政治教育的高校内外协同联动不够，社会实践大课堂与高校思政小课堂相脱节。从思想政治教育内部参与者而言，高校其他教师和家长受实用主义影响，片面强调专业导向的育人功能，忽视思想政治教育和思想政治教育者的重要性和必要性。从思想政治教育者自身而言，社会认同感、同行重视度、个人获得感三方面的缺失导致高校思想政治教育者陷入自我认同困境，对思想政治教育的整体形象产生一定负面效应。通过对整体形象四个维度的勾勒，我们发现当前高校思想政治教育的整体形象还有待优化。

二、基于质量导向的高校思想政治教育生态治理模式：内涵与特质

治理是现代文明社会的一个重要概念。自20世纪90年代以来，"治理""善治""全球治理"已成为经济学、政治学、社会学、管理学等领域的研究热点。治理不同于"统治""管理"，"它是一种公共管理活动和公共管理过程，它包括必要的公共权威、管理规则、治理机制和治理方式"。[①]"善治"是治理的理想状态，俞可平教授将其基本要素归纳为10个方面，即合法性、法治、透明性、责任性、回应性、高效性、公共参与、社会稳定、廉洁和公正。[②]

自全国高校思想政治工作会议召开以来，党和国家出台一批思想政治工作的政策文件，其核心要义即高校思想政治教育治理能力和治理体系现代化。质量是社会经济发展的生命线。以质量为导向推动高校思想政治生态治理体系和治理能力现代化，是当前和今后一个时期确定高校思想政治教育生态治理思路、优化其生态治理模式、实施其具体措施的根本要求。实现高质量思想政治教育生态治理，是"创新、协调、绿色、开放、共享"的新发展理念在高校思想政治教育中的生动实践，是解决高校师生、特别是学生日益增长的对美好精神生活需要和不平衡不充分供给之间的发展革新，是高校思想政治教育生态治理模式从"有没有"转向"好不好"的根本转变。

基于质量导向的高校思想政治教育生态治理模式，其内涵意蕴丰富。首先它须是一种善治，其本质特征在于它是国家政府与高校师生对思想政治教育场域的合作管理，是党和国家与高校师生围绕"立德树人"构建的一种新型关系，是两者之间的理想状态。其次，法治是高校思想政治教育生态治理模式的基础。以健全的高等教育法律法规、公正廉洁的高等教育（内外部）环境、公开透明的教育资源为支撑的法治理念和制度体系是确保高校思想政治教育生态治理得以高质量发展的有效保障。最后，民主是高

---

① 俞可平：《全球治理引论》，《马克思主义与现实》2002年第1期。
② 俞可平：《全球治理引论》，《马克思主义与现实》2002年第1期。

校思想政治教育生态治理模式的核心要义。其要求在治理过程中以"善治"代替"统治"、以"参与"代替"漠视"、以"回应"代替"强制"、以"聚焦人"代替"聚焦物"、以"双向互动"代替"自上而下"、以"创新"代替"封闭"。唯行此道，其治理效能才能凸显、治理可持续性才能持久。

在对高校思想政治教育现有模式样态、效应和成因分析基础上，结合质量导向的内涵意蕴阐释，笔者认为高质量的高校思想政治教育生态治理模式应符合以下五种特质。

第一，坚持立德树人导向作为高质量的生态治理模式的根本标准。高校肩负着为党育人、为国育才的重大时代使命，其立身之本在于"立德树人"。因此，"立德树人"是高校思想政治教育生态治理模式评价好坏的根本标准，是评估现有治理模式的"探照灯"。坚持"立德树人"导向的治理模式，一方面在遵循系统治理思维下，高校思想政治教育生态治理顶层设计上凸显人本理念，统筹谋划和资源整合得以加强，引导青年做到"明大德、守公德、严私德"，将其培养为担当民族复兴大任的时代新人、德智体美劳全面发展的社会主义建设者和接班人，让"立德树人"这一高标准、高质量、长远性的治理目标导向贯穿于高校思想政治教育生态治理全过程；另一方面，以加强党的全面领导为统领的生态治理框架得以巩固，从决策、执行到保障、督导和考核五位一体的高校"立德树人"系统运行机制体制得以健全，"立德树人"在高校思想政治教育生态治理的核心地位得以彰显。

第二，紧抓高校教师的师德师风和综合素养作为高质量生态治理模式的前提标准。高校思想政治工作是做人的工作，靠得也是人，而非人工智能可以取代。因此，作为思想政治教育生态治理的重要主体和参与者，高校教师不仅是立教之本、兴校之源、育才之基，也是高质量推进思想政治教育治理能力和治理体系现代化的重要组成部分。高校教师良好的师德师风和综合素养是高校思想政治教育高质量的生态治理模式的前提标准。在全员育人视角下，这一教师队伍既包括思想政治理论课教师、辅导员和班主任、党政机关干部、共青团干部，也包括其他专业课教师。一方面，高质量的生态治理模式确保从源头治理切入，紧抓师德师风建设成效显著，教师教育体系建设不断夯实，教育育人责任担当增强，典型示范引领效应显现。另一方面，高质量的生态治理模式要求全面提升高校教师的综合素养。例如，思想政治理论课教师和其他专业课教师的课程育人、科研育人得以全方位提升；辅导员和班主任的实践育人、网络育人、资助育人和心理育人得以专业化发展；党政机关干部、共青团干部的组织育人、管理育人和服务育人得以深层次拓展。

第三，聚焦学生"适应－引领"一体化作为高质量的生态治理模式的基本着眼点。从当前实践状况来看，思想政治教育处于基本适应新时代的状态，存在落后于新时代的潜在风险，蕴含引领新时代的迫切希望。[①]习近平总书记寄语"95后"青年大学生"朝气蓬勃、好学上进、视野宽广、开放自信，是可爱、可信、可为的一代"[②]。同时马克思指出："问题是时代的格言，是表现时代自己内心状态的最实际的呼声。"[③]当前大学生处于人生的拔节孕穗期、成长的烦恼期，在学习生活交往中尤需人生导师和知心朋友精心引导和栽培。高质量生态治理模式的特征表现为聚焦学生"适应－引领"这一维度开展思想政治教育。在"适应－引领"一体化为着眼点的生态治理模式下，一方面，以围绕学生、关照学生、服务学生为出发点，对不同性别、民族、地域、家庭背景学生身心特点的认识规律不断深化，回应难点、解疑释惑的能力有效增强，思想政治教育主观能动性有效发挥，学生对高校思想政治教育工作者的信任感有效提升；另一方面，在适应基础上抓好价值引领这一关键，助力学生在理想信念教育中得以补"钙"壮骨，对透彻学理分析、彻底思想理论和强大真理力量的获得感逐渐上升，人生成长发展的视野、境界和格局显著提升。

第四，构建良性运转的微观治理环境作为高质量的生态治理模式的内在动力。微观生态是高校思想政治教育生态治理在一定范围内对师生起直接影响的物质和精神总和。从组织构架上看，高校本身，包括高校内部的党团组织、学生社团、班级均可视为一个作为独立运行的"微观"机构，须遵循机构运行的客观规律和运转逻辑。构建良性运转的微观治理环境这

---

① 代玉启、李济沅：《思想政治教育的工作形态及优化理路》，《思想教育研究》2021年第2期。
② 《习近平在全国高校思想政治工作会议上强调：把思想政治工作贯穿教育教学全过程 开创我国高等教育事业发展新局面》，《人民日报》2016年12月9日。
③ 《马克思恩格斯全集（第一卷）》，人民出版社1995年版，第251页。

一特征要求高校、党团组织、学生社团和班级在推进民主化和法治化建设中提升回应性。一方面，民主化建设主要体现在学校、党团组织、学生社团和班级在具体事务的决策层面，良性运转的民主决策既要使集体中个体意志得以有效表达和及时反馈，又要在集体决策中体现大多数人普遍意志，使师生在参与中感受主人翁意识，在民主化赋能中提升获得感。另一方面，法治化建设体现于学校、党团组织、学生社团和班级的建章立制，在国家法律体系、主管部门规范制度指导下，结合学校、党团组织、学生社团和班级成员的实际普遍诉求制定相关章程、条例和准则，以"遵法、守法、用法"的依法治理保障师生权益、回应师生疑惑。

第五，优化向上向好的社会宏观环境优化作为高质量的生态治理模式的外在保障。高校思想政治教育生态治理应注重宏观系统运行，注重自身与国家、社会、政党等宏观环境之间的交互影响，因此，社会宏观环境的优化是高校思想政治教育高质量治理模式的外在保障。当社会良性运行，社会风气持续向上向好，宏观环境中的其他社会子系统与高校思想政治教育系统也会相互促进，从而使高校思想政治教育生态治理的外部支持渐强，阻力减弱。反之，社会劣性运行则会导致高校思想政治教育生态治理的外部支持减弱，阻力渐强，呈现相对偏离、失控甚至畸形发展的样态。

三、基于质量导向的高校思想政治教育生态治理模式优化理路

优化新时代高校思想政治教育生态治理模式是一项整体系统工程，是确保高校思想政治教育永葆生机活力的内生动力。新时代思想政治教育生态治理的首要任务是"加强制度理论研究和宣传教育，引导全党全社会充分认识中国特色社会主义制度的本质特征和优越性，坚定制度自信。"[①] 以质量导向的逻辑铺陈其内涵和特质，高校思想政治教育生态治理模式的优化理路应把握以下八个要点。

---

① 《中共中央关于坚持和完善中国特色社会主义制度 推进国家治理体系和治理能力现代化若干重大问题的决定》，《人民日报》2019年11月6日。

(一)探索顺畅高效的思想政治教育生态治理机制

优化高校思想政治教育生态治理模式,必须以体系建设为统领,把高质量发展的要义贯穿于思想政治教育发展的全过程全领域。探索顺畅高效的思想政治教育生态治理体系,主要涵盖基本理论传输机制、宏观政策转化机制、学生问题反馈机制、行政职能转变机制。一是在基本理论传输层面,实现由理论体系向教学体系、实践体系和行动指南转化的传输逻辑。马克思指出:"理论一经掌握群众,也会变成物质力量。理论只要说服人,就能掌握群众;而理论只要彻底,就能说服人。"[①] 然而,理论传输的内在转化不会自发形成,它有赖于针对性的宣传教育。面向高校学生,探索将抽象理论教学熔铸于对共产党执政规律、社会主义建设规律、人类社会发展规律的具体阐释中,将理论宣传置于"世界和中国发展大势、中国特色和国际比较、时代责任和历史使命、远大抱负和脚踏实地"四个正确认识中,在课堂教学、集中宣讲、社会实践、场景体验等方式中强化时代性和感召力,从而把历久弥新的马克思主义基本理论、与时俱进的中国特色社会主义理论体系传输至学生群体,真正做到入脑入心。二是在宏观政策转化层面,实现宏观政策向微观政策有效转化的运行逻辑。探索将党和国家关于思想政治教育的一揽子宏观政策以章程、制度、决议等形式纳入高校微观治理体系,围绕宏观政策执行形成科学、规范、系统和可操作的制度体系,使顶层设计的"总方案"与贯彻落实的"配套文件"相得益彰,从而以制度运行推动政策落地见效,高质量推进思想政治教育生态治理。三是在学生问题反馈层面,实现由单向机械反馈向互动个性反馈的转化。思想政治教育生态治理必须协调主体间的互动,以双向互动来满足学生主体意识和个性诉求。探索"问题收集广泛性、问题反馈多样性、问题研判精准性、问题处理及时性"一体化运行的治理体系,主动关注思想政治教育中的热点难点,为学生群体提供平等交流、对话协商的治理平台,引导学生在解决实际问题中增强思想政治教育亲和力和针对性,实现高校思想政治教育生态治理"适应-引领"的有效路径。四是行政职能转变层面,实现由科层

[①] 《马克思恩格斯选集(第一卷)》,人民出版社2012年版,第897页。

制向扁平化的机构设置转变。当前,中国政府和高校行政部门传统的线性科层制无法跨越"权力"的牢笼。治理是公共权力与社会的互动过程。① 高校思想政治教育生态治理良性运转需要协调处理好政府和高校、高校内部之前的权力配置关系。各级政府应通过宏观调控等手段科学的实行简政放权,促进政府教育管理职能由管制型向协同型转变,赋予学校更大的自主权和更高的自治权,激发高校办学活力。高校应打破现行行政部门界限,优化科层制管理环节,消解校内主动和被动、主要与次要、重点与非重点的区隔化模式,形成相互合作、共同参与的集决策、管理、操作一体化扁平化治理网络。②

(二)打造多元主体的思想政治教育队伍

优化高校思想政治教育生态治理模式,必须加强高校思想政治教育教师队伍和专门力量建设,努力形成一支多元主体、素质优良、主动创新的高校思想政治工作专门力量。一是数量上遵循"专兼结合、总量达标、全员育人"原则。严格落实专职思想政治理论课教师队伍、专职辅导员队伍、专职心理咨询专职教师队伍的足额配备。将党政干部、共青团干部、思想政治理论课教师、辅导员和班主任、哲学社会科学课教师、心理咨询教师等队伍整体纳入高校思想政治工作系统谋划,在培养培训、职务评聘、待遇提升方面落细落实。全面推进所有学科课程思政建设,充分发挥各类课程教师、研究生导师、名师大家和学术领头人等专门力量的育人合力,让高校思想政治教育真正做到全员化。二是质量上遵循"提升战斗力、增强主动性、激发创造性"原则。科学制定思想政治教育生态治理队伍建设的体制机制,优化思想政治工作人才配置,打通各支队伍专业化、职业化、专家化发展的路径,提升思想政治教育全员战斗力。严格把牢教师资格和准入制度,把思想政治表现和育人功能发挥作为重要首要考核指标,加大师德师风激励和处罚力度,高质量建设"传道者明道信道"的高校教师队伍,在真学真懂真信真用中提升思想政治教育队伍的积极性和主动性。引导思

---

① 徐勇:《GOVERNANCE:治理的阐释》,《政治学研究》1997年第1期。
② 杜明峰、范勇、史自词:《学校治理的理论意图与实践进路》,《教育研究》2021年第8期。

想政治教育创新工作方法，比如坚持问题导向开展调查研究的能力、从实际出发开展理论实践的能力、将互联网这一"最大变量"变成"最大增量"危机转化的能力，从而提升思想政治教育整体水平，激发思想政治教育者内生动力。

（三）建构以生为本的思想政治教育治理生态

优化高校思想政治教育生态治理模式，必须推动学生从治理对象到治理主体转变，制定契合学生自身发展需要的治理方式，建构起学生信赖、双向互动、深度参与的治理生态。一是构建师生平等互动的治理生态。改变传统思想政治教育单向灌输模式，强化治理的双向互动运行过程，将思想政治教育生态治理目标聚焦学生学习生活的全方位，治理方式服务解决学生个性化、差异化、多样化诉求的精准供给，让信赖成为师生参与思想政治教育生态治理的共识。二是塑造激发学生自我教育的治理生态。只有能激发学生进行自我探索的教育过程，才是真正好的教育。将锻炼培养学生独立思考与创新思维作为高校思想政治教育生态治理的重要内容，通过启发式教学、共创式实践、沉浸式教育、协商性对话等方式赋予学生在治理运行中的主体性和能动性，以潜移默化、润物无声的方式促进学生自主选择、主动体验和自我反思。三是打造朋辈互助共同体的治理生态。朋辈群体是现代社会下对青少年思想和行为影响最显著的力量之一。积极正向的朋辈互助氛围是高校思想政治教育生态治理的良好内部生态。因此，高校应鼓励学生以实现共同美好愿景为目的，建立朋辈互助运行场景，发挥学生相互学习、相互监督、相互引导的朋辈互助共同体育人示范作用。

（四）集成"守一望多"的思想政治教育内容体系

思想政治教育内容体系是思想政治教育生态治理体系的重要组成部分。优化高校思想政治教育生态治理模式，必须集成以"守一望多"为原则的思想政治教育内容体系。"一"指社会主义核心价值观，贯穿思想政治教育内容体系的主题主线。"多"指思想政治教育的重要分支内容，如思想教育、就业创业教育、安全教育、心理健康教育等。"守一望多"原则要求正确处理好主题主线与重要分支的辩证统一关系。一是聚焦主题主线。将培育和践行社会主义核心价值观贯穿高校思想政治教育全过程。以思想政治课程理论与实践教学、专业课程理论与实践教学、校园文化实践活动和大学生日常生活为重要载体,把社会主义核心价值观融入思想教育、就业创业教育、安全教育、心理健康教育等重要分支,在显性教育和隐性渗透中把社会主义核心价值观内化为高校学生的价值追求。二是把牢重要分支。强化思想政治教育在思想教育、就业创业教育、安全教育、心理健康教育等具体语境和场景的实践,切实回应学生思想困惑、解决学生实际困难,有效引导学生在汲取中华优秀传统文化、革命文化和社会主义先进文化思想中实现创造性转化,在弘扬民族精神和时代精神中实现创新性发展,从而在思想政治教育生态实践治理中丰富社会主义核心价值观内涵。

(五)秉承灵活创新的思想政治教育方法

思想政治教育方法是开展思想政治教育生态治理的重要手段。创新是思想政治教育方法发展的需要。优化高校思想政治教育生态治理模式,必须秉承灵活创新的思想政治教育方法。一是注重显隐结合。实现高质量的生态治理不仅需要发挥思想政治理论课对学生进行国家政策、法律制度、道德规范宣传的显性教育,也需要挖掘其他课程教学、育人方式、社会生活中蕴含的思想政治教育资源以进行隐性教育。一方面,强化思想政治理论课的理论武装引领。坚持和发展马克思主义,以中国共产党带领中国人民进行革命、建设、改革的伟大斗争和中国特色社会主义经济建设、政治建设、文化建设、社会建设、生态文明建设的生动实践为教育素材,通过形式多样的教育载体和教学手段,理直气壮地开展思想政治理论课堂教学,不断增强思想性、理论性和亲和力、针对性。另一方面,深度挖掘其他课程教学、育人方式、社会生活中蕴含的思想政治教育元素。发挥"课程思政"承载的"思政寓于课程"的隐性育人价值,实现思想政治教育与知识体系教育有机融合;发挥校史馆和文化墙等物质文化、制度规章和学生公约等制度文化、校训校歌校风等精神文化涵育的隐性育人功能,以良好的教育文化氛围潜移默化地影响学生。二是注重纵横穿插。思想政治教育不是几个孤立的点，而应纵成一条线，横成一个面，立成一个体。①高校思想政治教育面对的是不同教育阶段、不同专业的教育对象，贯穿纵、横两个坐标。纵向看，大学生涵盖本科、硕士、博士的不同阶段和不同年级。横向看，学生从属文、理、工、农、医不同学科门类。针对学生不同阶段和不同年级的差异，高校思想政治教育须依据思想政治教育规律和各个阶段年级的学生特点，进行全方位、多层次、立体化的统筹布局、科学规划，采取差异化的教学和实践方法，促进各阶段、各年级学生的思想政治教育理论与实践目标清晰，衔接紧凑，实现思想政治教育系统优化。针对不同学科和专业门类的差异，思想政治教育要发挥"思政课程"和"课程思政"的互补优势，遵循不同学科、专业学生的发展特点设计相应的育人方式、路径和策略，以习近平新时代中国特色社会主义思想为指导铸魂育人。

（六）完善全过程、全方位的思想政治教育场域

生态治理的持续性、动态性和全局性要求高校思想政治教育聚焦全过程、全方位育人。全过程全方位不仅要实现课堂全覆盖，更重要的是要引导学生走进生活、走进社会。②家庭、学校、社会、网络作为影响新时代青年思想政治教育的重要因素，共同构筑高校思想政治教育总场域。完善全过程、全方位的思想政治教育场域，有利于营造积极向上的育人环境，对学生价值观培养具有重要作用。一是把"立德树人"根本任务融入育人场域。加强思想政治理论课"主渠道"与日常思想政治教育"主阵地"相互协同，将"立德树人"浸润于学生思想道德、文化知识、社会实践、家庭教育、网络互动各环节，在家庭、学校、社会、网络总场域发挥整体引领作用。二是完善育人场域协同联动。探索高校与社会、高校与家庭、高校与中小学同向同行重要作用，推进高校实践育人共同体、家校育人共同体和大中小学思政课一体化建设，联合建立爱国主义教育和红色体验教育基地，全面拓展大学生志愿服务、社会实践和创新创业基地，积极开设家校互动、清朗网络育人平台，充分发挥"融、嵌、渗"资源在高校思想政治教育协

---

① 王占仁：《高校思想政治教育如何实现全程、全方位育人》，《教育研究》2017年第8期。
② 王占仁：《高校思想政治教育如何实现全程、全方位育人》，《教育研究》2017年第8期。

同育人的效应。三是实体场域与网络场域优势融合。作为新时代大学生成长发展的新场域，互联网已成为影响高校思想政治教育生态治理成效的关键因素。高校须充分运用新媒体优势，大力开拓互联网教育阵地，将先进技术手段转化为强大的思想政治教育生产力。主动研究互联网发展规律和学生发展规律，利用重大契机开展网络思想政治教育，主动创作质量精良、学生喜闻乐见的网络文化作品，形成网络场域对实体场域育人的优势补充。

第一章
高校思想政治教育生态的历史变迁

习近平总书记指出："历史、现实、未来是相通的。"① 作为"马克思主义的历史主义者"，我们对任何问题的研究都要具备历史视野、运用历史思维，进而揭示历史发展的规律。因此，对高校思想政治教育生态的研究就不能局限于从抽象、思辨的视角对其概念、结构、要素、运行等展开理论层面的演绎、揭示和描述，还必须树立"大历史观"，以对其发生发展的全部历程作细致、全面的考察。只有充分理解过去，才能有效把握现实和更加科学地预见未来。就此而言，高校思想政治教育生态作为社会大生态的重要组成部分，必定不是"悬浮"于一定社会之上，而是植根于现实社会生活的土壤。质言之，高校思想政治教育生态作为社会大生态的组成部分，其生成和发展受到特定的社会历史条件和时代任务的影响和制约。因此，本章立足中国共产党成立百年来不同时期高校思想政治教育的现实状况，从特定的社会条件出发，分析不同阶段具有思想政治教育生态治理特征的历史变迁、演进特征和历史经验等问题。

一、高校思想政治教育生态的演进历程

"高校思想政治教育生态"的演进历程与百年来中国共产党调动和利用社会生活中一切有利因素对广大人民群众，尤其是青年学子开展马克思列

---

① 《习近平谈治国理政（第一卷）》，外文出版社2018年版，第109页。

宁主义的教育，进而领导中国人民夺取革命、建设、改革、发展的胜利等历史密切相关。本章通过梳理百年来中国共产党的文件政策制度中有关思想政治教育的讲话、政策、制度，以及相关举措和实践等，尝试勾勒高校思想政治教育生态在不同历史时期的"镜像图"。同时，还要依托百年来中国共产党思想政治教育的发展历史，围绕不同历史时期思想政治教育的中心线和主要任务，对高校思想政治教育生态历史变迁的各个阶段进行初步划分。就此而言，通过对现有文献的考察，"思想政治教育生态研究"相对于教育生态、政治生态、文化生态、经济生态等相关学科的研究而言，起步较晚、发展实践较短。在中国期刊全文数据库（CNKI）上以"思想政治教育生态"为主题搜索，最早援引"生态观"以开展思想政治教育整体性研究的为2001年的一篇硕士论文。直至2004年，学者陈铁军首次明确提出"思想政治教育生态"概念，同时展开以其为对象的系统研究。但事实上，在"思想政治教育生态"的概念提出之前，中国共产党就已经运用生态思维、使用生态方法对当时的青年学生展开符合一定生态观的思想政治教育，并针对当时生态危机开展相关治理活动。例如，早在新民主主义革命时期，中国共产党领导下的革命根据地以及其后的解放区为适应当时革命事业和时代任务的需要，立足当时的社会现实，在各级各类学校开设一系列马克思主义理论相关课程。其中采取的教育教学手段、教学内容、教育目标，以及对教育主体的认识和理解等，都为本研究的展开提供了重要理论借鉴和实践经验。

基于上述分析，本章根据不同时期社会现状和社会主要矛盾的变化，以及中国共产党百年来不同的奋斗主题、主旨和目标，将从新民主主义革命时期、社会主义革命和建设时期、改革开放和社会主义现代化建设时期、中国特色社会主义新时代四个阶段分析高校思想政治教育生态的历史变迁。这四个阶段从总体上看既是一脉相承又具有明显的差异化的时代特征，以此把握高校思想政治教育生态变迁的历史样态，以期从历史与逻辑、理论与实践的激荡中进一步追踪和探索高校思想政治教育生态的理论内涵和实践路径，进而为观照高校思想政治教育生态的未来发展和建设打牢历史基础。

（一）新民主主义革命时期的高校思想政治教育生态

根据对现有资料的查找和梳理，学者多从"新中国成立"后的历程展开对高校思想政治教育的分析。事实上，习近平总书记指出："我们党历来高度重视思政课建设。在革命、建设、改革各个历史时期，我们党对思政课建设都作出过重要部署。"[①] 因此，在新中国成立后社会主义政权的领导下所创办的高校之前，甚至往更远的历史纵深探索，中国共产党成立之后就已经在各级各类的学校（如日式大学、军校、工农学校等），针对青年学生、农民、工人等有步骤、系统地开展思想政治教育。在此时期，中国共产党已经认识到学校是传播意识形态的主要阵地，并由此创办的一系列政治理论课，成为学校思想政治教育的主渠道和主阵地。这些课程不仅成为当代思政课的"前身"，更为当下高校思想政治教育生态治理意蕴的形成提供既定的历史资源和理论指导。

其一，在高校思想政治教育生态治理的理念设计方面，由于人们的政治生活、精神生活等均受物质生产方式的制约，这就决定了作为思想政治教育对象的人们的思想观念、政治观点及其诸方面的需要等也必然会随着社会历史条件的变迁而发生相应变化。就此而言，此时期高校思想政治教育理念的设计基于中国共产党的领导人对当时社会状况进行分析与预判上，体现为广泛利用一切积极资源和因素对人民群众尤其是青年学生开展思想政治教育，进而调动其参与革命的主动性和积极性。以此为论，早在1925年，毛泽东同志撰写的《中国社会各阶层分析》科学研判当时的社会形势和革命态势，其中指出："一切勾结帝国主义的军阀、官僚、买办阶级、大地主阶级以及附属于他们的一部分反动知识界，是我们的敌人。……工业无产阶级是我们革命的领导力量。……一切半无产阶级、小资产阶级，是我们最接近的朋友。……那动摇不定的中产阶级，其右翼可能是我们的敌人，其左翼可能是我们的朋友——但我们要时常提防他们，不要让他们扰乱了我们的阵线。"[②] 1934年，毛泽东同志更加明确指出："我们现在的中心任务是动员广大群众参加革命战争，以革命战争打倒帝国主义和国民党，把革

---

① 《思政课是落实立德树人根本任务的关键课程》，人民出版社2020年版，第6页。
② 《毛泽东选集（第一卷）》，人民出版社1991年版，第29页。

命发展到全国去,把帝国主义赶出中国。"① 在新中国成立前夕,党的领导人更加细致地分析当时社会现状,并指出当时社会的主要矛盾即"资本主义与社会主义"②之间的矛盾,而在七届二中全会上则再次对这一社会矛盾予以确认。以此而论,受到当时社会历史条件的影响,以及基于中国共产党领导人对社会现状的研判,此时期针对青年学生的思想政治教育课程在传播马克思主义、培养马克思主义者等方面发挥了重要作用,形成以批判错误思想、宣传马克思主义、提升党员和非党员群众的革命斗争觉悟为思想政治教育目的,同时形成以"传播马克思主义、培养革命战士"为中心地对青年学生的思想政治教育任务。正如毛泽东所说:"掌握思想教育,是团结全党进行伟大政治斗争的中心环节。"③在这个历史时期,中国共产党通过不同时段开展并加强思想政治教育,认识到思想政治教育对党的各项工作的重要作用。

其二,在高校思想政治教育生态治理的主体确认方面。此时期尽管尚未在明确意义上的社会主义"高校"开展思想政治教育,但是中国共产党人已经在工人学校、农民学校、军校等学校,针对青年学生、农民、军人等,运用实质上的生态思维和方法,开展具有思想政治教育形态的理论传播和教育工作。就思想政治教育者而言,在新民主主义革命时期,马克思主义早期传播尚不能明确界定为党的思想政治教育或思想政治工作,但已经存在一个具有明显传播色彩,并针对青年学生、农民、军人等的以培养一定无产阶级革命者和先进分子为目标的教育活动。而从事这一工作的主体,主要以研究、翻译、宣传马克思列宁主义的书籍和理论为主。同时,此时的思想政治教育者也不局限于党员知识分子,例如"五四运动"中起到先锋带头作用的进步学生、陇海铁路大罢工中的主要领导者都可成为此时期传播思想政治理论的教育者。因此,就教育对象而言,此时期思想政治教育的影响力已经通过如开办学校、补习班的方式尽可能辐射到除少数党员干部外其他社会成员。例如,针对农民群众开设培训班、针对工人开办文

---

① 《毛泽东选集(第一卷)》,人民出版社1991年版,第156页。
② 刘崇文、陈绍畴:《刘少奇年谱(1898—1969)》,中央文献出版社1996年版,第161页。
③ 《毛泽东选集(第三卷)》,人民出版社1991年版,第320页。

化补习学校等，以此来启发工人和农民的阶级觉悟。

其三，在思想政治教育生态治理的方法运用方面。此时期思想政治教育方法并不局限于课堂讲授的方式，而是广泛利用社会生活中的一切积极因素和宣传渠道宣传科学的思想理论，有效推动无产阶级革命的星星之火呈现出燎原之势，显现出中国共产党人运用生态思维和方法对广大人民群众开展思想政治教育的实践智慧。一方面，通过组织和领导一定的社会运动传播思想政治道德思想。早在中国共产党成立之前，先进的共产党人就已经在工人运动中起到组织和领导作用。如邓小平曾指出："一个最基本的环节，就是看能否把大多数人民群众发动起来实行对敌斗争，大多数群众发动起来了，问题就可以迎刃而解。"[①] 同时，中国共产党在运动中教育和组织群众，创办工人刊物、成立工会、重视工人教育，积极投身工人运动的组织与领导，促使马克思主义在中国不断传播。另一方面，灵活运用报纸杂志等刊物宣传思想政治道德信息。例如，在抗战时期，针对国民党政府对共产党的大肆歪曲和污蔑，陕甘宁边区为在此时期创办的报刊有《新中华报》《今日新闻》《解放日报》《共产党人》《中国青年》等30余种。这些报刊实事求是地报道国内外政治形势发展，宣传马列主义和党的方针政策，帮助青年知识分子及时认清中国革命形势，掌握先进思想。尤其是中国共产主义青年团中央机关刊物《中国青年》，在帮助青年知识分子进步，动员青年知识分子积极参加抗战方面发挥重要作用。此外，墙报和黑板报作为报刊的重要补充形式，成为当时思想政治教育生态有效运行的重要载体，是在边区经济和科技条件落后情况下开展青年知识分子思想政治教育工作的重要形式。这些由报纸、刊物所构建的思想文化阵地不仅是中国共产党与其他错误社会思潮开展理论斗争和争取群众的重要场域，更是其运用社会资源推动高校思想政治教育生态有序运行的重要载体。

其四，在高校思想政治教育生态治理的内容发展方面。1917年十月革命极大促进了马克思主义在中国的传播。至五四运动时期，现代社会主义运动以及共产主义理论在中国传播的模式和样态发生巨大转变。此时期的

---

① 《邓小平文选（第一卷）》，人民出版社1994年版，第70页。

马克思主义理论虽已成为当时学校思想政治教育的重要传播因子，但与此同时，国内资产阶级革命派、大地主阶级、小资产阶级以及无政府主义者宣扬如改良主义、自由主义、社会达尔文主义、实用主义、民粹主义等各式各样的社会思潮，并彼此争夺群众。在此境况下，马克思主义不仅是革命学校和高校思想政治教育的重要内容，更要在社会空间中与反动政治军阀的封禁、污蔑作反抗的同时，与其他错误思潮进行博弈和斗争。质言之，马克思主义不仅在学校中通过"教育"等手段，向当时的青年和工农群众灌输着一系列理论和观点，还在社会空间中，以"渗透"的方式在社会生活中传播。同时，许多先进知识分子立足于社会生活，以各种生动的范例作为活的教材去教育广大群众和青年学生。例如，毛泽东在给学生讲授《矛盾论》关于事物发展的根本原因的论点时，他举了"鸡蛋因得到适当的温度而变化为鸡子，但温度不能使石头变为鸡子"[①]的例子，以贴近生活、易于接受的语言解释深奥的哲学道理；在讲授实践的观点时，他以品尝梨子为例，用幽默风趣的话语和贴近现实社会生活的事例生动地阐述了实践的真理。此外，在当时的社会历史条件下，一些有先进的马克思主义者，如毛泽东、李大钊、陈独秀等通过译介马克思主义著作、宣传介绍马克思主义学说、创立研究会研究马克思主义著作，以及开展关于社会主义的大辩论等方式传播和发展着马克思主义，极大地推动高校思想政治教育生态的有效运行。

其五，在学校思想政治教育生态的场域建设方面。课堂教育生态是高校思想政治教育生态系统中最重要的组织形式。一方面，创建正规有序的思想政治教育课程。以黄埔军校为例，已经展开以苏联红军为学习对象的政治教育课程。除安排专职政治教官讲授政治课以外，还制定《政治课程训练计划》《政治训练授课调查表》等，形成教师讲授和学生讨论、实践、考勤等相结合的学校思想政治教育生态体系，由此首次创建了一套完整的思想政治教育工作组织机构，这"成为中国共产党在军队中开展思想政治教育工作的起点，标志着现代意义上的、正规有序的思想政治教育的开始"[②]。

[①] 娄永清：《哲学相对论》，人民出版社2005年版，第284页。
[②] 王树荫：《中国共产党思想政治教育史》，中国人民大学出版社2011年版，第29页。

除这种正规、有序、显性的思想政治教育之外，中国共产党人还在黄埔军校中秘密创建"中国黄埔特别支部"，在团结青年革命师生、革命军人，以及领导思想政治教育工作等方面发挥了重要作用。在土地革命时期，将思想政治教育与根据地的学校教育体制相联系，并与政规政训工作相联系，创办列宁小学、苏维埃大学等，有效推进思想政治教育与学制的稳固结合，促进了此时期高校思想政治教育生态的良好运行。此外，这一时期思想政治教育还积极扩大教育生态场域，将生产劳动教育等纳入到思想政治教育生态系统中。例如，1939年，陕甘宁边区将"加强学生生产劳动"列入思政工作的计划中，规定学生应做的"四项生产劳动"，并在各科的教学过程中渗透生产劳动的相关知识，助推学生劳动观念的形成。1943年任弼时在中共中央书记处会议上指出，抗战初期到延安的（包括到抗大学习的）知识分子共四万余人，不包括西北局系统。[①]这些青年、知识分子出身不同背景、从事不同职业，历经万险来到延安，开始从事革命事业。这一现象彰显出中国共产党在此时期通过推动思想政治教育生态和社会生态之间信息流的有效传播，进而推动马克思列宁主义的传播和教育。

（二）社会主义革命和建设时期的高校思想政治教育生态

新中国成立后，为巩固新生的人民政权，恢复国民经济的发展，开展大规模的社会主义建设，中国共产党延续革命战争期间高校思想政治教育生态治理的基本经验，创设并展开以多方管理、内容丰富、手段多样、发动群众、联系实际等具有生态特征、符合生态观等的思想政治教育。

其一，在高校思想政治教育生态治理的理念设计方面。随着1956年"三大改造"的完成，基于党和国家领导人对社会形势的研判，此时期思想政治教育的具体任务也从培养具有坚定立场和理想信念的无产阶级革命战士，转移为调动一切积极因素来建设社会主义，培养"又红又专"的社会主义建设者和接班人，并指明"政治工作是一切经济工作的生命线"[②]。在"文化大革命"时期，党工作中心任务从全面建设社会主义转变为"无产阶级专

[①] 中共中央文献研究室：《任弼时年谱（1904—1950）》，中央文献出版社2014年版，第454页。
[②] 《毛泽东文集（第六卷）》，人民出版社1999年版，第467页。

第一章　高校思想政治教育生态的历史变迁

政下继续革命"，思想政治教育任务也随之从调动一切力量建设社会主义转变为"为阶级斗争服务"。由于此时期党和国家领导人对当时社会形势的错误研判，导致此时期高校思想政治教育生态治理陷入困顿。但从整体上来讲，尤其在新中国成立初期，党和国家领导人已经开始运用生态思维和方法设计出一系列思想政治教育理念，这一理念主要体现为：除了在高校中设置专门的思想政治教育课程，还要求社会各方面的积极因素共同促进思想政治教育发展，初步形成高校思想政治教育生态与社会大生态融合共通的生态格局。

具体而言，这一理念的内容包括：一是初步提出各部门齐抓共管的思想政治教育管理理念。在这一理念的指引下，集合各方面资源开展合力育人的思想政治教育建设传统在历史发展的过程中不断显现并发扬光大。二是确立要培养"又红又专"的社会主义建设者和接班人的思想政治教育教学目标。对此，毛泽东同志指出："政治和经济的统一，政治和技术的统一，这是毫无疑义的，年年如此，永远如此。这就是又红又专。"[①] 培养"又红又专"教育目标体现党和国家始终关注将专业教育和思想政治教育相结合的教育理念，为新时代高校思想政治教育生态治理提供相应的政策支撑和理论支持。三是开始探索课程一体化的思想政治教育课程建设方案。例如，1957年3月，毛泽东同志主持召开普通教育工作座谈会，一方面要求"教育部应当编写一些课文，专门论述艰苦奋斗的，从小学到大学都要讲"[②]；另一方面，毛泽东同志指出要注意各学段教学内容之间的重复现象。毛泽东同志这次谈话实际上提出大中小各个学段的思想政治教育如何有效衔接和合理规划的问题。四是指出要以学生日常生活中的思想和行为开展思想政治教育教学评价。1956年8月，教育部下发《关于高等学校政治理论课考试评分问题的意见》，该意见指出分数不是评价学生思想政治道德状况的唯一标准，而是要根据学生日常生活表现、平时的思想行为、学习态度等打分。由此显现出在评价标准层面的高校思想政治教育生态治理格局。

其二，在高校思想政治教育生态治理的主体确认方面。在新中国成立

[①] 《毛泽东文集（第七卷）》，人民出版社1999年版，第363页。
[②] 《毛泽东文集（第七卷）》，人民出版社1999年版，第259页。

以后，思想政治教育的活动域界从革命地和老解放区不断向全国延展，由此使高校思想政治教育的受众由部分群体向全体社会成员转变。但此时期，部分社会成员的头脑之中依然残存着与社会主义建设和发展不相符的错误思想观念。因此，此时期对高校思想政治教育生态主体的确认过程中，着力将教育对象的思想观念和行为统一并凝聚到巩固国家政权、恢复社会经济，以及推动各项思想文化事业的发展和建设之中，促成全社会形成破旧立新、稳步过渡到社会主义社会的强大向心力、凝聚力和战斗力。就教育者而言，在"以苏为鉴"、继承革命根据地和老解放区经验的基础上，进一步完善高校思想政治教育队伍建设的相关制度，这为此时期高校思想政治教育生态的有序运行提供根本遵循。例如，《中国人民政治协商会议共同纲领》指出："有计划有步骤地实行普及教育，加强中等教育和高等教育，注重技术教育，加强劳动者的业余教育和在职干部教育，给青年知识分子和旧知识分子以革命的政治教育，以适应革命工作和国家建设工作的广泛需要。"[①] 又如，1952年中共中央所颁布的《关于在高等学校试行政治工作制度的报告》中指出，要在高校设置政治辅导处和辅导员，在高校中开展全员的思想政治教育工作；1955年，中共中央进一步强调各级党委加强对学校教育工作的领导和监督工作，要求各高校配齐学校政治工作干部队伍，将学校党团组织进一步充实起来，增强各高校思想政治教育队伍的实力。

其三，在高校思想政治教育生态治理的内容发展方面。中国共产党转变为国家的执政党以后，如何使马克思主义意识形态为全体社会成员所理解、接受和认同，并在其指导下使共产主义远大理想成为全体人民的共同追求，是党和国家始终关注的重要问题。基于此，高校思想政治教育生态的运行内容不断朝着系统化、制度化、科学化方向发展。一方面，党和国家取消了诸如"国民党党义""军事训练"等反动课程的同时，将当时马克思主义中国化的最新理论成果——毛泽东思想，纳入到高校思想政治教育课程教育内容之中，并开设"新民主主义论""政治经济学"和"辩证唯物论与历史唯物论"等课程，以引导教育对象准确理解和掌握马克思主义的

---

① 秦正为：《中国特色社会主义国家利益观》，人民出版社2013年版，第151-152页。

立场、观点和方法，促动马克思主义成为绝大多数教育对象所认可与信奉的社会主流意识形态。另一方面，此时期教育者还选取社会生活中的典型案例和典型人物，充分发挥榜样在思想政治教育生态治理中的积极作用。例如，在工业战线中的"铁人精神"成为新中国工人阶级的楷模；"大庆精神"成为我国工业展现上的一面旗帜；"雷锋精神"成为全党、全军、全民学习的榜样。同时，毛泽东同志为雷锋同志题词，发扬"螺丝钉精神"，号召全社会民众向雷锋同志学习。在此引领下，许多青年学生向雷锋学习，投身于做好事、为人民服务的活动中。部分高校还将学习雷锋"螺丝钉精神"和为人民服务的精神与服从国家分配结合起来，促进高校思想政治教育生态的发展。

其四，在高校思想政治教育生态治理的方法运用方面。一方面，积极开展以文艺活动为方法的思想文化宣传教育。文艺作品、文艺活动是意识形态教育的重要载体。新中国成立以后，中国共产党继承在老解放区的成功经验，充分借助各种文艺形式进行革命意识形态的广泛宣传，实现文艺为革命服务，为经济建设服务的功能。另一方面，采用大众喜闻乐见的文艺活动进行宣传教育，利用相关歌曲、舞台剧、文学作品等，巧妙地将文艺活动与经济建设、阶级斗争等因素整合起来，充分发挥文艺武器的作用。同时，党和国家领导人积极组织文艺工作者举办学习座谈会。通过这些座谈会，文艺工作者的立场、思想感情发生极大的转变，促使其纷纷深入到群众当中去，取材于群众，服务于群众，创作出众多人民群众喜闻乐见的文艺作品。此外，通过发动青年学生开展一系列思想改造运动以影响教育对象思想和行为的生成。这些思想改造运动包括土地改革、抗美援朝、镇压反革命、"三反"、"五反"、整风运动等。这些思想改造运动使教育对象在一系列的社会思想改造运动中潜移默化地接受一定思想政治教育内容的影响。

其五，在学校思想政治教育生态治理的场域建设方面。在本章的研究视域下，在新民主主义革命时期，高校思想政治教育着重体现为各类学校的思想政治教育，其活动和影响范围主要在革命根据地等中国共产党局部执政的区域。在国统区等其他地区，学校思想政治教育工作只能在非常狭小的范围或在极端隐秘的状态下进行。为满足社会主义工业化需要，在"向科学进军"口号的引领下，党和国家全面探索和建设社会主义高校，并着力加强知识分子和青年学生的政治管理和思想教育，有力推动思想政治教育生态场域建设。从1950年至1956年，国家每年都会颁布与高校思想政治教育课程相关的文件，在加强制度保障的同时作出相应指示，将生产劳动作为高校思想政治教育和思政工作的重要组成部分，促进思想政治教育生态的场域发展。随着社会主义制度的确立，在进入全面建设社会主义时期后，高校思想政治教育也出现新调整，更加重视生产劳动实践在思想政治教育中的重要作用。1964年10月中央宣传部、高教部党组、教育部临时党组联合发布的《关于改进高等学校、中等学校政治理论课的意见》强调思想政治理论的阶级价值，指出学校对学生的思想改造，单靠政治理论课是不行的，必须同劳动锻炼、下乡下厂，同经常的党团工作、班级工作结合起来进行。1968年12月，毛泽东下达了"知识青年到农村去，接受贫下中农的再教育，很有必要"的指示，由此许多青年深入基层开展实践锻炼，并给当时青年习近平产生深远影响，"7年上山下乡的艰苦生活对我的锻炼很大……一是让我懂得了什么叫实际，什么叫实事求是，什么叫群众。二是培养了我的自信心。"[①]

（三）改革开放和社会主义现代化建设时期的高校思想政治教育生态

这个时期主要立足于被认为"中国的第二次革命"的改革开放和社会主义现代化建设新时期，国际国内环境的急剧变化给思想政治教育建设带来的重大挑战。在此时期，高校思想政治教育生态治理的政治方向被党和国家严格把关的同时，也紧紧围绕"生命线"和中心环节这一主线，在理论和实践中不断发展。

其一，在高校思想政治教育生态治理的理念设计方面。在这一时期，之前隐形、模糊、感性地对高校思想政治教育生态相关的理念描画逐渐清晰，"全员育人""三育人"等理念不断提出，推动高校思想政治教育生态的整

---

① 《福建博士风采》丛书编委会编：《福建博士风采（第一卷）》，海潮摄影艺术出版社2003年版，第2页。

体规划和有序运行。例如,1980年颁布的《关于加强高等学校思想政治工作的意见》指出:"学校的思想政治工作必须紧密结合为'四化'培养人才这个中心来进行。"①1987年中共中央颁发的《关于改进和加强高等学校思想政治工作的决定》将学校党委纳入到思想政治工作队伍建设体系,并且将教育辐射范围延伸到全社会领域,从省、自治区、直辖市党委至党中央、国务院有关部门,提出全党全社会都应关心青年学生的健康成长,课程与社会协同育人等思想。1994年印发的《中共中央关于进一步加强和改进学校德育工作的若干意见》指出:"各类学科与课程同德育的有机结合""教育与生产劳动相结合""学校教育、家庭教育、社会教育紧密配合"等教育思想。此外,改革开放后大中小学不同阶段的思想政治教育都需要根据各自学段的教育教学特点探索课程改革,这客观上需要顶层设计和宏观指导。1985年8月《中共中央关于改革学校思想品德和政治理论课程教学的通知》第一次对小学思想品德课、中学思想政治课以及大学马克思主义理论课的课程设置、教学内容和教学方法进行总体规划。1994年8月,中共中央下发《关于进一步加强和改进学校德育工作的若干意见》,明确提出"整体规划学校的德育体系"的教育发展和改革的重大战略任务。2004年中共中央发布"16号文件",即《中共中央国务院关于进一步加强和改进大学生思想政治教育的意见》,全面部署与大学生思想政治教育相关的各项工作,增强其政治性、思想性、针对性和操作性。

其二,在高校思想政治教育生态治理的方法运用方面。此时期表征为更加关注教育对象的日常生活,重视教育方法的择取要适应教育对象的需要。在这一历史时期,党和国家进一步强调要围绕学生需要和社会实际开展高校思想政治教育教学。在之前的历史阶段中,虽同样重视教育对象的主体性和能动性,但其重点通常落在教育者发动、动员和组织青年学生方面,其目的仍在于满足教育者的需要。在此时期,高校思想政治教育大力创新教学方法,开展案例式教学、体验式教学、互动式教学等方法。在2005年《关于进一步加强和改进高等学校思想政治理论课的意见》中指出,要切实改

---

① 徐柏才:《大学生成才导航工程论纲》,人民出版社2010年版,第271页。

进高等学校思想政治理论课教育教学的方式和方法,思想政治理论课教学要把教师的主导作用和学生的主体作用有机结合起来,调动学生的积极性和主动性。由此,在高校思想政治教育教学和思政工作中,开始不断从微观层面注重教育对象的个体需要。此外,在载体创新层面,除利用网络资源、加强网络思想政治教育阵地的建设之外,还不断利用社会中的教育资源,如开放地区历史文化博物馆、烈士陵园、革命烈士纪念馆等,并开始在村庄、企业等设置实践教学基地,定期组织学生参观考察,进而推动高校思想政治教育生态的有序运行。

其三,在高校思想政治教育生态治理的主体确认方面。随着"真理标准问题大讨论"的不断深入和党的十一届三中全会的召开,对改革开放以前党的意识形态工作进行科学总结、深刻剖析乃至拨乱反正,并科学评价毛泽东思想等一系列意识形态重大问题,为推动高校思想政治教育生态的有序运行提供新的动力和理论源泉。从思想政治教育对象的角度而言,在"关于真理标准问题"的大讨论的基础上,纠正"两个凡是"的错误思想,极大促进人们的思想解放。但在实行以经济建设为中心,加快改革开放步伐的过程中,资产阶级自由化等错误思潮出现且不断蔓延。由于这些错误思潮的侵蚀对象就是高校学生,使高校思想政治教育生态面临严峻的"生态危机"。因此,如何聚合教育对象的思想和行为,形成推动社会主义现代化建设的合力,以及处理好社会需要和个体需要、追求全面发展与片面追求物质化享乐等矛盾,成为此时期高校思想政治教育生态治理中所面临的重要问题。从教育者的角度来说,这一时期的教育者需要教育对象根据国际国内形势的深刻发展变化,以及党和国家工作重心和主要任务迅速做出调整,及时转变错误的、不符合社会主义发展需要的思想政治道德观念,坚持在中国共产党的领导下做好社会主义各方面工作并完善相应制度。同时,对教育对象进行以正确认识党和国家发展大势、中国基本国情,在坚持"四项基本原则"的基础上,坚持和拥护党的各项方针、路线、政策,并区别真理与谬误,运用马克思主义的立场、观点和方法,与社会生活中各种错误思潮作斗争。在此境况下,党和国家不断强化高校思想政治教育队伍建设。例如,在2008年9月,中共中央宣传部、教育部颁布的《关于进一步加强高等学校思想政治理论课教师队伍建设的意见》，从政策制度层面加强对高校思政课教师"宣讲者""指导者""引路人"重要身份的定位，并从六个方面进行相关的部署。

其四，在高校思想政治教育生态治理的内容发展方面。在改革开放和社会主义现代化建设新时期，国内外急剧变化的社会经济形势以及由此带来的巨大挑战，给此时期高校思想政治教育生态有效运行带来巨大的风险和挑战。一方面，在高校思想政治教育生态治理的内容发展上，始终秉承以马克思主义为指导和根本原则，并把马克思主义与当时中国具体实际相结合，创造性地提出邓小平理论、"三个代表"重要思想和科学发展观，形成中国特色社会主义理论体系。中国特色社会主义理论体系来源于中国社会发展的改革实践，并成为此时期高校思想政治教育的重要内容。同时，在全社会范围，以各种隐性或显性的方式展开宣传，同时与资产阶级自由化思潮、历史虚无主义等作斗争，不仅极大地提升了社会主义意识形态传播的实效性，更不断增强了教育对象对社会主义意识形态的认同。另一方面，充分吸收社会生活中的思想政治教育因素，如中华优秀传统文化等，以及广泛宣传如白求恩、张思德、雷锋、焦裕禄等榜样，动员青年学生投身于国家革命和建设中来。此外，这一时期除了继承和发展过去时期的历史经验，还通过电视、报刊等现代媒介实施社会性教育，并围绕社会主义精神文明的建设，通过发动和组织群众尤其是青年学生的方式，开展了一场社会性的"五讲四美三热爱"的教育活动。此外，在此时期还兴起了学习新时期各行各业涌现出来的英雄模范人物如张海迪、孔繁森、任长霞等活动。

其五，在高校思想政治教育生态治理的场域建设方面。一方面，不断拓展多样化的高校思想政治教育课外实践教学空间。把实践教学纳入思想政治教育课程体系，体现中国共产党倡导的理论联系实际的马克思主义学风。改革开放前，社会实践是作为思想政治教育课堂教学的补充和辅助的，但实际上由于政治运动频繁而被挤占了必要的学习时间。改革开放后，社会实践教学活动逐步列入教学计划、安排学时。从1980年到1994年所颁发的《改进和加强高等学校马列主义课的试行办法》《关于加强和改进高等院校马列主义理论教育的若干规定》《关于进一步加强和改进学校德育工作的若干意见》不断强调实践教学的重要性。2005年2月，经中央政治局审定"05方案"把"社会实践"的提法修改为"实践教学"，提出高等学校思想政治理论课所有课程都要加强实践环节。通过制定教学目标、教学大纲、规定学时、经费保障、组织管理等，进一步完善实践教学保障机制。此后，实践教学走上多样化、制度化、规范化，正式被纳入高校思想政治教育课程体系。另一方面，持续深化社会性学习教育活动的作用。党和国家始终重视社会性的学习教育活动对教育对象思想和行为生成的重要作用。在党的十二届六中全会上通过的《关于社会主义精神文明建设指导方针的决议》，规定了社会主义精神文明建设的战略地位、根本任务、主要目标等，由此在全社会范围内掀起一场社会主义精神文明建设活动，不仅有效促进了社会成员思想政治道德素质的提升，更为高校思想政治教育生态治理提供了良好的社会生态环境。

（四）中国特色社会主义新时代的高校思想政治教育生态

自党的十八大以来，以习近平同志为核心的党中央高度重视党的意识形态工作和思想政治教育教学，并颁布一系列政策措施，高校思想政治教育生态的教育教学理念也在不断地政策落实中持续发展。

其一，在高校思想政治教育生态治理的理念设计方面。有关高校思想政治教育生态的教育教学理念持续丰富拓展。2015年1月，中共中央办公厅、国务院办公厅印发的《关于进一步加强和改进新形势下高校宣传思想工作的意见》，在原有"三育人"基础上，又提出"实践育人"和"科研育人"。随着思想政治教育的深化发展，又陆续提出"文化育人""组织育人""网络育人"等等，这些都在一定程度上推进了高校思想政治教育生态理念的形成与发展。2016年，习近平总书记在全国高校思想政治工作会议上提出："要坚持把立德树人作为中心环节，把思想政治工作贯穿教育教学全过程，实现全程育人、全方位育人，努力开创我国高等事业发展新局面。"[①] 2017年，教育部下发《高校思想政治工作质量提升工程实施纲要》，将高校育人体系的理论内容扩展为"十育人"。2020年以来，习近平总书记在多个场合多次

---

① 《习近平谈治国理政（第二卷）》，外文出版社2017年版，第376页。

谈到"国之大者",并对教育对象提出要立大志、明大德、成大才、担大任的希望。2021年,习近平总书记看望参加全国政协会议的医药卫生界教育界委员时提出,"'大思政课'我们要善用之,一定要跟现实结合起来。上思政课不能拿着文件宣读,没有生命、干巴巴的。"① 这些讲话为高校思想政治教育生态治理格局的构建提供了丰厚的理论意蕴,体现了高校思想政治教育生态治理的理念意涵日趋完善与成熟。

其二,在高校思想政治教育生态治理的方法运用方面。一方面,灵活利用网络等现代媒体技术加强推动高校思想政治教育生态治理。在新时代的历史方位,这些方式主要措施包括:增强网上思想文化成果的供给和服务力度;利用 SNS 网络社区,通过创设如"学习强国"等 APP 或是通过发布微博、微视频等方式宣传主流意识形态。而其相应的配套措施包括:完善有关网络管理的法律法规,建立系统的、有保障的运行机制;利用评价体系及责任追查体系硬化软环境,在政府与社会的管理部门中,建立起实时监管与信息传播并行的网络筛选系统和防火墙系统等。利用网络等现代媒体技术加强思想文化阵地的建设不仅能丰富高校思想政治教育的传导内容,更以生动活泼的话语形式为主流意识形态"吸粉",增强了主流意识形态的吸引力、凝聚力和针对性。另一方面,高校思想政治教育方法更加贴近教育对象的现实生活。例如,在对农民的思想政治道德教育中,通过设置新时代文明实践中心和农村文化大礼堂等公共空间,改变以往"刚性""单向"的事无巨细式乡村管理模式,转化为润物细无声式的文化感染模式。同时,村干部发动广大村民挖掘整理当地先贤故事、革命事迹、非遗物品以及乡风民俗等内容,并用文字、图片、声像、实物等形式在文化礼堂进行展示。这些展物很多是村民自发捐献的,不仅有效树立了乡村特色品牌,更突显出社会主义核心价值观与传统文化相结合而生成的教育、服务和规范功能,由此彰显出新时代文明实践中心的建设是党和国家利用社会资源对基层农民群众实施教育的典范。此外,就高校思想政治教育教学而言,各个高校开始对接博物馆、文化宫等,组织学生现场学习考察或利用 VR

---

① 杜尚泽:《"大思政课"我们要善用之》,《人民日报海外版》2021年3月7日。

技术等，开展丰富多彩又切合实际的思想政治教育教学。例如，浙江省早已开展形式多样的具有生态特征的高校思想政治教育教学活动，如党史大课、实践教学、口述史研究；浙江财经大学则通过广泛设置"三地一窗口"思想政治教育教学与实践基地，并在短学期中组织学生访问红色博物馆并开展相应的口述史研究等，取得丰硕的成果。

其三，在高校思想政治教育生态治理的内容发展方面。在中国特色社会主义新时代，高校除了一以贯之地开展马克思列宁主义、毛泽东思想、邓小平理论、"三个代表"重要思想、科学发展观等的教育，还对教育对象展开爱国主义教育、理想信念教育、"四史"教育。此外，还增设习近平新时代中国特色社会主义思想、"中国梦"教育、社会主义核心价值观教育等，显现出高校思想政治教育生态的运行内容随着时代的发展而不断集成创新的特质。同时，此时期高校思想政治教育内容的择取上，不仅继续汲取社会生活中如中华优秀传统文化、红色文化等教育资源，不同地域的高校还会从本地发展的生动实践入手，挖掘并利用其中能够推动思想政治教育内容建设的相关本土资源，并探索将本土资源融入到高校思想政治教育生态的运作机制中。同时，在新时代高校思想政治教育生态治理中更加重视榜样教育。此层面除了设立如雷锋、焦裕禄等英模先烈模范，以及如张桂梅、黄文秀、黄大年等社会典范模范外，上海大学等高校针对当代青年大学生的个体发展需求，开设"大国方略""创新中国""创业人生"等一系列符合学生的个体未来发展需要的思想政治教育课程，讲授人员不仅包括长江学者、国家"杰青"等学界权威，还包括行业专家和精英等；浙江财经大学举办"学长、学姐进思政课堂"的活动，邀请优秀学长、学姐等已经取得一定成就的朋辈群体到思想政治课堂中"现身说法"。在与榜样的交流沟通中，不仅更加自然和生动地传递个人层面上"爱国、敬业、诚信、友善"的社会主义核心价值观，更推动青年大学生将核心价值观贯穿于自身学习和未来工作的实践中，促进高校思想政治教育生态的有序运行。

其四，在高校思想政治教育生态治理的主体确认方面。一方面，从思想政治教育对象的角度而言，在新的历史方位下，要实现社会主义现代化强国建设目标、完成中华民族伟大复兴历史使命，就必须要以习近平新时代中国特色社会主义思想为引领,按照"能够担当民族复兴大任的时代新人"的标准,对全体教育对象进行思想教育、政治引导和价值观塑造。但是在中国特色社会主义新时代,国内国际形势发生巨大改变,人们的物质生活水平极大提升,与此紧密关联的是教育对象尤其是大学生的思想政治道德素质发生新的变化。在不利因素方面,新时代的大学生在思想水平、政治觉悟、道德意识等方面表现出良莠兼具、参差不齐的多元化、多层次、多变化状况,这给新时代高校思想政治教育生态有序运行带来巨大挑战。另一方面,从思想政治教育者的角度而言,此时期继续加强高校思想政治教育队伍建设。新时代高校思想政治理论课秉持重视教师队伍建设的传统,在建设中不仅形成关于教师培养及其素质提升的规范要求与专门制度,而且更加强调教师队伍发展的自觉性,坚持外在规范与内因发展的有机统一,致力于"建设一支对马克思主义理论真学、真懂、真信、真用的教师队伍"。同时,习近平总书记认为,思政课教师要秉承"政治要强、情怀要深、思维要新、视野要广、自律要严、人格要正"的"六要"原则,以此有力规范新时代思想政治教育生态主体的有效运行。

其五,在高校思想政治教育生态治理的场域建设方面。一方面,更加注重高校思想政治教育教学与社会实践相结合。此时期党和国家颁布下发相关文件进行制度化规约,高校思想政治教育的场域不断向社会空间延展。例如,2015年1月,中共中央办公厅、国务院办公厅印发的《关于进一步加强和改进新形势下高校宣传思想工作的意见》中提到要增强学生社会责任感和实践能力,形成实践育人、科研育人的长效机制。同年7月,中央宣传部、教育部印发的《普通高校思想政治理论课建设体系创新计划》中将实践教学定义为高校思想政治教育的重要组成部分,并提出"要努力强化实践教学,建设与理论教学相互促进的思想政治教育第二课堂教学体系。"同年9月,中共中央、教育部印发的《高等学校思想政治理论课建设标准》中提出"建立相对稳定的校外实践教学基地,使思想政治教育实践教学覆盖大多数学生",等等。这些制度文件举措意味着思想政治教育实践教学已融入学生的日常生活,不再流于形式,而是更加贴近实际、贴近生活,使得教学成效显著提高。另一方面,高校思想政治教育生态的影响范围在时空范围不断向外延伸。此时期高校思想政治教育生态的影响范围不再局限于国家范围内,而是向全世界范围不断辐射。例如,通过"一带一路"的建设,不仅帮助区域范围内的国家开展更大范围、更高水平、更深层次的经济交流和合作,更增进沿线各国人民的文化交流与文明互鉴,让各国人民相逢相知、互信互敬,共享和谐、安宁、富裕的生活。不仅彰显了人类社会共同理想和美好追求,为世界和平发展增添新的正能量,更使中国故事、中国智慧在世界范围内实现有效传播。又如,在面对"新冠"肺炎疫情所带来的"世纪大考"中,中国坚持全国一盘棋,统一指挥、统一行动,举全国之力,集优质资源,为战胜疫情形成强大合力,不仅向全世界完美交出疫情大考的"中国答卷",更使世界人民见证中国人民坚韧奉献、守望相助的民族精神,彰显出中国特色社会主义的强大优越性。在当下,中国承诺向世界范围捐赠20亿剂疫苗,强有力地对外展现出负责任、有爱心的大国形象。

二、高校思想政治教育生态的历史发展特征

在把握历史脉络的同时,充分梳理和研析高校思想政治教育生态治理的相关材料,由表及里、由此及彼,把握高校思想政治教育生态历史变迁的特征,从而为新时代推动高校思想政治教育生态有序运行提供历史参照。

(一)高校思想政治教育生态治理的理念随着时代发展不断深化

在不同历史时期,高校思想政治教育生态理念的发展经历从自发到自觉、从感性到理性的深化过程。一方面,通过对百年来对学生、农民等进行思想政治教育的历史梳理,可以发现,在新民主主义革命和社会主义革命建设时期,虽未明确提出高校思想政治教育生态的概念,但已具备运用生态思维和生态方法,以及建设系统的思想政治教育生态体系的理论和实践自觉。这虽不以明确的"思想政治教育生态"概念为参照,但却处处体现出建设思想政治教育生态的主动性和创造性,在相关的政策、文件、讲话中也通过展现教育对象的多元化、教育内容的丰富化、课程设置的一体化、教育过程的协同性、教育方法的多样性、教学场域的扩大化等

具有生态思维、符合生态观念的思想政治教育理念，不断塑造高校思想政治教育生态治理的理论思路与实践框架。同时，这些理论内涵和实践措施虽然表征为要建构高校思想政治教育生态体系的直观感性判断，但是这种直观的认识也在历史与实践的流变过程中，奠定高校思想政治教育生态理论生成和实践运行的思想自觉。另一方面，百年来中国共产党在高校思想政治教育生态所发掘的社会资源，不是凭空产生的，而是与当时时代的中国生动实践紧密结合，实现对社会资源利用方面的与时俱进，推动高校思想政治教育生态与社会大生态的紧密联系。此结果不仅通过有效动员和组织青年学生实现了革命和建设的目标，更帮助和教育青年学生，使高校思想政治教育生态的理论与实践在回应时代提出的现实问题中不断深化发展。

（二）高校思想政治教育生态治理的思维和方法与奋斗主题紧密相连

随着时代的发展，高校思想政治教育生态治理的目标、内容等不断与中国的革命、建设、改革和复兴的奋斗主题相契合，其方法、制度和实践运行形态也随着时代的发展而不断深化。在新民主主义革命时期，中国共产党尚未取得执政党地位，因而此时期在高校思想政治教育生态治理方式主要以隐秘的方式宣传和鼓动青年学生为主，不断开展以传播马克思主义理论为中心的，具有广泛社会教育意义的思想运动，并将马克思主义与工人运动初步结合。同时，还包括批判其他错误的思想言论，打造马克思主义的意识形态高地，目的在于与大地主大资产阶级、小资产阶级等争夺人民群众（尤其是青年学生），夺取革命和战争的胜利。在社会主义革命和建设时期，随着环境的变化，给高校思想政治教育生态有序运行增添极为丰富的内容。此时期不仅初步设计提出了具有高校思想政治教育生态特征的教育理念，同时通过使用更加灵活多样的教育载体开展教育，其目的在于调动青年学生的积极性建设社会主义。在改革开放和社会主义现代化新时期，不仅更加深入探索有关高校思想政治教育生态的理论和实践，还清晰提出如"三育人""协同育人"等具有生态特征的高校思想政治教育概念，使学术界对这一问题的认识超出了自觉朴素的感性阶段，获得关于这一概念的比较稳定而系统的认识。同时，这一历史时期更加关注教育对象的需要，有关高校思想政治教育生态教育教学内容的设置更加贴近教育对象现实生活和社会实际，有效提升高校思想政治教育生态的教育效果。进入21世纪以来，信息化社会形成，互联网技术和人工智能不仅深刻改变人们的思维和生活方式，还促使"思想政治教育生态"概念得以明确提出，这不仅对新时代背景下加强和改进思想政治工作提出新要求，推动高校思想政治教育生态理论框架的彻底形成，更在适应互联网发展的情境下，推动高校思想政治教育生态在话语体系、教育方式、引领平台上产生令人耳目一新的变化。可以说，高校思想政治教育生态理论和实践的演化和发展，正是在不断应对时代变迁提出的新问题、新矛盾和新挑战的过程中，不断创新发展，彰显出鲜明的时代特征。

（三）高校思想政治教育生态治理的场域随着历史发展不断扩展

考察和发掘高校思想政治教育生态的历史演进过程，可以发现高校思想政治教育生态的辐射范围在时空层面不断拓展，这表征为从局部地区到全国范围，乃至向世界范围不断延展。一方面，从时间维度看，高校思想政治教育生态的演进历程经历了新民主主义革命时期、社会主义革命和建设时期、改革开放和社会主义现代化建设新时期、中国特色社会主义新时代这四个阶段，其呈现出一个个既连续不断又具有鲜明时代特点的不同历史时期，可以预见在本世纪中叶实现社会主义现代化的奋进历程中，高校思想政治教育生态演进将依旧保持这一特征。由于不同历史时期社会条件的不同，使思想政治教育的目的和任务不尽相同，由此带来思想政治教育生态治理形态不断发生演化和改变。另一方面，从空间范围看，高校思想政治教育生态治理的影响域界从根据地、解放区的局部地区，到全国范围的延伸，再到新时代向全世界范围的不断拓展。具体而言，高校思想政治教育生态理论和实践的发展伴随着时代发展，并在时代发展的进程中与中国的革命、建设、改革和复兴，乃至实现现代化的实践紧密结合，完成从局部到地区的尝试，到全国铺开，再到当下通过"一带一路"建设、构建人类命运共同体等措施，实现全世界范围内的价值观传播。在新民主主义革命时期，尽管有关高校思想政治教育生态治理的理念尚未明确提出，但已经在实践范围内不断探索和践行。正是在早期和局部范围内的持续探索，取得的宝贵经验，推进高校思想政治教育生态治理的内容、方法、制度、理念等与中国生动实践相结合，为进一步在全国范围乃至世界层面开拓高校思想政治教育生态治理域界打下了扎实基础。

（四）高校思想政治教育生态治理的内容随着社会发展不断变化

通过梳理高校思想政治教育生态的历史演进过程，可发现其主题从争取青年学生夺取革命胜利，到发动青年学生开展政治运动，再到关心和贴近青年学生生活的转变。百年来高校思想政治教育生态治理的根本目的在于促进教育对象思想和行为的转变。在新民主主义革命时期，传播马克思主义的先进知识分子为了与其他社会思潮争取青年学生的支持，他们尽管缺少教育主体的名分，但却不断在社会空间中利用一切有利资源鼓动、宣传和教育青年学生，显现出此时期高校思想政治教育生态是以争取青年学生、扩大革命阵营为主题，由此表征此时期高校思想政治教育生态治理的目的是争取革命和战争的胜利。在社会主义革命和建设时期，继承老解放区革命教育的成功经验，通过理论联系实际和调动一切积极因素，以实现先进性、广泛性和群众性的辩证结合与互动发展，发动群众尤其是青年学生开展如整风运动、知识分子的思想改造运动等，彰显出此时期高校思想政治教育生态是以发动青年学生加入革命为核心的时代主题。到了改革开放和社会主义现代化建设新时期，为调动青年学生参与到改革开放和社会主义现代化建设的进程中，高校思想政治教育生态治理的主题思路从发动青年学生开展社会运动，转变为"坚持为人民群众办实事，把热情服务和耐心教育结合起来""坚持尊重人、理解人、关心人的原则，增强思想政治工作的吸引力和说服力""坚持言教和身教相结合，发扬严于律己、以身作则的优良作风"等。由此可见，此时期在对高校思想政治教育生态的社会资源引用、教育方式、服务对象等，都从原先的以服务革命、战争和政治运动，转变为秉持"以人为本"原则、关心青年学生现实需要的主题。到了新时代，此主题持续深化，不仅更加关注青年学生的获得感、幸福感，而且随着国家实力和国际地位的提升，高校思想政治教育生态的教育和辐射范围已从国家领域拓宽至国家区间乃至国际范围，努力实现与世界人民的思想交流。

（五）高校思想政治教育生态治理的功能随着历史发展不断延伸

高校思想政治教育生态作为社会上层建筑的重要组成部分，必然会对一定经济基础产生反作用。就此而言，百年来的高校思想政治教育生态治理的功能演进表征为从政治功能到经济功能到文化功能再到价值观塑造功能的不断延伸、拓展和丰富。高校思想政治教育生态在中国共产党百年的历史演进过程中，其功能发挥有着鲜明的历史特征。通过对百年来高校思想政治教育生态治理的历史发展理路的梳理，可清晰发现，在革命、建设、改革的实践过程中，高校思想政治教育生态发挥着政治、经济和文化等多维功能，但是不同的历史时期，又表现出某个方面功能的凸显和强化，反映到实践中，体现出鲜明的时代特色和实践特征。新民主主义革命时期，高校思想政治教育生态治理以及对社会资源、教育对象、影响范围方面突出其政治功能和军事功能。社会主义革命和建设时期，高校思想政治教育生态政治功能得到前所未有的强化和泛化，不管在社会资源的利用、教育内容的选择、教育目标的实现等等都显露出鲜明的为政治服务的功能。到了改革开放和社会主义现代化建设新时期，高校思想政治教育生态凸显其经济功能。值得一提的是这里讲凸显经济功能，并不是说没有发挥政治功能，而是相较而言，其经济功能更为显著，这与党和国家工作重心调整是契合的。进入中国特色社会主义新时代，高校思想政治教育生态的文化功能和价值观塑造功能得到重视和发展，不仅体现在加强社会主义精神文明和公民的道德建设，以及推动社会主义核心价值观的宣传，更表征为高校思想政治教育生态的功能发挥更具有针对性，从教育对象思想深处和细微处发力，以及向更宏大的社会空间中着力，扩展新时代高校思想政治教育生态治理的新思路。

三、高校思想政治教育生态治理的历史经验

对高校思想政治教育生态的历史理路和发展特征研究,主要目的在于从历史发展分析和经验总结中理解新时代高校思想政治教育生态的发展诉求。

(一)坚持高校思想政治教育生态治理的战略性

坚持高校思想政治教育生态治理的战略性表征为党和国家始终重视对高校思想政治教育的政策保障和制度引领。通过百年来高校思想政治教育生态的发展历程的系统梳理,不难发现,自中国共产党成立以来,就始终高度重视利用社会资源、调动一切积极因素尤其是青年学生的积极性对开展革命和建设的重要作用。在新民主主义革命时期,在抵御和应对当时社会敌对意识形态的打压之下,中国共产党的星星之火仍然能够发展为燎原之势,其中一个重要原因就在于中国共产党始终高度重视并运用生态思维对青年学生实施宣传教育。在此历史时期,在中国共产党领导下的根据地,就已经通过有组织地向当地的农民群众、小资产阶级等开办培训班、工会学校等方式实施教育,同时还颁布各类文件政策确保高校思想政治教育生态相关做法的有效实施。新中国成立之后,中国共产党继承和发扬老解放区实施高校思想政治教育生态的优良传统,进一步探索改进和完善其领导方式,党和国家领导人也发表各类讲话,强调在利用社会生活中的相关资源教育青年学生的方法、内容、形式等。在改革开放和社会主义现代化建设新时期,伴随着社会主义精神文明的建设浪潮,党和国家领导人对如何运用社会资源对青年学生等人民群众实施教育等发表过重要讲话。正如江泽民同志所说:"思想工作是全党的工作,不仅宣传部门要做,各级党委和企业、农村、学校、街道等基层党组织要做,各级行政部门和工会、共青团、妇联等也都有做群众思想工作的责任。"[①] 在中国特色社会主义新时代,习近平总书记也在多个场合表述要凝聚育人合力、建设大育人格局的思想。可以说,新时代高校思想政治教育生态治理的充分发展离不开党和国家以及

[①] 中共中央文献研究室:《十四大以来重要文献选编(上)》,人民出版社1996年版,第655页。

领导人的高度重视。同时，相关的历史逻辑表明，在高校思想政治教育生态的现实发展中，马克思主义中国化之所以能够在我国成为一项伟大事业接续不断地进行下去，是因为党和国家充分运用社会生活中的相关资源开展马克思主义宣传教育，并在教育、宣传、普及制度上确保马克思主义宣传教育的常抓不懈，这一点是我们今后必须坚持的战略方向。

（二）坚持高校思想政治教育生态治理的时代性

高校思想政治教育生态的历史逻辑表明，中国共产党如何汲取社会资源、利用什么社会资源、教育谁、采用何种方法等一系列有关建设高校思想政治教育生态的问题，与时代的演进密切相关。在新民主主义革命时期，如果不采取以争取和发动青年学生为主题的高校思想政治教育生态治理方法，马克思主义就不可能在半封建半殖民地的中国大地上迅速普及，社会主义信念和共产主义信仰就不可能在短时间内深入到千百万贫苦民众的内心，也就不可能有效地凝聚变革社会的物质力量，从而形成中国革命的强大合力。在改革开放乃至新时代，如果继续采取以发动青年学生为核心的高校思想政治教育生态治理方法，不仅不会取得应有成效，反而会使教育对象产生内心抵触。从这一维度上来说，需要改变的不是高校思想政治教育生态所应承载的价值观念和理想信念，而是要继续拓展其教育手段，深化其教育理念，探索更柔性的、更贴近教育对象现实生活、更能满足教育对象细枝末节需要，以及更能推动高校思想政治教育生态与社会大生态紧密结合的教育方式。在此层面，域外学者创建多种方法和技术，如发掘社区的作用、创设公共服务机构，这些方法和技术有一个重要特点，就是以隐秘和渗透的方式引导受众，使其在"不知不觉"中与教育者在人生意义或价值方面可能达成"共识"，完成思想政治道德教育的目的。就此而言，作为上层建筑的重要组成部分，高校思想政治教育生态的现实发展要与时代紧密结合，在发掘社会资源、教育方法、教育理念等方面与时俱进，以确保高校思想政治教育生态持续健康的有序运行和发展。

（三）坚持高校思想政治教育生态治理的价值性

思想政治教育归根结底是一种价值观教育，高校思想政治教育生态的治理和发展也应当立足于影响教育对象形成符合社会所要求的价值观，这就不可避免地使高校思想政治教育生态在新时代的建设和发展中具有价值性。而同时，"生态学所揭示出来的生态系统中各要素的相互依赖、系统的平衡性、有机性和整体性都揭示出一幅与传统的机械论自然观迥然不同的图景。不仅如此，生态系统所表现出的整体性还孕育了一种强调互补、平等、关系和均衡的价值观。"① 以此而论，一方面，高校思想政治教育生态系统的建设是以课堂思想政治教育为参照对象的，因而要解决课堂思想政治教育中如价值观念的知识化等难以解决的现实问题。价值观念的知识化会导致思想政治教育的核心问题从价值观转变为知识，此现象产生的后果即价值观文本化、价值观评价计量化、价值观体系课程化以及价值观内容制度化，这样所致使的最直接后果就是价值观和人的分离。另一方面，高校思想政治教育生态治理要以推动人的全面发展为终极目标，显露出思想政治教育的属"人"性。就此而言，高校思想政治教育生态治理的价值性不是"无条件"以人为本抑或以社会为本，而是注重在价值观传递、价值观评价、价值观践行等方面实现社会价值和个人价值的统一。质言之，高校思想政治教育生态治理和发展的应有之义在于处理好社会价值观念的个体性与公共性之间的关系，追求个体良善的同时肩负起对社会的责任。这就要求高校思想政治教育生态在其现实发展中，将价值取向贯穿于教育过程、教育评价、教育内容等诸多方面。

（四）坚持高校思想政治教育生态治理的主体性

一方面，梳理百年来高校思想政治教育生态的历史进程，在其主题演进方面主要表征为从争取青年学生到发动青年学生，再到联系青年学生、贴近青年学生。可以发现，"青年学生"宛若一根红线，不仅贯穿于中国共产党带领人民大众反帝反封建的中华民族伟大历史中，更在高校思想政治教育生态发展的历史进程中展现出来，成为新时代高校思想政治教育生态治理的基调和灵魂。另一方面，高校思想政治教育生态治理的主体性的要求是"人文关怀"。按照马克思的理解，人文关怀是对"现实的人"生存状

---

① 余谋昌、王耀先：《环境伦理学》，高等教育出版社2004年版，第4页。

况的关注、对人的尊严与符合人性的生活条件的肯定，以及对人类的解放与自由的追求。例如，在"文革"结束后的关于真理问题大讨论中，就有关于"人"的思考。在此时期，学者从对理解"现实的人"到深入"现实的人"的精神世界，对"人"的关注重点从马克思笔下"类存在"的人到个体的人，进而扩展到满足个体的人的需要、化解个体思想症结等，由此奠定高校思想政治教育生态的基调和灵魂。同时，当下社会的主要矛盾已经转化为人民日益增长的美好生活需要和不平衡不充分的发展之间的矛盾。而人民美好生活需要日益广泛，从物质层面的"得到""满足"到精神层面的"幸福""尊严"等，越往上越抽象，也就越难以具象化、实操化，这不仅对物质文化生活提出更高要求，更对精神文化层面的要求与日俱增。因此，就高校思想政治教育生态治理的主体性而言，关怀的对象是受教育者，其重点就是要从教育对象日常生产生活的时空脉络入手，探寻能够满足教育对象需要的突破口，即在关注其切身"利益"的同时帮助他们完善其个体性，在利用社会资源塑造他们的"思想性、政治性和道德性"的基础上完善其社会性，在丰富和提升其人生境界的基础上推动中国特色社会主义事业的发展。从这一逻辑路向看高校思想政治教育生态治理的主体性，应当在建设社会主义现代化的进程中实现人的现代化，努力探索有效的人文关怀的路径和方法，以便将人文关怀的理念落实于具体的高校思想政治教育生态治理之中。

（五）坚持高校思想政治教育生态治理的社会性

作为一项社会实践活动，高校思想政治教育生态治理的落脚点应当在坚持其社会性上，即要将高校思想政治教育生态与社会大生态稳固紧密联系。一方面，高校思想政治教育生态治理要以社会实践为教育方法和载体。百年来高校思想政治教育生态的历程已然彰显其具备相应的概念演化逻辑，但高校思想政治教育生态的发展不仅在于理论的演绎，更要具有观照现实、引领实践、展望未来的实践逻辑。就此而言，高校思想政治教育生态治理不应当满足于理论逻辑的自圆其说，还应当落脚于现实生活中的高校思想政治教育生态实践。因此，高校思想政治教育生态治理的社会性应当以实践逻辑为主线，探索在新时代的历史条件下具有应用方法论性质的、能够解决高校思想政治教育生态治理的现实问题的理论。另一方面，从目标实现的维度而言，高校思想政治教育生态治理应当落脚于社会性。例如，在推动教育对象实行"由知到行"的转化方面，毛泽东同志强调这是一个"认识—实践—再认识—再实践"的过程。就此而言，促动教育对象实现"由知到行"的转化就不能仅局限于高校内的思想政治教育生态，而应当使教育对象不断"往返"于思想政治教育场域和社会空间，将在思想政治教育课堂中的所听、所思、所见及时应用于"社会大课堂"，由此通过不断接触社会实际、参与社会实践，凝炼既具个体性又有社会性的"实践感"。这种"实践感"能引领教育对象在现实生活中遇到价值困惑和价值选择时，"下意识"地做出符合社会所要求的思想和行动，以促进教育对象在"思政小课堂"和"社会大课堂"的统一下实现"知行合一"。

第二章
高校思想政治教育生态的现状分析

高校思想政治教育生态治理是一项正在进行并且面向未来的伟大治理实践活动，国家治理现代化不仅为高校思想政治教育生态治理提供良性运行环境，也提出更高要求。但在当下高校思想政治教育生态治理获得诸多成果的同时，在思政课教育教学、日常思想政治教育、思想政治教育管理等方面出现"生态危机"。质言之，新时代高校思想政治教育生态治理应当立足现实，着力解决高校思想政治教育生态治理的困境并究其原因，进而为提升新时代高校思想政治教育生态治理效果提供助益。

一、高校思想政治教育生态治理的基本情况

2004年8月，中共中央、国务院下发《关于进一步加强和改进大学生思想政治教育的意见》（本章简称《意见》）。《意见》强调加强和改进大学生思想政治教育是一项重大而紧迫的战略任务，从大学生思想政治教育的指导思想和基本原则、主要任务、有效途径探索、良好社会环境营造等多方面提供指导方向。全国各高校深入贯彻国家教育方针，认真落实中央决策部署，台账式推进落实加强和改进思想政治教育工作任务，营造良好的思想政治教育生态环境，高校思想政治教育工作取得一定成绩。2021年相关调查显示，九成以上大学生对思政工作开展情况表示满意，给予较高评价。大学生思想政治教育工作呈现良好发展态势，在推动高等教育改革发展、维护学校和社会稳定等方面发挥了重要作用。

第二章　高校思想政治教育生态的现状分析

（一）高校思想政治教育生态治理在政策上有所保障

为进一步加强与改进高校思想政治教育工作，党和国家出台一系列相关政策：2017年2月，中共中央、国务院下发《关于加强和改进新形势下高校思想政治工作的意见》；同年12月，中共教育部党组印发《高校思想政治工作质量提升工程实施纲要》；2020年4月，教育部等八部门出台《关于加快构建高校思想政治工作体系的意见》；在中国共产党成立100周年之际，中共中央、国务院印发《关于新时代加强和改进思想政治工作的意见》。这些重要文件和制度为不断推进高校思想政治教育工作这项复杂的系统工程提供政策遵循。党的十八大以来，习近平总书记多次亲自到高校深入考察，与师生代表座谈交流，给高校师生写信或回信，参加会议并发表重要讲话，其对大学生思想政治教育提出的一系列新思想新观点新要求，成为高校做好大学生思想政治教育的重要"法宝"。根据党和国家的要求与精神，高校深入分析大学生思想政治教育面临的新形势新挑战，结合学校的实际情况，建立和完善一系列高校思想政治教育方面的规章制度，包括加强思想政治教育师资队伍建设的制度、完善思想政治理论课程体系制度、完善大学生行为准则、建立校园网络规范管理制度和大学生教育实践活动的规章制度等方面。

（二）高校思想政治教育生态治理在思想上有所重视

当前，高校思想政治教育既遵循国家统一的政策方针，又兼顾多样性的教育理念，始终把握育人的总体方向，坚定不移地贯彻落实好国家的教育方针，紧紧围绕中国特色社会主义高校的办学方向、组织体系、培养目标，同时追求多样化、丰富性、多层次、多角度的思想政治教育生态化理念和办学形式。高校思想政治教育生态治理是持续不断的历史过程，融入时代发展特有的元素，有着源源不绝的发展动力，始终向前大踏步地前进。同时，高校思想政治教育生态治理并没有居高自傲、盲目排外，在符合国情的前提下与国际先进的德育理念接轨，不断借鉴国际德育的先进经验，补充新鲜"血液"，在不失民族特色的同时持续向前发展。

(三)高校思想政治教育生态治理在行动上有所落实

1. 教育内容与时俱进

习近平总书记指出:"要用好课堂教学这个主渠道。"各高校面对社会环境的不断变化,对传统的思想政治课程设置进行审视,依照国家教育方针与政策,依据教学大纲,不断调整思想政治教育课程的设置,以适应新时期思想政治教育的需求。在大学本科阶段开设必修课程:为引导学生系统掌握马克思主义基本原理和马克思主义中国化理论成果,了解党史、新中国史等"四史",培养运用马克思主义立场观点方法分析和解决问题的能力,开设《马克思主义基本原理》《毛泽东思想和中国特色社会主义理论体系概论》《中国近现代史纲要》等必修课程;注重培养学生自觉践行社会主义核心价值观,拥护宪法法律权威,推出《思想道德与法治》;为帮助大学生正确认识国内外形势,及时将党的理论创新成果送进课堂送入学生头脑,引导大学生准确理解党的理论与方针政策,各高校将《形势与政策》课程纳入思想政治理论课体系,贯穿本科教育阶段。在全国重点马克思主义学院率先全面开设《习近平新时代中国特色社会主义思想概论》课。除此之外,各高校结合学校实际,统筹资源,围绕马克思主义、"四史"、中华优秀传统文化等,开设通识选修课。近几年,各高校进一步落实全员育人的精神,推进思政课程和课程思政相结合的思想政治教育模式。整体来说,各高校在思想政治课程设置和教学内容安排上,能较好结合新时期特点,与时俱进,将习近平新时代中国特色社会主义思想融入思想政治教育课程中,把立德树人作为中心环节,把思想政治工作贯穿教育教学全过程、各方面,着力培养身心健康、具有家国情怀、对社会有积极作用的人。

2. 组织机构得到完善

各高校能够坚决实行党委领导下的校长负责制,不断健全领导体制和工作机制,明确工作职责。落实党组织书记、校长带头抓思政课机制,充分发挥领导干部在政治、阅历方面的优势,要求领导干部上讲台,以形势报告、座谈会、研讨会等丰富的形式开展青年学生思想政治教育;不断提升高校党政工团各级组织和部门、全体教师的思政教育意识,自觉融入高校"大思政"工作格局，根据各自岗位职责高度关心和重视思想政治教育工作，将思想政治教育贯穿工作全过程；注重打造专兼结合的思政辅导员工作队伍，从师生配比、工作条件、待遇保障、发展空间等多方面保障大学生思想政治教育的骨干力量到位；完善学生党团组织建设，用好党团组织育人载体，强化思想引领；推进校园各类文化阵地建设。高校各组织共同参与思政教育，形成上下联动、各司其职、齐抓共管、全员育人的良好工作格局。

3. 教育方法进行多渠道探索

随着经济的发展和信息传播的多元化，各类文化和价值观不断涌入，高校大学生个性化特征明显，思想差异越来越大。高校在进行思想政治教育时，能够适时调整和完善教育方法，在坚持以课堂理论教学为主渠道，进行系统科学灌输的显性教育基础上，打破单一教育方式，积极探索多渠道的思想政治教育，切实提高思想政治教育实效性。积极开展隐性思想政治教育，探索利用有形载体，无声传递教育价值。高校通过提升学校基础设施建设，加强校园优秀传统和特色精神文化建设，健全制度文化建设等，不断优化校园文化环境，营造浓厚的优良学习氛围。高校注重第二课堂的作用，加强引导学生参与各类社团活动、志愿者服务、社会实践、课外实践等，将说教式的思想政治教育转化到具体的实践活动上，在实践过程中锻炼学生的综合素质，提升思想境界。随着全媒体的不断发展，导致舆论生态、媒体格局、传播方式发生深刻变化，高校在利用网络开展思想政治教育方面做出很多的探索和尝试：在提升网络话语权策略上不断研究；加大学习和培训力度，提高思政工作者的新媒体素养；抓好校园网络阵地，建立服务师生学习、科研、生活等网站或者 APP；借助微信、钉钉、微博等各类新媒介开展工作，让思政工作者及时回复学生信息，同时也让思政工作者与学生借助微信朋友圈、微博动态等增进了解和及时对话；开设既符合时代内容，又符合学生学习方式的系列微课。高校还重视对学生的就业创业指导、心理咨询等方面的教育。

4. 教育途径基本实现联动

高校在思想政治教育过程中起主导作用，但家庭教育和社会教育的力量也不容忽视。高校除充分利用校内资源外，着力运用家庭、社会资源，增强学校、家庭、社会之间的沟通、联系、合作。高校通过召开新生家长会、邀请家长参加校庆等重要活动，或借助各类新媒体建立沟通渠道，向家长介绍学校的基本情况、人才培养方式和基本制度，提醒家长关注学生的专业学习和身心健康，提醒家长要重视家校合作，定期沟通，及时掌握学生思想动态，营造家校互通的思想政治教育氛围。高校联动社区资源，建立志愿服务基地、学生干部挂职锻炼基地、大学生见习基地等，结合丰富的社会实践活动形式，培养学生的道德品质。高校邀请社会成功人士给学生开讲座，利用"明星效应"开展思想政治教育。

二、高校思想政治教育生态系统面临的困境

当前，新全球化时代价值观超越单一中心论，强调差异化、多样化与多元化。人的主体性增强、社会开放、思想和价值多元、信息复杂多变是思想政治教育面临新形势的总体特点。新的形势使当前我国高校思想政治教育生态系统发生深刻的变化。笔者采用杨增崟的研究理念，把高校思想政治生态系统划分为作为主渠道的思想政治理论课教育教学生态系统、作为生活化模式的日常思想政治教育生态系统和作为立体化、合力化全员育人模式的思想政治教育管理服务生态系统，采用开放式访谈的分析方法，对20名学生进行访谈，了解高校思想政治教育生态系统现存的问题。

（一）思想政治理论课教育教学生态现状

高校思想政治理论课教育教学生态，是指高校思想政治理论课教师与学生，同课堂教学情境、教室物理环境及其直接或间接影响师生教学活动的其他潜在因素等生态环境之间的相互作用、相互关联的存在和发展状态。

1. 思想政治理论课课堂生态群体的失衡

教师和学生是思想政治理论课课堂生态群体中两个最基本的要素，课堂的一切内容因他们而生，课堂的一切活动因他们而设。在思想政治理论课生态课堂中，教师与学生应该是平等交互的生态主体，教师与学生间是一个沟通、理解的模式，但随着社会信息化和高校扩招，思想政治理论课

课堂生态群体出现不同程度的失衡。

在思想政治理论课的课堂生态中,教师应该扮演教育活动的组织者、知识传授者、学生素质的促进者和道德修养的引导者等角色,但当前思想政治理论课教师群体出现两个方面的失衡。一方面,由于扩招的影响,学生数量急剧增加,直接加剧思想政治理论课教师数量的增加,教师每年数量的增加与学生数量的增加并不是同步的,导致一定程度上教师质量的相对下降。在一些学校不同程度地存在思想政治理论课教师兼职多,专职少;转专业的多,原专业的少;本科学历的教师多,研究生及以上学历的教师少;中低级职称教师多,副高及以上职称的教师少;普通型的教师多,大师型的教师少的现象。另一方面,由于受中国传统文化"尊师重教"习俗的影响,有些思想政治理论课教师在课堂生态链上把自己定位在课堂教学的中心位置,过于控制课堂教学,未能较好地提升学生课堂参与度。教师和学生之间的交流和对话是建立在这种"权力失衡"的不平等关系上,除少数尖子生外,绝大多数学生在教学过程中处于被动的地位,难以做到生态化教育要求的"促进人的创生的教育"。

从学生生态群体来看,每个学生在思想政治理论课课堂生态中是最基本和最活跃的"细胞",具有独一无二的生态位。受社会思潮和中国改革开放以来出现的就业方式、利益关系和分配方式的多元化影响,社会上出现拜金主义倾向、实用主义倾向、分配不公、贫富悬殊等问题,给大学生的理想信念、价值观念造成强烈的冲击。学生之间的生态位出现较大的差距,一些学生在失实信息和有害信息之中茫然迷惑、无所适从,世界观、人生观和价值观出现失衡状况,需要教师引导,但有时受各种因素的影响,他们的问题没能在课堂上得到满意的解答,出现教师讲授与学生实际需求失衡的状况。

2. 思想政治理论课课堂运行要素的失衡

思想政治理论课课堂运行要素是按照一定的规律秩序和方式结合而成的有机整体,其中任何一个运行要素的变化,都会对其他要素的运行和系统的效能发挥产生不可避免的影响。

第一,思想政治理论课的课程内容存在重复性,脱离现实和课外实践。

高校思想政治理论课与中学思想政治课的课程内容有相当部分存在重复现象。具体的几门课程的内容也出现相互重复并缺乏内容的有机联系，这就造成从微观上看每门课程自成体系，从宏观上看各门课程之间缺乏内在联系的现象。课程内容相对封闭、脱离现实和课外实践、缺乏理论与现实的有效结合，不能有效解答学生普遍关心的重大现实问题和焦点、难点问题，不能及时将反映时代变化的最新研究成果融入教学内容中；理论教学和实践教学不能有效衔接。目前我国高校的思想政治理论教育主要是在课内进行的，而社会实践活动则主要在课外进行，形成教育生态学意义上的"花盆效应"。

第二，思想政治理论课的教学方法单一化。思想政治理论课课堂上生态群体间的互动应该是多元化的，但目前大多数高校在思想政治理论课课堂上的教学方法仍采取"教师主讲，学生主听"的教学模式。这种单向、线性输入的教学模式教师仍是课堂的主宰者，课堂教学重点在于知识点的讲授，学生被动接受，这样难以调动学生学习的主动性、积极性和创造性。

第三，思想政治理论课课堂秩序失范化。良好的课堂秩序是课堂教学顺利进行的基础，是提高教学质量的重要条件，但由于学生对思想政治理论课的兴趣不高，认为其实用性不强，在思想政治理论课的课堂教学中出现课堂秩序失范化，主要表现在：课堂出勤率难以保证，学生逃课、迟到、早退的现象比专业课严重；"后排现象"突出、"隐形逃课"现象严重，上课时学生争坐后排，相当部分的学生在课堂上看专业书或课外书、做其他课程的作业、睡觉、吃东西、玩手机、聊天等。

3. 思想政治理论课课堂生态的失衡

教育生态理论中的最适度原则认为"教育生态的个体、群体、系统在其发展过程中对周围生态环境和各种生态因子都有自己适应范围的区间，在此区间内教育主体能很好发展，否则将走向反面"。对照思想政治理论课课堂不难发现生态环境中也出现一些失衡现象。

其一，思想政治理论课合班多，班级学生人数在百人上下，超出教育群体最适当的群居度，超过生态主体的承受力和耐受度。过大的班级密度使得每个学生的教学资源占有率低，出现学生的学习机会不公平的现象，教师与学生之间的交流主要集中在少数性格外向或能力强的学生中，而比较少出现在大多数学生尤其是性格内向或能力较差学生中，这就会导致课堂生态主体与课堂生态的失衡，影响教育群体活动效能的发挥；在课堂教学中由于学生人数过多，教师不能针对每个学生的实际情况进行有效指导，使得许多学生的课堂学习效率低下，处于一种盲目和被动状态；班级规模过大也会加大教师课堂管理的难度，造成课堂纪律差，直接影响课堂教学质量。

其二，思想政治理论课教育多采取"秧田式"的座位编排方式，不利于思想政治教育教学过程中生态环境的形成。思想政治理论课由于是合班上课，学生人数多，所以大部分都安排在大教室、阶梯教室，且大多数是采取"秧田式"的座位编排方式，从空间特点上突出教师的控制作用，学生的注意力更容易集中在教师身上。但这种"秧田式"的座位编排方式在一定程度上拉大了教师与学生之间的距离感，教师与学生的交流具有"教师→学生"的单向性，学生比较少有机会跨越障碍主动与教师进行近距离交流，不利于师生的互动与交流，影响学生信息接受的效果，削弱了思想政治理论课课堂教学的实际效果。

（二）日常思想政治工作生态现状

从总体上看，高校思想政治教育工作和各体系围绕"以生为本"的目标，遵循着基本的教育规律和实践要求而运行，但仔细审视会发现其中差异。学科、教学、教材、管理等体系各有特定的目标内容，因其具体目标的不同而呈现出不同的样态和规律，依靠不同的方法和载体。基于高校内部的不同分工而产生的目标不尽相同的专业化体系实践，在目标、方法、载体等方面会呈现出一种异质化的倾向，这种倾向会逐渐导致主体的双重疏离，即思想上的疏离和行动上的疏离。这种疏离的本身并不会阻碍其各个系统的运转，但由此继发的观念疏离、资源争夺、效果抵消会为高校日常思想政治工作生态的良性循环埋下危机的根源。

思想上的疏离。《关于新时代加强和改进思想政治工作的意见》中指出，"加强和改进思想政治工作，事关党的前途命运，事关国家长治久安，事关民族凝聚力和向心力。"党的十八大以来,以习近平同志为核心的党中央高度重视思想政治工作,采取一系列重大举措切实加以推进,但仍存在着下达、协同、上传中的思想统一上的挑战。第一是在思想理念下达方面,仍然存在着一部分"上热、中温、下冷"的现象,实际工作部门由于工作压力较大,对党和国家的治理理念和思想不能完整有效的学习和领悟,使得基层治理单元在思想体认的统一性方面仍有疏离;第二是思想理念协同方面,在联动各方力量形成德育共同体上仍有疏离,不同体系由于其目标和内容的差异而产生体认局限性,使得思想政治教育在体系间缺乏统一性、连续性的思想和内容的衔接;第三是在思想理念的反馈方面,被治理主体的需求反馈和传达上有所疏离,不能有效反馈被治理主体的现实需求,对学生参与日常生态治理的积极性有碍,使国家治理体系不能有效嫁接基层治理单元,基层治理与国家政策、社会需求脱钩。这些思想方面的疏离会对高校日常思想政治工作生态治理产生系统性的潜在威胁,使得思想上不能形成有效闭环。

　　行动上的疏离。国家治理现代化在实践推进中始终关照人本身的发展,重视促进人的全面发展以带动国家治理的全面进步,透溢着以人民为中心、以人为本的价值观念[①]。高校日常思想政治工作的生态治理要积极遵循思想政治工作规律,以人为本,但是在实际工作中仍有所疏离。第一是在思政和教学的联动方面的疏离。目前思想政治工作的主体仍是思政部门,仍有很多教师认为思政工作就是辅导员的事,使得思政教育集中于思政课和学生活动中,显性教育为主、隐性教育不足,使得思想政治教育工作渗透率、覆盖面和接受度仍有待提高;第二是在解决思想问题和解决实际问题方面的疏离。思政工作仍以教育为主,日常思政活动和思政课程均以解决学生的思想问题占主导地位,与解决实际问题相联系方面有所欠缺,缺乏思政工作的解释力、说服力和战斗力;第三是在群体性教育和个性化教育方面的疏离。目前的思政工作由于人力、物力、财力的限制,仍以广泛性教育占主导地位,分类指导略显不足,在思政教育的"最大公约数"覆盖上略

---

① 冯刚:《治理视域下高校思政队伍专业化建设的理论与实践》,《学校党建与思想教育》2020年第9期。

显疲态,对于网络圈层、个性化群体缺乏针对性教育,在思政教育的时代性、个体性实践上仍需提高。

(三)思想政治教育管理服务生态现状

没有规矩,不成方圆。高校日常思想政治工作生态良性运行的基础就是管理上的支撑,但是现行的管理方式并不能有效保障其良性运行,反而增加了其运行负担。

第一是在制度化管理上的疏离。现行的学科、教学、教材、管理上的制度愈发成熟,在增进细致化管理的同时也增加了规范的冗杂、程序的层数、业务的重复,使得科学化规范化管理显出疲态,传承有余而创新不足;第二是在网络化管理上的疏离。随着互联网的广泛运用,网络思政的有效落地成为思想政治工作面临的巨大挑战,思想政治工作者普遍存在"使用有余而运用不足的状态"。如何培养和激发日常思想政治工作能力、活力和创新力,把握高校日常思想政治工作生态治理中的"最大变量",使其变为"最大增量""最大正能量",是摆在思政工作面前的难题;第三是在现代化管理上的疏离。治理体系和治理能力现代化在高校日常思想政治工作的延伸,不仅仅是理念的延伸,也涉及教育装备现代化、师资队伍现代化、教育管理现代化等多方面,目前高校掌握最新的科学技术,却在日常思想政治教育工作的应用上略显不足,还是采用传统的"人盯人""口口相传"等思想政治教育工作方式,在通过大数据进行信息甄别、数据预警、风险排查等现代化技术与思想政治工作结合方面仍有不足。此外,在高校思想政治教育载体的管理上也存在疏离。例如,思想政治理论课的课堂教学设备简陋,不能满足现代化教学的要求。《〈中共中央宣传部教育部关于进一步加强和改进高等学校思想政治理论课的意见〉实施方案》明确规定思想政治理论课在高校课程设置中属于必修课,但其地位远不如专业必修课,不能引起学校的重视,在教学设备方面跟不上现代科学技术的飞速发展,有些思想政治理论课的课堂没有引进先进的多媒体设备来辅助教学,课上还停留在一根粉笔、一块黑板就构成整个教学的硬件设备阶段。

高校思想政治教育在长期运行的基础上已经形成其特有的运行方式,

管理上的相互补漏、人员上的相互补位能基本应对高校日常思想政治教育的诸多管理问题，但是随着治理体系和治理能力现代化的要求和网络社会的影响加成，高校思想政治教育生态系统面临的困境将会使得高校各体系间在目标、效果的互促上出现深层次疏离，导致各体系在教育效果上出现相互牵制和抵消，阻碍高校思想政治教育的有效运转，使高校思想政治教育的生态治理成为当下亟待正视的问题。

三、高校思想政治教育生态系统面临困境的主要原因

基于上述样态和效应分析，当前高校思想政治教育生态系统面临困境的主要原因在于忽视"由中心向外围把握思想政治教育的运行逻辑"①的系统观，"对思想政治教育系统及其运行过程缺乏完整的认知与理解"②。高校思想政治教育不仅是独立形态的自运行系统，还与其他社会子系统交互运行，交互影响。社会运行对思想政治教育具有辐射作用③。从社会系统运行视角出发，审视当前高校思想政治教育生态治理的模式的生成逻辑，以探寻问题之机理，溯源问题之本源。

（一）顶层设计尚未成型

顶层设计强调用系统论方法进行整体统筹，从而实现资源的有效配置。"顶层设计的系统性思想决定了顶层设计具有顶层决定性、整体关联性和实际可操作性。"④高校思想政治教育的重要性和特殊性要求其治理的顶层设计须立足于根本问题、根本任务和根本目标，以社会系统运行的视角分析内外部环境，"从全局角度对思想政治工作的各方面、各层次、各要素统筹规划，构建由相互联系、相互作用的多个子系统组成的工作体系，集中有

---

① 代玉启、覃鑫渊：《基于运行的思想政治教育理论体系构建初探》，《河海大学学报（哲学社会科学版）》2021年第5期。
② 孙其昂、张建晓：《基于新理论框架的思想政治教育系统构建》，《河海大学学报（哲学社会科学版）》2020年第1期。
③ 代玉启、覃鑫渊：《基于运行的思想政治教育理论体系构建初探》，《河海大学学报（哲学社会科学版）》2021年第5期。
④ 谷伟：《提高高校思想政治教育实效必须加强顶层设计》，《中国成人教育》2014年第3期。

效资源,有计划、有步骤地实现思想政治教育的目标任务"[①]。尽管党和国家密集出台涉及高校思想政治工作的指导性文件,高校思想政治教育顶层设计的战略性、科学性和整体性明显得到提高,其顶层设计尚未完全成型成熟。一是围绕根本问题开展顶层设计的总体谋划不到位。将"为谁培养人、培养什么样的人、怎样培养人"这一根本问题融入以习近平同志为核心的党中央全面推进高校思想政治工作提质增效总目标不够精细。教育主管部门在整体思想政治工作政策设计中存在"总方案"和"配套文件"衔接脱节,及时全面准确落实党中央政策的执行力度不够、评价体系不足、保障体系不强、监管督导不严。教育主管部门和高校党委在全面统筹领导思想政治工作中领导软化、机构虚设、管理弱化问题凸显。二是遵循根本任务推进顶层设计一体化运行的布局不到位。将"立德树人"这一根本任务融入高校思想道德教育、文化知识教育、社会实践教育各个环节的体制尚未有效落实。以"立德树人"为中心环节的思想政治工作体系贯穿于学科体系、教学体系、教材体系、管理体系的机制尚未健全。思想政治理论课"主渠道"作用、日常思想政治教育"主阵地"作用与"课程思政"主力军作用尚未形成有效合力。以高校治理体系和治理能力现代化为导向的"全员、全过程、全方位"协同育人的"大思政"格局尚未完全形成。三是紧扣根本目标系统加强顶层设计的深度融合不到位。将"培养社会主义建设者和接班人"这一根本目标融入思想政治教育自运行、思想政治教育与其他社会子系统交互运行的总体思路不够具象。立足于实践哲学思维的高校思想政治教育创新,实现知识理论体系与实践工作系统有效互动良性运转的范式转变有待深入研究。[②]思想政治教育在高校、家庭、社区、网络等不同场域中交替运行、有效融合对高等教育人才培养的联动效应发挥不显著。思想政治教育生态治理对"以'社会'对抗'思想政治教育'造成思想政治教育式微"[③]社会劣性运行的破解之道有待提升,诸如"资本"影响下的"饭圈文化""网

---

① 杨晓慧:《加强高校党委在思想政治工作中的顶层设计》,《思想理论教育》2017年第3期。
② 代玉启、覃鑫渊:《基于运行的思想政治教育理论体系构建初探》,《河海大学学报(哲学社会科学版)》2021年第5期。
③ 代玉启、覃鑫渊:《基于运行的思想政治教育理论体系构建初探》,《河海大学学报(哲学社会科学版)》2021年第5期。

红经济"对高校大学生思想行为产生广泛深远的负向影响。

（二）实用主义影响深远

当前我国正处于推进全面深化改革的关键时期。"教育的发展不是孤立的，是嵌入国家经济社会发展的。"① 随着经济社会的转型，处于社会系统运行中的高校思想政治教育，在一定程度上也受到政治、经济、文化的影响。中国传统文化注重实用，现代社会崇尚效率，在两者交织形成的双重逻辑驱动下，高校思想政治教育的实用主义倾向不断加剧、影响深远，主要表现为两个方面。一是短期效应凸显。尽管所有高校都将思想政治工作实效性写入工作目标，但以重视眼前利益轻视长远利益、追求显性效应忽视隐性效应、重视局部收益轻视整体利益为表征的短期效应在高校思想政治教育中呈现尤为明显。在市场经济的竞争意识刺激下，高校思想政治教育实践活动攀比于数量规模、停留于宣传声势的"剧场效应"愈演愈烈。在短期效应的实用主义导向下，高校学生的思想行为特点难以把握，高校思想政治教育规律仅存于理念和口号上，急功近利的教育教学方式充斥于高校"立德树人"全环节。长此以往，高校思想政治教育长效性、持久性、隐性的育人功能将渐进弱化。二是量化思维根深蒂固。功利化思想使高校思想政治教育产生一定程度的异化，尤其表现为以数据和指标成为衡量思想政治教育成效的重要载体。高校思想政治教育面向的是性格鲜明、视野宽广、注重自我的青年大学生群体，思想政治教育是循序渐进、由点及面、多元创新的发展过程。然而，实用主义影响下的量化思维导向，倾向于通过数据、指标实现高校思想政治教育生态治理目的，却将鲜活具体的教育对象简单化、将遵循规律的教育过程标准化。例如，政府、社会和家庭对高校人才培养质量评价通过就业率、升学率等指标进行考核；教育部门对高校领导重视思想政治教育程度通过专题会议、实践活动参与数量进行衡量；高校对辅导员考核通过文字录音录像等形式的谈心谈话记录进行认定，甚至要求谈话对象签字确认。这些实用主义导向的量化指标从一定意义上方便客观评价，但是否能促进高校思想政治教育提质增效有待商榷。一言以蔽之，

---

① 崔保师、邓友超、万作芳等：《扭转教育功利化倾向》，《教育研究》2020年第8期。

高校思想政治教育本质是做人的工作。如果不针对教育对象的特征和需求、不着眼于教育发展的长远利益而供给，结果必然事倍功半。

（三）历史惯性发挥作用

历史发展具有一定的惯性，对适应客观新世界、接受发展新事物、制定改革新体系的进程存在负向制约。而源于中国传统道德教育、历经近现代高等教育发展变迁的高校思想政治教育生态治理生成同样受到厚重历史惯性的影响。受中国传统文化、近现代历史、市场经济发展等因素制约，现有高校思想政治教育生态治理模式的历史惯性影响主要表现为三个方面。一是"一考定终身"的教育价值惯性。从封建社会世代沿袭"一考定终身"的科举制度及其文化影响下，中国现代社会的高考制度在一定程度上深受其惯性思维制约。社会、家庭和个人渲染"金榜题名"文化的背后是教育市场主义倾向。国家对人才选拔的相对公平和理性工具，在个体而言，却是其职业目标、阶层转化的动力基础和价值导向。"就业前景"成为社会、家庭和个体对高校院校和专业的重要评价指标。长此以往，高等教育受众功利主义显现，可持续发展受到制约，高校思想政治教育者立德树人的根本任务受到挑战。二是高校行政官僚化的惯性。中国近代大学"官办官管"制度、新中国成立后作为教育行政部门下属单位的办学制度的历史惯性，成为当前我国高校"行政化"客观现实的重要因素。在行政化模式之下，庞大的行政队伍成为支配高校的主体。这种历史惯性尤其表现在学生群体中。受"官本位"思想熏陶，高校学生组织异化、学生干部腐化等现象时有发生。学生组织背离"维护学生权益"、学生干部脱离"联系服务学生"初衷，成为高校思想政治工作教育治理改革的一大痛点。尽管《国家中长期教育改革和发展规划纲要（2010-2020年）》提出："随着国家事业单位分类改革推进，探索建立符合学校特点的管理制度和配套政策，克服行政化倾向，取消实际存在的行政级别和行政化管理模式。"[①] 但在高校思想政治教育从管理向度到治理向度的质性转变中，行政官僚化现状依旧存在，完全蜕变还尚待时日。三是偏颇爱国主义惯性。爱国主义是中华民族数千年历

---

① 《国家中长期教育改革和发展规划纲要（2010-2020年）》，《人民日报》2010年7月30日。

史传承下来个体对祖国的一种深厚感情，尤其对近现代历史的追求国家独立、民族解放中起到不可替代作用。但正是受因民族危机而形成"受害意识"历史惯性的影响，奉行教条主义、僵化思想以及"非友即敌"二元哲学的偏颇爱国主义仍然盛行。高校大学生因世界观、人生观和价值观尚未完全成型成熟，容易被社会外部系统爱国主义偏颇化影响，参与非法游行集会、罢课抵制等非法活动中，成为推进高校思想政治教育有效治理的阻碍。因此，无论是教育价值观、行政官僚化还是偏颇爱国主义的历史惯性，均为典型的外部社会劣性运行造成高校思想政治教育生态治理偏离正轨的表现，也是当前高校思想政治教育生态治理样态生成的重要因素。

第三章
境外高校思想政治教育生态概览
——以新加坡为例

高校思想政治教育生态治理是高等教育治理现代化的重要组成部分,对高校思想政治教育生态治理研究具有重要的现实意义与价值。习近平总书记在2014年5月与北京大学师生座谈时指出:"我们要认真吸收世界上先进的办学治学经验,更要遵循教育规律,扎根中国大地办大学。"① 研究者秉持比较教育研究中国别选择时国家文化与社会情境的可对比性原则,新加坡与我国同属儒家文化圈,同时新加坡又是一个治理水平现代化的国家。习近平总书记曾指出:"建国50年来,新加坡政府和人民因地制宜,锐意进取,开拓创新,走出一条独具特色的发展之路,实现了经济繁荣、社会稳定、族群和睦,在国际和地区事务中发挥着独特而重要的作用。新加坡的发展成就不仅给本国人民带来了福祉,也对亚洲其他国家的发展富有启迪。"② 文章对新加坡高校"思想政治教育"生态治理进行研究,总结出有益经验可以为我国高校思想政治教育生态治理研究提供借鉴。因国外没有统一的思想政治教育名称,但是,存在大量实质性的思想政治教育工作。③ 新加坡的公民教育、道德教育、品格教育、国家认同教育等同于我国的思想政治教育。

---

① 《习近平谈治国理政(第一卷)》,外文出版社2018年版,第232页。
② 习近平:《承前启后 继往开来 共创中新关系美好未来》,《中国青年报》2015年11月7日。
③ 任志锋:《论美国思想政治教育之"名"》,《教学与研究》2018年第4期。

一、新加坡高校思想政治教育治理模式：政府监督、大学自治、多方参与型治理模式

新加坡地处马来西亚和印度尼西亚之间的一个小岛，自 1965 年独立以来，迅速发展成为政治稳定、经济发达、社会和谐的现代化发达国家。新加坡继承和发扬东方优秀文化传统，吸取西方先进科学与技术，融合现代法治之精神、民主之理念，创造出不同种族、不同文化、不同阶层和谐相处的"新加坡模式"，是全球首个以国家白皮书形式提出社会核心价值观的国家。新加坡自 1965 年独立以来，从国家角度自上而下将国家战略目标与学校思想政治教育相结合，新加坡把学校思想政治教育作为培养学生民族精神的重要措施。因新加坡具有传统的儒家政治文化，"认为政府的所作所为应当是合乎道德和取信于民的，对待臣民既要严厉又要加以保护，就像家长对待子女一样"，这种"仁慈的政府""家长式的政府"实际上就是集权式政府。[①] 同时，领导国家独立的老一代领导人大多从英国留学归来，深受英国文化的影响，英国文化中精英主义思想根深蒂固，这使新加坡在政治文化与教育方面重视精英主义思想。李光耀曾宣称："新加坡政府集中了全新加坡第一流的人才，他们掌握了新加坡的前途和命运，如果这 300 人都因同乘坐飞机而死去，那么新加坡就会瓦解。"[②] 在这一政治文化背景下，新加坡形成了权威型政府政治制度体系。国家的政治制度体系决定教育制度体系，新加坡大学归教育部统一管理，大学教育是国民教育体系中的最高层次，是培养和输出社会精英的重要途径，更是进行价值塑造的关键环节，新加坡非常注重学校作为"思想政治教育"的重要实施载体。

在集权式政府主导下，新加坡大学"思想政治教育"治理模式为国家全权主导型。但随着经济发展、社会进步，20 世纪 90 年代以来，在全球化竞争压力下，新加坡政府开始通过拓宽大学经费来源渠道、引进市场机制、增加大学自主权来调整政府和大学之间的关系。[③] 2005 年《大学自主：迈

---

① 李路曲：《新加坡社会的政治价值观及其作用》，《现代国际关系》1997 年第 3 期。
② 新加坡联合早报编：《李光耀 40 年政论选》，现代出版社 1994 年版，第 452—471 页。
③ 王思懿、姚荣：《新加坡高等教育治理如何走向现代化——基于"治理均衡器"的理论框架》，《比较教育研究》2018 年第 1 期。

第三章 境外高校思想政治教育生态概览——以新加坡为例

向卓越巅峰》报告（以下简称报告）的出台，标志着新加坡大学自主权运动走向高潮。报告对大学治理作出一系列机制与制度创新，确认新加坡国立大学（NUS）和南洋理工大学（NTU）从法定机构转为非营利企业，从而强化大学自治权。[1]新加坡国立大学和南洋理工大学不再仅仅属于政府，而是属于利益相关者，如政府、教职员工、学生、校友和捐助者等。通过政策改革，弱化政府的控制、强化大学自治，确立大学与政府间的新型关系。政府由直接的管理者和领导主体转变为宏观的外部监督，教育部成立"大学自主指导委员会"来监督学校相关政策和经费的管理。在大学能够很好地与国家发展目标相契合的情况下，避免对大学过多干预。[2]但是，新加坡国立大学和南洋理工大学很大一部分办学经费仍然来源于政府，尽管两所大学已转为非营利性企业，但政府仍然以大学高投资者的身份保持对其的监督权。政府在大学经费使用中明确规定其法定义务，如大学必须遵守教育部设定的问责框架，大学管理层在作出重大决策或采取重大行为时需要得到教育部的同意，大学仍然需要承担国家义务，大学使命和发展规划与国家战略目标紧密结合。[3]并且，政府通过绩效协议掌控对大学发展进行战略引导的主动权。教育部和每所大学之间就大学核心事务和相应的细化指标签订远景战略政策性协议（Policy Agreements）和中期发展绩效协议（Performance Agreements）。[4]尽管在公司化改革后，大学财政对政府资助的依赖程度有所降低，经费来源相对多元化，但大学预算中相当大一部分仍然被国家控制，这给了政府干预大学发展的实质性权力。并且，政府通过政策协议、绩效协议和质量保障机制强化对大学的问责，其中政策协议和绩效协议以事前控制的形式将国家战略目标和政府意图嵌入大学发展规划

---

[1] Russo C J: Handbook of Comparative Higher Education Law, Maryland:Rowman and Little field Education,2013.

[2] Ministry of Education. Autonomous Universities: Towards Peaks of Excellence. Preliminary Report of the Steering committee to Review University Autonomy, Governance and Funding. Ministry of Education, 2005.

[3] 王思懿、姚荣：《新加坡高等教育治理如何走向现代化——基于"治理均衡器"的理论框架》，《比较教育研究》2018年第1期。

[4] 盛明科：《新加坡大学与政府间关系调适的机制设计与制度创新——兼论新加坡经验对中国的启示》，《复旦教育论坛》2013年第3期。

之中，质量保障机制以事后控制的形式确保大学接受政府和社会监督。大学公司化只是政府为提升大学的全球竞争力进而促进社会经济发展的手段，无论是否公司化，大学都被政府视为实现国家目标的政策工具。①

詹姆斯·罗西瑙（James N. Rosenau）在其代表作《没有政府统治的治理》和《21世纪的治理》等文章中，将治理概括为在没有强权力的情况下，各相关行动者克服分歧、达成共识，以实现某一共同目标②。就是说治理是一种由共同的目标支持的活动，这些管理活动的主体未必是政府，也无须依靠国家的强制力量来实现。③换言之，政府只是众多治理主体中的一员。"治理所要创造的结构或秩序不能由外部强加；它之所以发挥作用，是要依靠多种进行统治的以及互相发生影响的行为者的互动。"④治理主体的多元性带来治理责任的结构性和治理运行的互动性。新加坡高校思想政治教育生态治理经历了由政府全权主导型治理模式转变为政府监督、大学自治、多方参与型治理模式，从国家及政府层面建立"思想政治教育"目标，再向学校推行落实，确立学校的教育目标和规章制度，社会协同参与，配合学校落实"思想政治教育"目标，以国家推动学校教育，学校教育反哺国家与社会发展，相辅相成，形成思想政治教育的有机互动。

二、新加坡高校思想政治教育生态治理的实践路径

从系统论的角度看，高校思想政治教育作为育人的实践活动，本身就是一个开放的大系统，在不断地与社会大系统交换知识、信息、能量等，使受教育者在与外界的这种动态的交换中，实现自我的调整和优化，并最终形成科学的世界观、人生观、价值观，这一过程不是简单的线性发展，而是非线性的、极为丰富的。⑤高校思想政治教育生态治理系统化，强调各

---

① 王思懿、姚荣：《新加坡高等教育治理如何走向现代化——基于"治理均衡器"的理论框架》，《比较教育研究》2018年第1期。
② 冯刚、高山：《新时代高校思想政治教育治理论》，中国社会科学出版社2021年版，第28页。
③ 詹姆斯·N·罗西瑙：《没有政府的治理——世界政治中的秩序与变革》，张胜军译，江西人民出版社2001年版，第5页。
④ 俞可平：《治理与善治》，社会科学文献出版社2000年版，第3页。
⑤ 冯刚、高山：《新时代高校思想政治教育治理论》，中国社会科学出版社2021年版，第315页。

要素之间的整体协同关系，由系统内各个要素构成的有机系统，系统化的目标指向是使系统内的各要素协调运转、协同合作，实现整体大于部分之和的效果，充分发挥系统的整体效能。① 高校思想政治教育生态治理的系统化特征要求在国家治理体系和治理能力现代化的全局和整体中发挥高校思想政治教育的作用，也要考虑不同领域思想政治教育之间的整体性和协同性，高校思想政治教育与社会系统体系之间的整体性协同，使国家宏观调控成为高校思想政治教育生态治理的制度保障和实践依据，同时强化高校和社会间的联动，将思想政治教育融入社会发展的各个环节，强化高校主体间的实践路径，形成全员、全方位、全过程育人机制。

（一）国家宏观调控

高校思想政治教育是国家治理现代化的有效手段，在国家治理现代化的过程中，会出现各种社会问题，尤其是意识形态问题，亟需高校思想政治教育的整体性、系统性、体系性回应。比如20世纪70年代后期，新加坡经济迅速发展的同时，西方腐化和颓废的价值观和风尚入侵，影响新加坡青年学生理想信念迷失；90年代末，新加坡教育部以2500名学生为对象，对其了解新加坡近代史的情况进行调查，结果证实年轻一代学生几乎都不了解新加坡独立发展史，也不知道新加坡社会和政治文化等问题。② 为了解决不同时期，青年一代存在的理想信念迷失、对国家历史不了解等一系列问题，新加坡政府从国家宏观角度对高校思想政治教育进行一系列改革措施，如1979年发布《德育报告书》。在《德育报告书》的指导下，重新制定学校德育计划，推行全面的道德教育，德育内容结合个性与共性教育，包括"个人行动、社会责任和效忠国家"三个方面，目的在于培养学生成为有国家意识、正确价值观，能明辨是非，抗拒西方颓废思潮、物质与精神生活平衡的良好公民，旨在让新加坡年轻一代重拾国家认同、集体主义

---

① 冯刚、高山：《新时代高校思想政治教育治理论》，中国社会科学出版社2021年版，第315页。
② Jasmine B.Y. Sim. National education: Framing the citizenship curriculum for Singapore schools [A].Wing On LEE, David Wei Loong HUNG, Laik Woon THE. Globalization and the Singapore Curriculum [C].Springer Science Business Media Singapore,2013:67-84.

的价值观。① 进入 21 世纪，为应对全球化带来的挑战，教育部提出培养青年一代面向 21 世纪应具备的能力。21 世纪能力框架图构成为：核心圈层代表核心价值观：尊重、责任、韧性、诚信、关爱与和谐。第二圈层代表社会与情绪管理能力：自我意识、自我管理、负责任决策、社会意识、关系管理。外径层是塑造青年一代具备：1. 公民素养、全球化意识和跨文化交流技能。2. 批判性和创造性思维。3. 沟通、协作和信息获悉技能。② 为此，教育部制定期望的教育成果，对不同阶段的学生有不同的教育目标。要求中学后阶段的学生要具备：有道德、勇气为正确的事情挺身而出；在逆境中保持韧性；能够跨文化合作并对社会负责；勇于创新、进取；能够批判性地思考并进行有说服力的交流；目标明确，追求卓越；追求健康的生活方式，学会审美；身为新加坡人而自豪，并了解新加坡与世界的关系。③ 为此，新加坡教育部对社会各界、学校和家庭提出要求，鼓励家长应与学校合作，支持学生的全面发展，并鼓励他们根据自己的特长、兴趣和个性学习和成长；学校为学生提供丰富的学习经验，让他们发掘和追求自己的长处和兴趣；社区和业界伙伴会配合学校的努力，例如，提供志愿服务和服务社区的机会；通过学校、家长和社会共同努力，培育出全面发展、充满热情的终身学习者，并具有强大的价值观、技能和秉性的全面发展的人。

（二）社会协同参与

社会资源是高校事业发展尤其是人才培养工作不可或缺的一部分。人的全面发展离不开社会环境所创造的良好物质条件和精神条件。高校思想政治教育治理在社会治理中发挥重要作用，也可从社会大舞台中获取大量的资源，丰富思想政治教育的内容。思想政治教育要融入社会治理，要重视载体的选择和建构，以利于高校思想政治教育社会治理功能的发挥。④ 新

---

① 王学风：《多元文化社会的学校道德教育研究——以新加坡为个案》，广东人民出版社 2005 年版，第 68—79 页。
② 冯博：《新加坡共同价值观教育研究》，商务印书馆 2021 年版，第 63—65 页。
③ Ministry of Education: Desired Outcomes of Education [EB/OL]. [2021-12-02]. https://www.moe.gov.sg/education-in-sg/desired-outcomes.
④ 冯刚、高山：《新时代高校思想政治教育治理论》，中国社会科学出版社 2021 年版，第 293—294 页。

加坡一直致力于全社会的精神文明建设，新加坡政府通过下放管理权的方式，让学校具有一定的自主权，学校通过与校内外联动的方式培养学生21世纪应具备的能力。新加坡社区和企业配合学校，通过提供志愿服务和社区服务的方式，致力于让社会和市民参与负责任和挑战公益的行动。除对社区产生有意义的影响外，还旨在全面发展学生，帮助他们发现个人价值观和目标，培养同理心，灌输公民意识和社会责任感，从而协同参与学校的"思想政治教育"。例如，"优良种子计划"旨在为有兴趣参与社区学习计划的学生提供支持。通过与社区的合作，该项目专注于启发和帮助学生设计和执行现实生活中的社区项目，带来积极和有意义的影响。[1]"学生指导计划"，国大本科生参与指导中学生，帮助有不良倾向的少年改过自新的同时，也使大学生更透彻地理解人性，更自觉地关爱他人。[2]此外，疫情期间，新加坡国立大学学生社区服务俱乐部的19名成员和128名志愿者，为28个房屋发展局出租单元刷上新漆活动。[3]各类社会服务活动结合学校德育课程来安排，使学生在活动中受到潜移默化，培养其正确的价值观，增强其社会责任心和公民义务感。

（三）高校主体运行

1. 学生事务办公室

新加坡大学设有学生事务办公室（Office of Student Affair），致力于提供和支持新加坡国立大学学生社区在课堂之外的所有学生生活方面的服务，包括学生服务、入学和住宿生活、学生组织、学生领袖培训、社区参与、融合和服务学习，学生支持和健康，以及对残疾患者的帮助。其部门构成为学生服务部、社团服务部、体育部、学生领导与发展部、学生健康部、住宿与新生入学部。新加坡国立大学的学生事务办公室的任务是促进学生作为全球公民和变革领袖的全面发展，主管学生课堂外学习和整体发

---

[1] Office of Student Affairs of NUS Official Website: Communities and Engagement [EB/OL]. [2021-11-16]. https://www.nus.edu.sg/osa/student-life/community-engagement.
[2] 唐克军：《比较思想政治教育学》，华中师范大学出版社2010年版，第189页。
[3] Office of Student Affairs of NUS Official Website: Communities and Engagement [EB/OL]. [2021-11-16]. https://www.nus.edu.sg/osa/stories/details/Index/uni-students-double-as-humble-painters.

展，等同于我国大学的学生工作部。学生事务办公室通过开展不同项目，寓教于乐中渗透"思想政治教育"。如开展同伴学生支持计划（Peer Student Supporter），目的是通过组织课外活动和心理健康项目，促进学生在参与活动过程中学会自我关怀和获得同伴关怀；学生助理工作计划（Student Work Scheme）为新加坡国立大学学生事务办公室为学生提供各种工作学习机会，旨在培养学生任职前获得必备的技能和知识；社区服务项目（Communities & Engagement），鼓励学生参与社区服务志愿活动，培养学生具备公民意识和社会责任感。

2. 教育对象的参与性与创造性

2005年，《大学自主：迈向卓越巅峰》报告的颁布，确立了新加坡国立大学和南洋理工大学具有办学自主权，这意味着大学不再是政府全权控制，而是属于如政府、教职员工、学生、校友和捐助者等利益相关者。大学拥有更多的自主权，大学董事会和管理层拥有对学校重大发展战略的决策权，同时也鼓励全校师生、社会捐赠者、广大校友捐赠者参与学校治理。在学生事务管理中，校方注重对学生的理性引导，注重激发学生对学校事务参与的主体意识。如南洋理工大学，校方关于学生事务方面的决策都会倾听学生会的意见，学生相关的重大活动也会交由学生会主办。① 新加坡国立大学，设立"初级公共休息室委员会"（The Junior Common Room Committee），成员均为校内学生，工作任务是参与宿舍管理，并作为学校与学生沟通的桥梁。② 除此之外，还有同伴导师计划，选取具有学术能力、沟通能力、时间管理能力、领导能力的大四学生担任新生同伴导师，给予大一新生鼓励与支持，帮助新生快速适应校园生活。通过对新加坡国立大学和南洋理工大学的学生参与学校治理情况的考察，可以得知新加坡大学注重通过让学生参与自我利益相关的活动与事务进行自治，在此过程中，给予学生参与学校管理的权力，培养学生的领导力、责任感与社会情感能力。

---

① 曹黎娟、李聪、李月琪：《以强化自主权为核心构建中国特色现代大学制度——基于新加坡大学治理改革的经验借鉴》，《高等教育评论》2021年第1期。

② Office of Student Affairs of NUS Official Website：Student Leadership［EB/OL］［2021-11-17］. https://www.nus.edu.sg/osa/student-life/student-leadership/lead.

3. 显性隐性相结合的思想政治教育载体与方法

新加坡大学"思想政治教育"分为四个层面，第一个层面是学生个人层面，主要内容是认识自己，进行自我肯定与提升自己。表现为学生事务办公室的心理健康教育，帮助学生了解自己的心理，了解自己的情绪、需求、生活等各方面，培养学生处理情绪、压力、冲动等方面的能力，自主学习的能力。第二个层面是社区层面，目的是引导学生了解社区，为社会发展做出贡献。如新加坡国立大学于2020年8月下旬启动"新加坡国立大学2030年零废物行动计划"，该行动计划是新加坡国立大学与工业和政府机构合作，到2030年实现90%的废物转用率。"行动计划"的主要目标是建立一种校园社会规范，让学生、教职员和访客养成不浪费废物的习惯，自觉地把废物分类回收利用，目的是教育学生的环保意识。第三个层面是国家层面，使学生认识国家，了解国家，领导国家。首先，新加坡大学开设历史课程，如新加坡国立大学开设新加坡史通识课程，目的是促使学生了解新加坡历史，培养学生的本土情怀，增强学生对国家的认同感，积极投身国家各项事业的建设，增强为国家奋斗的能力。其次，新加坡国立大学卓越领导力和发展项目（NUS Leadership Excellence And Development programme），这一项目对应教育部提出的培养学生社会情感能力，旨在帮助未来的学生领袖获得更深入的社会情感能力和领导技能，更好地帮助他们在校园和更大的社区领导任命中取得成功。第四个层面是引导学生心系祖国，放眼世界。如新加坡国立大学开设各种国际交流合作项目，培养学生的国际视野，了解世界的多样性和复杂性。学校通过通识教育与实践活动相结合的方式，培养学生的公民素养、全球化意识和跨文化交流技能；批判性和创造性思维；沟通、协作和信息获悉技能。

4. "守一望多"的思想政治教育内容

新加坡注重对公民进行国家认同的培养，从小学阶段通过不同的方式对学生进行国家认同教育，小学注意培养良好的习惯以及发展良好的品格，中学则注重教育对社会和国家的义务。基于中学前阶段的思想政治教育培养，高等教育阶段对学生进行思想政治教育相比于中学前阶段，并不那么明显。高等教育肩负着培养国家未来领导者的责任，高等教育的责任决定了新加坡高校除了注重培养学生对国家的认同，还注重培养学生具备领导力、创新思维等素质。新加坡大学"思想政治教育"的核心为培养"新加坡人"，新加坡人的培育主要是指培育新加坡人民形成独特的国民气质与国民精神，形成独具特色的社会核心价值观，形成巩固的国家意识。只有培育"新加坡人"才能够巩固国民对于国家的认同感和归属感，才能够共同为新加坡的未来而奋斗。通过新加坡对不同阶段的国民教育目标，即在小学阶段，国民教育是围绕"爱新加坡"的成果而建立的。要向小学生灌输正确的价值观和态度；他们应该在新加坡培养一种自豪感，以及不同种族和能力的孩子。中学阶段，"了解新加坡"。中学生应该根据自己的认知和感受来培养自己的直觉，这意味着他们需要了解新加坡是如何发展到现在这个地步的，它的局限性和弱点，以及未来面临的挑战。在大学阶段，"领导新加坡"。不同大学的教育目标也不同，具体划分为职业技术类学校、初级学院、理工类学院等。职业技术类学校的学生应该明白，通过努力工作，不断提升自己，帮助确保稳定的社会秩序，是在帮助自己、家人和新加坡。初级学院的学生应该意识到，他们可以在新加坡塑造自己的未来。理工类学院的学生相信，国家的生存和繁荣取决于他们的努力质量。作为潜在的未来领导者，他们应该理解领导力的要求和复杂性，并被灌输一种服务社会的愿望。必须对他们进行教育，使他们不会对国家、社会和人类的行为方式一无所知，并准备好负责任地、巧妙地克服挑战。[①] 新加坡的大学生肩负着领导新加坡走向未来的责任。因此，新加坡大学"思想政治教育"还注重培养学生的领导力、创新思维、全球意识和跨文化交流等能力。

---

① Jasmine B. Y. Sim. National education: Framing the citizenship curriculum for Singapore schools [A].Wing On LEE, David Wei Loong HUNG, Laik Woon THE. Globalization and the Singapore Curriculum [C].Springer Science Business Media Singapore,2013:67-84.

三、新加坡高校思想政治教育生态治理模式特征

（一）调适政府角色定位

长期以来，新加坡实行政府高度集权的管理体制机制，新加坡大学是政府的附属机构或延伸机构。随着新加坡经济的发展，社会的进步，新加坡中产阶级数量的增长，人们追求民主的意识不断增强，同时为适应全球经济竞争的需要，20世纪90年代以来，新加坡开始改革高等教育管理体制，首先是将新加坡国立大学和南洋理工大学改革公司法人制，政府不再是大学的全权管理者。大学有一定的自主权，同时社会各类组织可以通过捐赠等形式加入大学管理。虽然政府仍然通过财政拨款与绩效协议签订的形式管控大学，但对于新加坡集权政府的长期执政与行政体制类型和文化传统的影响，仍是极大的进步。

（二）强化为国家建设奉献自己

因地理环境和资源等原因，自独立以来，新加坡以强调"生存危机"为导向，强化各族人民对国家的认同。新加坡从独立初期提出培养国家认同到提出亚洲价值观教育时期，均是以国家发展为导向，让民众认为国家层面提出的价值观教育是为了国家生存发展，从而缺少一定的政治性，更容易让民众接受。新加坡地理位置、多元民族文化等因素导致新加坡是一个内忧外患的国家，忧患意识一直贯穿于国家发展和人民的观念意识中，"居安思危"是新加坡促进国民的爱国精神和执政党凝聚力以及动员能力。直到今天，新加坡领导人一直强调不要把新加坡的成功看成理所当然和一劳永逸，只要出现微小的疏忽和失误，国家发展可能毁于一旦。[①] 通过强调国家生存，凝聚国民的爱国精神。新加坡政府以"国家生存"为手段，通过大学课程及活动强化大学生的为国家建设而奉献自己的精神。

（三）适应全球竞争战略

高校担负着为国育才的重任，高校在履行大学职能时要充分融入国家

---

① 李路曲：《新加坡国家意识形态的变迁》，《武汉大学学报（哲学社会科学版）》2009年第3期。

发展大局，把学科建设、人才培养、思想政治教育置于服务国家和地方经济社会发展的站位上，将国家对高校提出的需求和期待作为制定政策的重要依据。新加坡高校思想政治教育与全球化竞争战略相伴而行，根据不同历史时期的国家发展目标，出台思想政治教育政策文件。这具体表现为从国家独立初期推行的新加坡人的国家认同教育；为抵御西方腐化和颓废的价值观入侵而开展的亚洲价值观教育；为更好地凝聚多民族人民的共识而实施的共同价值观教育；加强国家认同的国民教育。高校思想政治教育要放眼人类社会，不仅要引领大学生正确认识国内诸要素，又要引领大学生高度科学认识人类社会、国际关系，具备全球化视角，从而培养大学生具备应对未来世界挑战的能力，领导新加坡未来发展。例如，新加坡1997年实行的国民教育，定下四大目标，并设下指导方针：一是灌输核心价值观，即强调刻苦耐劳、爱国爱民、勤于学习、善于思维、力求上进的精神。二是培养国家认同。基于新加坡种族、宗教、文化、教育的多元性，国家通过多方面的教导和认识，使每一个族群都能互相亲近、了解，对不同的宗教、文化等都能加以尊重和容忍，从而促进社会核心，种族团结，共同建设新加坡，使每一个新加坡人，每一个族群都把新加坡当成自己的国家。三是加强历史认识。新加坡从英国殖民统治到自治合并（与马来西亚），过渡到独立建国，这200多年的历史虽不长，但它的历史变革却是曲折复杂的。新加坡公民都应充分了解建国过程，在将来参与新加坡的发展建设中为国家的富强做出更大贡献。四是面对未来挑战。任何独立国家都要勇于面对未来的挑战，平时做好准备，才有条件、有信心、有准备地面对未来的各种冲击，才能确保成功。通过国民教育的实施，强调指出国家的各种局限，以便今后在建设国家时能知己知彼，懂得取长补短的道理，了解新加坡未来的挑战，勇于接受挑战，并能百战百胜。[①]

[①] 王学风：《多元文化社会的学校道德教育研究——以新加坡为个案》，广东人民出版社2005年版，第79-80页。

第四章
高校思想政治理论课程生态治理

党的十八大以来,以习近平同志为核心的党中央高度重视思想政治教育理论课建设,把"办好思政课,放在世界百年未有之大变局、党和国家事业发展全局中看待,要从坚持和发展中国特色社会主义、建设社会主义现代化强国、实现中华民族伟大复兴的高度来对待,思政课建设只能加强、不能削弱。"①实现国家治理体系和治理能力现代化,关键在于人,思想政治理论课是立德树人的关键课程,因此,思想政治理论课立德树人要围绕推进国家治理体系和治理能力现代化这一战略任务展开。高校思想政治理论课生态是高校思想政治理论课程相关的各要素的存在状态,以及各要素之间、各要素与思想政治理论课之间形成的相对平和状态。从思想政治理论课程的制度生态治理、"微生态"治理、"小课堂"与"社会大课堂"生态的协同治理、主渠道与日常思想政治教育主阵地生态的协同治理、网络生态治理等方面着眼,推动高校思想政治理论课程生态治理,更好发挥思想政治理论课在为国育才、为党育人中的关键课程效能。

一、高校思想政治理论课程的制度生态治理

思想政治理论课程的制度生态是指思想政治理论课程相关的各种制度的存在状态,以及相关制度之间、各种制度与思想政治理论课之间形成的一种相互制约相互支持的相对稳定平衡关系。与思想政治理论课程相关的

---

① 习近平:《思政课是落实立德树人根本任务的关键课程》,《求是》2020年第17期。

各种制度存在状态以及由此形成的制度体系是思想政治理论课程制度生态的基础，主要是以国家制定的思想政治理论课建设制度为核心，各省市及教育行政部门制定的思想政治理论课程建设制度为辅助，各高校制定的思想政治理论课程建设制度为补充所形成的相互衔接、有机协同的高校思想政治理论课程制度体系。这些制度形成一种内在关联、有效衔接的内在关系，成为高校思想政治理论课程教学实施的制度生态环境。

（一）思想政治理论课建设的政策制度对思想政治理论课程建设具有导向定位作用

思想政治理论课程被确定为何种地位、向何种方向运行，依赖于思想政治理论课程制度环境建设。党的十八大以来，习近平总书记对加强和改进思想政治理论课建设作出系列重要论述，在学校思想政治理论课教师座谈会讲话中强调，"思想政治理论是落实立德树人根本任务的关键课程"；强调"办好思想政治理论课关键在教师，关键在发挥教师的积极性、主动性、创造性。"[①] 强调推动思想政治理论课改革创新要坚持"八个相统一"，不断增强思想政治理论课的思想性、理论性和亲和力、针对性；强调各级党委要把思想政治理论课建设摆上重要议程，学校党委要坚持把从严管理和科学治理结合起来，推动思想政治理论课建设内涵式发展。在全国高校思想政治工作会议上，习近平总书记提出思想政治理论课要坚持在改进中加强，要使各类课程与思想政治理论课同向同行，形成协同效应。在人民大学考察调研时强调，思想政治理论课本质是讲道理，要注重方式方法，把道理讲深、讲透、讲活，达到沟通心灵、启智润心、激扬斗志。习近平总书记的重要论述为如何加强和改进高校思想政治理论课建设指明了方向，也为高校实思想政治理论课生态治理提供了根本遵循。思想政治理论课的政策制度引导思想政治理论课建设方向，思想政治理论课建设的理念思路和方法路径、新中国成立以来关于加强和改进思想政治理论课建设的重要时间节点和重大事件、思想政治理论课建设发展的逻辑脉络以及党领导思想政治理论课建设发展的优势和经验，都在思想政治理论课建设政策制度体系

---

① 《习近平谈治国理政（第三卷）》，外文出版社 2020 年版，第 330 页。

中得到充分彰显。如党的十八大以来，先后印发高校思想政治理论课建设体系创新计划、高校思想政治理论课建设标准、高校思想政治理论课教师队伍建设、高校思想政治理论课教学工作基本要求等全方位的制度文件，成立高等学校思想政治理论课教学指导委员会，开展高校思想政治理论课学习成果展示和高校思想政治理论课建设优秀成果巡礼活动，实施"一省一策思政课"集体行动，推动大中小思政课一体化建设，以制度体系的建设完善推动高校思想政治理论课制度生态治理，使思想政治理论课建设更加切合实际、符合规律，高校思想政治理论课改革创新的势头越来越好。

（二）思想政治理论课制度生态治理要充分把握思想政治理论课生态系统的动态性和开放性

生态学认为，生态系统结构的平衡、功能的平衡，以及生态系统物质和能量的平衡是生态系统平衡的关键因素。高校思想政治理论课程生态系统是一种内外平衡状态不断变动的相对稳定结构。思想政治理论课生态系统是包含思想政治理论制度生态系统和其他系统互相影响互相依存的一个系统整体。思想政治理论课程运行离不开思政课建设政策制定、执行、监督与子系统功能结构的协调一致，也依赖于思想政治理论课制度体系各子系统运行程序与互动关系的有序和规范。思想政治理论课制度生态系统的平衡是一种动态的、开放的平衡。思想政治理论课制度生态系统的变化主要来自两个方面的因素。一是思想政治理论课生态系统其他因素的变化引起的制度生态系统的变化，是一种被动式的变化；二是思想政治理论课制度生态系统发挥自身能动性、创造性主动推动思想政治理论课生态其他系统的变化，是一种主动式的变化。这两种变化互相依存、良性互动，以此实现思想政治理论课制度生态系统的动态平和发展。思想政治理论课程制度系统只有通过不断地自我调节与主动创新，才能有效维护系统的整体功能，实现其在思想政治理论课程治理中的导向和保障的功能和价值。在新时代思想政治理论课的制度生态治理中，党和国家的主体性作用更加突出，这是新中国成立以来思想政治理论课建设的实践经验总结，也是高校思想政治理论课建设的鲜明特征和突出优势。加强党对思想政治理论课建设的全面领导，统一组织编写思想政治理论课教材，成立思想政治理论课教学指导委员会加强对思想政治理论课建设指导，重视完善思想政治理论课建设的制度结构，站在党和国家事业千秋伟业的战略全局加强高校思想政治理论课建设的顶层设计，以制度化、标准化推动高校思想政治理论课建设科学化。与此同时，也重视各类主体积极性的发挥，坚持高校思想政治理论课建设统一性与多样性相统一原则，充分发挥各地的区域优势和资源优势，因地制宜，因势利导，在省级层面打造一批精品工作项目，总结凝练一批可复制可推广的先进经验和做法，进而形成"比超学赶帮"的工作机制，持续深化新时代高校思想政治理论课改革创新。

（三）深化拓展思想政治理论课程制度生态治理的广度与深度

思想政治理论课制度生态治理，既包括思想政治理论课制度政策体系的治理完善，也包括思想政治理论课制度体系与思想政治理论课运行关系的治理完善。一方面，要重视党和国家有关思想政治理论课建设政策制度的贯穿落实。重视对政策的研究和思考，依据政策总结思想政治理论课建设经验、探索思想政治理论课建设规律、把握思想政治理论课建设趋势，促进高校思想政治理论课程生态治理顺利展开。要结合区域特色和地方特点，以更严的要求、更高的标准形成贯穿落实党和国家制度要求的责任机制、工作机制、长效机制，确保把党和国家的政策落实到高校思想政治理论课建设各方面、体现到高校思想政治理论课建设各环节。另一方面，要重视思想政治理论课建设管理体制、工作机制、保障机制的治理完善。思想政治理论课建设管理体制的健全完善直接影响和决定着思想政治理论课程的改革发展，要进一步加强高校思想政治理论课管理体制和领导工作机制治理，落实高校思想政治理论课建设专题研究、专项督查、专人负责各项制度措施，形成政策引领、格局覆盖、平台延展、体系构建、队伍塑造、资源配置、舆论支持协同配合、运行有效的高校思想政治理论课制定运行保障生态系统。科学有效的工作机制是高校思想政治理论课按程序、依规则高效运行的重要保障，要进一步加强高校思想政治理论课工作机制治理，形成组织管理、教学管理、队伍管理、学科建设等各项工作互相衔接、运行有序的管理制度体系、工作体系和工作机制。保障机制是实现高校思想政治理论课生态系统物质和能量交换平衡的关键，要进一步落实高校推动思想政治理论课标准化建设的主体责任，形成政策保障、经费保障、条件保障等全方位保障协同推动的思想政治理论课建设保障体系，不断提高服务思想政治理论课建设的意识和能力。思想政治理论课制度生态系统的结构及其内在关联状态决定着思想政治理论课建设的制度功能发挥，也直接影响着思想政治理论课建设方向和效果。思想政治理论课制度生态作用功能的发挥不仅要靠制度生态系统自身的力量，还要靠思想政治理论课生态系统中各类子系统发挥自觉性与主动性。要加强宣传引导，营造良好的思想政治理论课建设舆论环境，使全社会对"思想政治理论课是大学生思想政治教育的关键课程"形成共识，熟知思想政治理论课的建设发展历程，推动形成全社会重视思想政治理论课建设的良好氛围。

二、高校思想政治理论课程的"微生态"治理

习近平总书记强调，高校思想政治理论课要"落实教学目标、课程设置、教材使用、教学管理等方面的统一要求"，[①]要"坚持在改进中加强、在创新中提高，及时更新教学内容、丰富教学手段，不断改善课堂教学状况，防止形式化、表面化"。[②]因此，思想政治理论课程"微生态"可以理解为高校思想政治理论课教学目标、课程设置、教材使用、教学管理等子系统相互制约、相互依存形成的内在互动关系。高校思政课程"微生态"治理要重点明确课程目标、落实课程设置、完善教育内容、加强课程教材建设、强化教学管理等方面的治理要求，关注以上方面的整体协同与有效运行，不断提升高校思想政治理论课生态治理效能，更好落实思政课立德树人根本任务。

[①] 《习近平主持召开学校思想政治理论课教师座谈会强调：用新时代中国特色社会主义思想铸魂育人 贯彻党的教育方针落实立德树人根本任务》，《人民日报》2019年3月19日。

[②] 习近平：《思政课是落实立德树人根本任务的关键课程》，《求是》2020年第8期。

（一）加强高校思想政治理论课程目标系统治理

课程目标是课程本身要实现的具体目标和意图，是整个教学过程中的关键准则，它规定了学生通过课程学习，在知识、品德、情感、能力等方面达到的程度。2019年8月，中共中央办公厅、国务院办公厅印发的《关于深化新时代学校思想政治理论课改革创新的若干意见》（以下简称《意见》）对高校思想政治理论课程目标做了规划，要"引导学生立德成人、立志成才，树立正确世界观、人生观、价值观，坚定对马克思主义的信仰，坚定对社会主义和共产主义的信念，增强中国特色社会主义道路自信、理论自信、制度自信、文化自信，厚植爱国主义情怀，把爱国情、强国志、报国行自觉融入坚持和发展中国特色社会主义事业、建设社会主义现代化强国、实现中华民族伟大复兴的奋斗之中。"[①] 为新时代高校思想政治理论课程"微生态"治理提供根本遵循和行动指南。高校思想政治教育课程的"微生态"治理要紧紧围绕国家关于思政课程改革创新的战略目标意图，发挥好思政课程作为落实立德树人根本任务关键课程的重要作用，贯彻落实好习近平总书记关于深化思想政治理论课程改革创新和加强"四史"教育的重要指示批示精神，全面推进习近平新时代中国特色社会主义思想进教材、进课堂、进学生头脑，加强以党史教育为重点的"四史"教育，在实践中落实党中央重大决策部署的目标任务，引导学生树立正确的世界观、人生观、价值观、历史观和国家观，培养学生的使命担当。要注重思想政治理论课程的政治属性，把思想政治理论课放在党和中华民族的千秋伟业战略中来把握，强化政治性目标，并将其贯穿于教学活动的各个环节和全过程，作为确定教学内容、选择教学方法、安排教学过程的根本导向和评价标准，不断引导学生坚定"四个自信"，自觉接受国家和社会要求的政治观点、思想素质和道德规范，做德智体美劳全面发展的社会主义建设者和接班人。

（二）加强高校思想政治理论课程设置的治理

课程设置是对教学科目体系的组织与规划，它直接决定着教学内容的

[①] 中共中央办公厅 国务院办公厅印发《关于深化新时代学校思想政治理论课改革创新的若干意见》，《中华人民共和国国务院公报》2019年第24期。

广度和深度，影响着教育目的实现和教学任务的完成。《意见》对本科阶段、硕士阶段、博士阶段的课程设置作了设计和调整，中共中央宣传部、教育部2020年12月印发的《新时代学校思想政治理论课改革创新实施方案》（以下简称《实施方案》）根据学生成长规律，结合高校年龄段学生的认知特点又进行了必修课程和选择性必修课程改革，对学分学时等作了明确规定，为高校思想政治理论课程设置提供了有力指导，对"微生态"治理效果提升发挥着重要作用。习近平总书记指出，"课程设置要相对稳定，坚持……各类课程横向结构合理、功能互补的原则。"[①]高校思想政治理论课程"微生态"治理，要注重根据不同年级的学龄段循序渐进、螺旋上升地对高校思想政治理论进行课程设置，加强以习近平新时代中国特色社会主义思想为核心内容的思想政治理论课程群建设，重点围绕习近平新时代中国特色社会主义思想、党史、国史、改革开放史、社会主义发展史，宪法法律，中华优秀传统文化等开设选择性必修课程，提升思想政治理论课魅力，确保必修课这个思想政治理论课程群建设的基石和主体部分牢固；要规范实践教学，把思想政治理论课有机融入到社会实践、志愿服务、实习实训中，实现校内、校外思想政治理论课程治理的有效衔接；要推动课程思政建设，让思政课程和课程思政同向同行，是各类课程与思政课程建设形成协同效应；要从整体上把握高校思想政治理论课程设置各要素、系统内外的平衡互动，推动不同学龄段、各层次、阶段的课程设置的一体化设计而形成良性互动，切实提高高校思想政治理论课程"微生态"治理实效，确保教育目标和教育任务的完成。

（三）加强高校思想政治理论课程内容治理

课程内容是教与学过程中传递的主要信息，是教学过程中师生发生交互作用、服务于教育目的而达成的动态生成的素材和信息，它是完成思政课教学任务和目标的核心要素。《意见》中指出要坚持"以习近平新时代中国特色社会主义思想铸魂育人，以政治认同、家国情怀、道德修养、法治意识、文化素养为重点，以爱党、爱国、爱社会主义、爱人民、爱集体为主线"统筹推进思政课程内容建设。《实施方案》进一步对高校思政课

---

① 习近平：《思政课是落实立德树人根本任务的关键课程》，《求是》2020年17期。

程内容进行系统部署，提出具体要求，为高校思政课程"微生态"治理提供政策遵循。高校思想政治理论课程"微生态"治理要完善思想政治理论课程内容，思政课程内容既要反映党和国家的意志，又要聚焦不同学龄段的思想政治理论课程内容有效衔接，做到与时俱进，结合国家的新理念、新思想、新战略和社会及学术前沿问题补充相关内容，重点强化习近平新时代中国特色社会主义思想的教育内容，系统开展马克思主义理论教育、中国梦教育、社会主义核心价值观教育、劳动教育、中华优秀传统文化教育、公民道德和爱国主义教育等，推进思政课程内容不断完善。《意见》和《实施方案》根据不同类型学校和不同层次人才培养要求对思政课程内容作了具体部署，高校思想政治教育理论课程内容建设要遵循学生认知发展规律来设计课程内容，使思政课程内容切实符合不同学龄段学生的特点需求、切合学生成长成才实际。要重视高校思想政治理论课程内容的拓展，充分挖掘高校所处地域的各民族优秀传统文化、各类典型人物的事迹以及各类国家年度人物事迹、抗疫先进事迹等，将这些优秀传统文化、典型人物及事迹作为思政课程内容的典型案例，实现课程资源的挖掘转化。要广泛运用理论分析当前社会关注的热点问题，关照国内、国外"两个大局"，有效结合现实情况和未来走向，运用理论讲好社会现实故事，把一些道理讲明白、讲清楚，增强课程内容的解释力和说服力。通过理论联系实际让学生对身边各种具体现象的解读中掌握知识、了解社会现实，认识新时代坚持和发展中国特色社会主义的生动实践，特别是中国共产党领导全国人民取得"四个伟大成就"，提升高校思政课程"微生态"治理的亲和力、政治性、生活性、针对性和实效性。

（四）加强高校思想政治理论课程教材建设使用治理

教材是教学之本。习近平总书记强调，"教材建设是育人育才的重要依托。建设什么样的教材体系，核心教材传授什么内容、倡导什么价值，体现国家意志，是国家事权。"[①]《意见》中指出，"要加强思政课教材体系建设"，

---

① 郝志军、王鑫：《加快形成中国特色高质量教材体系——习近平总书记关于教育的重要论述学习研究之三》，《教育研究》2022年第3期。

《实施方案》进一步对思政课教材体系建设提出具体要求。思想政治理论课是落实立德树人根本任务的关键课程，加强思政课程教材建设对于思政课程的"微生态"治理尤为重要。要加强党对思政课教材编审的统一领导。近年来，思想政治理论课教材统一编写和使用"在党中央集中领导下"进行，将高等学校思想政治理论课教学大纲和教材编写纳入马克思主义理论研究和建设工程，确保思政课教材的政治性、科学性、规范性、权威性、合理性、针对性和可读性，各高校要以统编教材为核心，在国家大纲和统编教材的框架内，适当把教师长期教学实践形成的对思想政治理论课程体系的独到理解和经验开发形成校本教材，在课程规定学时内，尽量满足引导不同地区、层次、文理工不同专业高校学生成长成才的实际需求，让学生更好地全面理解和掌握教学内容。思政课教师要多做创造性工作，充分借鉴学习全国各高校优秀的教学案例和教学方案的基础上，整合力量资源创造性地完善本校教学案例，形成创新性实践性强的教学方案，利用大数据技术建好本校教学案例和教学方案资源库，使集体备课、共享案例、案例规范成为可能，形成以统编教材为核心、校本教材为辅助、教学案例教学方案为补充的教材体系。思政课教师要用好教材，讲好思政课的本质，用好配套用书、参考教材，将道理讲深、讲透、讲活，让学生爱听爱学、听懂学会。要提高思政课教材的时代感、吸引力和生活性，让教材活起来，课堂动起来，学生读起来。要加强教材评估，建立教材建设监测反馈机制，制定完善思政课教材编写使用的要求和标准，推进教材建设的规范化、制度化。跟踪、研判、评估教材使用情况，发现问题、解决问题，促进教材修订完善，使教材使用更加规范有序，思政课程"微生态"治理有效。

（五）强化高校思想政治理论课教学管理工作治理

教学管理是对教学过程中各要素进行统筹、优化、监控的一系列管理活动。《意见》和《实施方案》对加强思政课程管理作出具体要求。教育部印发的《新时代高校思想政治理论课教学工作基本要求》对思政课教学课前、课中、课后各环节坚持规范化建设，在落实学分、合理安排教务、规范建设教研室（组）、统一实行集体备课、创新集体备课形式、严肃课堂教学纪律、科学运用教学方法、改进完善考核方式、强化科研支撑教学、健全听课指导制度、综合评价教学质量、落实高校主体责任、强化地方统筹管理、加强全国宏观指导等方面作出明确规定。这些方面的规定和要求是高校思政课程"微生态"规范治理的基本保证，高校应在实践中深入研究制约思想政治理论课程"微生态"治理的突出问题，在教学管理各环节全过程采取有效措施。要落实党委统一领导、党政齐抓共管、有关部门各负其责、全社会协同配合的工作要求，把严格管理与科学治理结合起来，推动思政课程的"微生态"治理科学有效有序开展。如要落实高校党委书记是高校思想政治理论课建设第一责任人的责任和校长负起政治责任和领导责任，进一步完善思想政治理论课教学工作制度，建立健全教学督导机制，强化教学管理；要加强各地党委教育工作部门对属地高校思想政治理论课教学工作的统筹管理，结合实际制定政策、创造条件，从整体上提升思想政治理论课程的"微生态"治理质量，使高校思想政治理论课生态治理始终保持旺盛的发展驱动力。

三、高校思想政治理论课程"小课堂"与"社会大课堂"生态的协同治理

思想政治理论课程的社会生态是指思想政治理论课程各要素以及整个思想政治理论课程与社会生活各要素联系起来所形成的相互关联、相互依存的一种系统形态。在这个系统中，除思想政治理论课基本具备的教师、学生、内容和方法等可以归为这一系统的生态要素外，社会大课堂、社会资源、社会实践教学等同样属于思想政治理论课程的社会生态要素。以思想政治理论课为中心，社会大课堂、社会资源、社会实践教学等为辅助形成思想政治理论课程的社会生态链。随着时代发展和社会生活进步，思想政治理论课程的社会生态要素也发生相应变化。对思想政治理论课程社会生态链进行治理，成为新时代高校思想政治理论课建设的重要内容。

（一）思政"小课堂"与社会"大课堂"育人目标一致

2019年3月，习近平总书记在学校思想政治理论课教师座谈会上强调，

第四章　高校思想政治理论课程生态治理

要高度重视思政课的实践性，把思政小课堂同社会大课堂结合起来，教育引导学生立鸿鹄志，做奋斗者。①培养担当民族复兴大任的时代新人和德智体美劳全面发展的社会主义建设者和接班人，是高校思想政治理论课的人才培养目标。社会生活作为学生日常活动的重要场域，也承担着教育人、培养人、塑造人的重要任务。在现有高校思想政治理论课社会生态中，普遍存在重智育轻德育，重人才短期培养轻人才长远培养等治理不足的问题，并未能充分发挥社会大课堂的实践育人作用。加强思想政治理论课程社会生态链治理，首先是要让社会大课堂坚持以立德树人为核心，着力推进为党育人、为国育才的教育大计。

坚持人才培养的根本方向。习近平总书记指出："人无德不立，育人的根本在于立德。这是人才培养的辩证法。"②这一重要论述表明，"德"是人安身立命的根本，是其他素质得到发展的首要前提和必要基础。在这一理念指导下回顾我国人才培养目标的演进历程，从最初的"德智体"，到"德智体美"，再到"德智体美劳"的不断完善，③充分说明在党和国家发展的任何时期，德育都是我国教育事业中的第一位任务，人才培养目标的根本方向始终是坚持立德树人、以德为先开展教育。思想政治理论课社会大课堂同样要落实好立德树人根本任务，坚持德育为先开展教育，努力培养一代又一代拥护中国共产党领导和我国社会主义制度、立志为中国特色社会主义事业奋斗终身的有德之才。

促进时代新人的全面发展。人的全面发展是相对于人的片面发展而言的，在马克思、恩格斯看来，个人就是受分工支配的，分工使他变成片面的人④。实现人的全面发展，是一个需要人们不断冲破历史束缚而追求自由解放的长期历史过程。一个时代有一个时代的主题，一代人有一代人的际遇，时代新人便是新时代高校思想政治理论课培养全面发展人才的新定位。大学生是社会生活中最活跃的群体，他们思维活跃，思想解放，行为充满个性。

---

① 《习近平主持召开学校思想政治理论课教师座谈会强调：用新时代中国特色社会主义思想铸魂育人　贯彻党的教育方针落实立德树人根本任务》，《人民日报》2019年3月19日。
② 《习近平在北京大学师生座谈会上的讲话》，《人民日报》2018年5月3日。
③ 冯刚、彭庆红、佘双好、白显良：《新时代高校思想政治教育学原理》，人民出版社2021年版。
④ 《马克思恩格斯全集（第三卷）》，人民出版社1960年版，第514页。

在社会生活中，学生的一切属性能够得到较为充分而自由地释放，他们更加追求进步，更加渴望实现自身的全面发展。思想政治理论课程是培养时代新人的主要渠道，而社会大课堂在促进时代新人健康成长和全面自由地发展方面同样发挥着不可替代的重要作用。加强思想政治理论课程社会生态治理，确保社会大课堂对时代新人全面发展的培养是关键一环。要让思想政治理论课社会大课堂在全面贯彻党的教育方针，在落实培养全面发展时代新人的任务，以及在推进国家教育事业治理现代化的各个方面中发挥具体而现实的作用。

（二）注重社会资源的挖掘和思政课教学转化

社会生活有丰富鲜活的思想政治理论课素材，不仅包括随着历史发展所形成的经典思想理论、重要研究成果等以系统理论知识形态呈现的教育资料，还涵括现实社会中的活动案例、实践经验等以具体实践活动形态呈现的教育素材。[①] 高校思想政治理论课的顺利开展，依托于从社会生活挖掘思想政治理论课育人元素，从而丰富课堂教学内容和形式。整合、优化思想政治理论课程社会资源，有利于进一步增强高校思想政治理论课程的吸引力感染力。但在实践中，思想政治理论课程社会生态还存在课堂教学素材生硬，缺乏感染力，并且内容陈旧，与社会实际发展情况结合不够紧密等问题。针对这些问题，思想政治理论课程社会生态可以从以下几个方面加强治理：

善用历史宝藏，立好思政课堂根与魂。历史宝藏是社会资源的重要组成部分，不仅包括中华民族五千多年的优秀传统文化，还包括中国共产党一百多年的勇往直前的奋斗事迹，不仅凝结着伟大的历史智慧，还蕴含着强大的精神力量，是讲好思想政治理论课社会大课堂的宝贵资源和深厚滋养。要正确甄别历史资料，充分挖掘历史资料中所蕴含的理想信念、道德情操、政治理论、法律意识、学术思维等元素，推动中华民族优秀传统文化和党的光荣历史进教材、进课堂、进学生头脑。思想政治理论课教师要

---

① 董雅华：《善用"大思政课"促进教育资源转化：意涵、问题与进路》，《思想理论教育》2022年第4期。

讲实讲透中华民族的灿烂文明史，讲好讲活党的艰苦奋斗史，引导学生自觉将经典思想理论等内容同个人、社会、国家及民族的发展实际有机结合起来，将学习奋斗的具体目标同实现民族复兴的伟大目标有机结合起来，让学生在深入了解我国经济社会发展状况、深刻体悟党和人民进行的不懈奋斗中筑牢信仰根基，逐步坚定中国文化自信，坚定永远跟党走，积极投身于经济社会发展的时代大浪潮中。要注意结合时代背景、立足生动实践，找准切入点、把握兴奋点，结合学生所思所想所感，因势利导进行教育和引导。

善用生活素材，盘活思政育人课堂。思想政治理论课作为铸魂育人的关键课程，只有从社会生活中不断汲取营养，丰富课堂教学内容，才能进一步展现思想政治理论课的生机与活力，提升思想政治理论课育人实效。社会生活的鲜活素材，不仅包括党和国家的经济政治时事，还包括民生百姓的真切实事。社会生活素材中蕴含丰富的道德规范、政纪要求、是非观念等元素，能够引导学生养成良好行为习惯，不断提升文化修养和综合素质。讲好思想政治理论课，就要树立宽广视野，用活用好这些时事案例。要用学生喜闻乐见的方式，及时把国家政治盛事、经济社会大事、民生幸福要事等热点内容转化为课堂教学的鲜活素材，深入浅出回应学生关切问题，让课堂内容更有亲和力和感染力、更有针对性和实效性。

（二）强化思政课实践教学的社会化拓展

思想政治理论课教学以实践为根基，鼓励学生在学习理论知识的基础上积极参与社会实践，帮助学生逐步实现政治社会化，综合素质协调发展，增强创新意识，以及提高实践能力。在现实的思想政治理论课实践教学活动中，还存在重课堂输入轻实践输出、重课堂学习效果轻创新精神和实践能力培养等问题，这些现象对学生的全面发展产生不良影响，同时也阻碍思想政治理论课程社会生态治理的进程。因此，从实践教学本身出发，强化实践教学的实效性，对推进思想政治理论课程社会生态链治理具有重要作用。

重视社会实践在思想政治理论课实践教学中的作用发挥。实践育人是高校思想政治理论课培养时代新人的重要环节，是促进学生全面发展的根本途径。思想政治理论课课堂教学侧重理论教育，而理论要真正转化为学生的内在思想，必须推动课堂教学与实践教学有机融合。不仅要加强学生在课堂教学中的理论学习，还要进一步强化学生在社会实践层面的学习和体验，帮助学生对理论知识进行有效"输入"和"输出"。思想政治理论课实践教学的学习，是将学生的理论认识部分与理论实践部分进行充分结合的过程，也是充分了解学生对理论知识的接受与领悟能力、对实际问题的分析和解决能力的过程。学生只有在具体实践的过程中进一步感知和体悟，才能够更深地领悟理论知识的深刻内涵，逐步形成独立的思想意识，练就解决实际问题的能力。通过实践教学，学生可以进一步领悟思想政治理论课的理论内涵和价值引领，锻炼形成成熟的政治心理，促进自身思想政治素质的提升和巩固，不断增强对中国特色社会主义社会及理论体系的认同感和自信心。

搭建思想政治理论课实践教学平台。思想政治理论课实践教学平台是检验学生课堂教学学习成果的重要途径。思想政治理论课实践教学主要有校内实践教学平台和校外实践教学平台。校内实践教学平台主要依托创新创业训练项目、学生会活动、校园比赛等形式开展，校外实践教学平台主要有城市社区、农村乡镇、爱国主义教育示范基地、企事业单位、部队以及社会服务机构等多种形式。[①]思想政治理论课教师要充分利用校园内外的生活事件和活动，组织学生走出课堂、走向社会、走入基层，鼓励学生参与各类顶岗支教、志愿服务、理论宣讲等社会实践活动，引导学生在社会实践中主动检阅自身对课堂教学的学习深度，帮助学生明晰自身在理论与实践中存在的不足，以进一步明确自我提高、自我超越的价值目标。丰富具体的实践教学平台，为学生展现并认识自我，了解社会、服务社会提供有力支持。在实践锻炼的基础上，学生能够进一步增强社会责任感和社会适应能力，不断磨炼意志，积累经验，深刻感悟"社会主义是干出来的""奋斗的青春最美丽"，从而自觉把爱国情、强国志、报国行融入实现中华民族伟大复兴的奋斗之中。

---

① 秦斌主编：《"05方案"实施以来广西高校思想政治理论课研究与实践》，人民出版社2016年版。

四、高校思想政治理论课主渠道与日常思想政治教育主阵地生态的协同治理

习近平总书记强调,"一种价值观要真正发挥作用,必须融入社会生活,让人们在实践中感知它、领悟它。要注意把我们所提倡的与人们日常生活紧密联系起来,在落细、落小、落实上下功夫",[①] 这为思想政治理论课主渠道与日常思想政治教育主阵地生态的协同治理指明了方向。思政课与日常思想政治教育两者既有联系又有区别。思想政治理论课是通过课程教学提升学生的思想素质,引导学生塑造正确的世界观、人生观、价值观,是落实立德树人根本任务的主渠道。日常思想政治教育是通过具体的、深入细致的思想工作去调动大学生的积极性,以保证完成所承担的各项任务等,是大学生思想政治教育的主阵地。思想政治理论课主渠道与日常思想政治教育主阵地相互补充,协同互动,要充分发挥两者的合力优势,将政治方向放在首位,坚持"三贴近"原则,重视主渠道与主阵地育人方式上的协同,实现两者协同治理,提升高校思想政治理论课生态治理效能。

(一)坚持把正确的政治方向放在首位

思政课主渠道与日常思想政治教育主阵地肩负着培养德智体美劳全面发展的社会主义事业建设者和接班人的重大任务,必须坚持正确政治方向,保证二者生态的协同治理在育人目标、政治方向、政治立场、政治原则、政治要求上的一致性。思想政治理论课主渠道与日常思想政治教育主阵地生态的协同治理要始终坚持以马克思主义为指导,坚持立德树人作为中心环节,用中国特色社会主义理论体系尤其是以习近平新时代中国特色社会主义思想武装大学生、培育大学生。要坚持社会主义办学方向,坚持党的领导和立德树人的根本任务,加强"两个维护""四个意识""四个自信""四个服务",以政治为核心,坚持政治领导、政治引领、发挥政治作用,使思政课与日常思想政治教育有机结合、形成生态协同治理合力,更好培养德智体美劳全面发展的社会主义建设者和接班人,为实现中华民族伟大复兴

---

① 《习近平谈治国理政(第一卷)》,外文出版社2018年版,第165页。

提供思想引领和智力支持。在开展思想政治教育时，思政课主渠道和日常思想政治教育主阵地在育人目标上不能彼此矛盾、相互冲突，必须互相一致、彼此呼应、相互印证、互相支持，让二者在育人上做到同向同行，构建以思政课、课程思政、日常思政为主体，其他文化思政、网络思政为浸透的育人整体，做到心往一处想、劲往一处使，不能心思各异、貌合神离，科学高效地开展主渠道与主阵地生态的协同治理，提高思想政治教育实效性。要在全过程育人链条上发挥二者在不同育人环节上的优势，做到二者相承相继、相互贯通、循序渐进、步步深入，不能彼此错位、相互抵牾或互不相干，更好完成思想政治理论课主渠道与日常思想政治教育主阵地生态的协同治理的使命担当。

（二）坚持贴近实际、贴近生活、贴近学生的原则

"贴近实际、贴近生活、贴近学生"是党中央、国务院对高校思想政治理论课提出的高标准、严要求，其核心是要突出"以学生为主体"的教育教学理念。"贴近实际"是指教学内容要与社会现实之间保持零距离。"贴近生活"是教育内容和教育过程要贴近大学生现实生活和专业实际，使教育内容的"大道理"与实际生活中的"小道理"紧密结合起来，发挥出"入情""入理"的渗透作用，引导学生感悟生活、享受生活。"贴近学生"是指要紧密结合大学生的思想认知特点进行育人，把准他们的思想脉搏，了解他们的真实想法、现实困惑和合理需求，采用其易于接受的教育教学形式和手段，使教学过程真正成为学生自我认识和自我实践的过程。"三贴近"原则是新任务、新形势下思想政治理论课主渠道与日常思想政治教育主阵地生态的协同治理的行动指南与有效路径。应坚持按照"三贴近"原则，重视理论阐释生活化与日常生活中思想政治教育资源挖掘利用的互动，突破思政课教学与日常思想政治教育"两张皮"的瓶颈，将思想政治理论课知识性、理论性与日常思想政治教育实践性和趣味性融为一体。要用生活化的语言和通俗化的语言来解读和梳理理论体系，将抽象的概念和原理放在生活案例中，以一种具象化的形态呈现出来，让学生充分领悟思想政治理论课的智慧与魅力。要借助现代信息技术手段，创设生活化的教学情境，

将日常生活中挖掘和拓展的思想政治教育资源与理论进行展示,将课堂上难以表达的内容传递给大学生,营造出身临其境的感受,使大学生领略到思政课程认识世界、适应世界的重要意义。要坚持以学生为导向,尊重学生个体需求的差异性和不平衡性,因课施教,因材施教,不断从日常生活中为大学生提供源源不断的"精神"产品,努力提高思想政治教育的亲和力和感染力,不断为思想政治理论课主渠道与日常思想政治教育主阵地生态的协同治理提供原动力。

(三)重视主渠道与主阵地育人方式上的协同

思想政治理论课与日常思想政治教育的教育形式和方法各具特色,能够做到在育人方式上的互补。思政课主要通过课程理论讲授的形式达到育人目的,容易忽视学生的生活实践,缺少亲和力和感染力,难以融入学生的思想和行为。主阵地主要聚焦日常大学生的主要活动,较少涉及思想理论的讲授,容易缺乏理论的深度,造成理论与实践的脱节。只有使思政课与日常思想政治教育相结合,将深刻的理论内容融于社会实践中,才能更好实现二者协同育人的生态治理格局,提高大学生分析问题、解决实际问题的能力,进一步提升大学生的思想政治素质,为高校思想政治理论课生态治理提供了强大力量。在主渠道与主阵地育人方式的协同上要注重理论教育与实践教育相结合的原则。理论与实践相结合的原则是马克思主义最基本的原则之一,体现了认识与实践相统一、矛盾的普遍性和特殊性相结合的马克思主义的认识论和辩证法,是高校主渠道与主阵地生态协同治理的重要准则。思政课通过课程教授讲好马克思列宁主义、毛泽东思想、邓小平理论、"三个代表"重要思想、科学发展观、习近平新时代中国特色社会主义思想等重大理论的同时,发挥日常思想政治教育主阵地作用,以形式多样的活动为载体,以稳定的实践基地为依托,引导大学生走出校门、深入基地、深入群众、深入实际,开展教学实践、志愿服务等,引导大学生在理论与实践的结合的过程中受教育、长才干、做贡献,树立正确的"三观"。要注重解决思想问题与实际问题相结合的原则。这一原则是我们党思想政治教育的优良传统,是主渠道与主阵地育人方式协同的宝贵经验。在思想政治教育过程中，要关注学生的个人利益和实际需要，正视学生关心的具体问题和实际困难，做到既讲道理又办实事，既以理服人又以情感人，通过思想政治理论课的知识传授和价值传递引导学生正确认识问题、分析问题、解决问题，筑牢信仰之基、补足精神之钙、把稳思想之舵，为学生解决实际问题提供更好的指引。同时抓住时机，针对学生的热点问题，结合日常思想政治教育的育人特色，组织开展针对性强、参与热情度高的相关主题的思想政治教育活动，实施精准发力，回答学生心中疑惑，促进学生做到思想和行为上的统一，使得主渠道与主阵地生态的协同治理得人心、暖人心、稳人心，促进高校思想政治理论课生态治理的质量和效果不断提升。

五、高校思想政治理论课程网络生态治理

习近平总书记指出，"做好高校思想政治工作，要因事而化、因时而进、因势而新"[①]。新时代信息技术不断发展进步，高校思想政治教育信息化是时代发展的必然趋势。"要运用新媒体新技术使工作活起来，推动思想政治工作传统优势同信息技术高度融合，增强时代感和吸引力"[②]，习近平总书记这一重要论断，为思想政治理论课程网络生态治理提供了重要思路。

（一）善用网络信息技术，提升思政课育人实效

习近平总书记在学校思想政治理论课教师座谈会上的讲话中指出，要"推动思想政治理论课改革创新，不断增强思政课的思想性、理论性和亲和力、针对性"[③]。新时代下，高校思想政治理论课建设要具备改革创新的活力，这就要求高校思想政治工作者要充分利用互联网的信息传递机制，最大程度挖掘思想政治理论课教育教学资源，主动创新教育教学方法，积极开展网络化教育，进而推进思想政治理论课网络生态治理的良好发展。

用好网络载体创新教育教学形式。推进思想政治理论课网络生态治理

[①] 《习近平在全国高校思想政治工作会议上强调：把思想政治工作贯穿教育教学全过程 开创我国高等教育事业发展新局面》，《人民日报》2016年12月9日。

[②] 《习近平在全国高校思想政治工作会议上强调：把思想政治工作贯穿教育教学全过程 开创我国高等教育事业发展新局面》，《人民日报》2016年12月9日。

[③] 习近平：《思政课是落实立德树人根本任务的关键课程》，《求是》2020年第17期。

要通过网络信息技术创新教育教学方法。网络信息技术的深入发展，逐渐为开展思想政治理论课网络生态治理提供现实基础和机制依托。习近平总书记在全国宣传思想工作会议上强调，"宣传思想工作创新，重点要抓好理念创新、手段创新、基层工作创新"①，既为思想政治工作创新发展提供了理论指导，也为高校思想政治理论课网络生态治理提供了重要思路。思想政治理论课教学的本质既是一个活动过程，又是一个包含多种因素和主体的生态系统。教师和学生作为思想政治理论课教学生态系统里的生命存在，是整个系统中的重要组成部分，二者在思想政治理论课网络生态治理中也发挥着举足轻重的作用。习近平总书记指出，"办好思想政治理论课关键在教师，关键在发挥教师的积极性、主动性、创造性"②。网络信息技术的高速发展对思想政治理论课教师提出了更高的要求。

挖掘网络资源丰富教学内容。思想政治理论课教师首先要做到真学真懂马克思主义理论，吃透摸准马克思主义理论教材，形成扎实的理论水平。其次，坚持教学面向社会实际，深入学生喜闻乐见的网络空间，针对学生关心的网络热点问题，用马克思主义的立场观点及方法论予以解答。最后，坚持"以学生为本"。习近平总书记指出，"思政课是落实立德树人根本任务的关键课程，思政课作用不可替代"③，"思想政治理论课要坚持在改进中加强，提升思想政治教育亲和力和针对性，满足学生成长发展需求和期待"④，强调了思想政治理论课要以满足学生成长需求为目标。由此可见，坚持以学生为本是思想政治理论课网络生态治理的客观要求。高校思想政治理论课教师在教学过程中要坚持契合学生成长特点，贴近学生需求，深入到学生习惯和熟悉的网络环境中去，将学生耳熟能详的网络用语运用到马克思主义理论知识讲授中，开展受学生欢迎的网络教育活动，提高网络化教育的实效性。

---

① 习近平：《胸怀大局把握大势着眼大事努力把宣传思想工作做得更好》，《人民日报》2013年8月21日。
② 习近平：《思政课是落实立德树人根本任务的关键课程》，《求是》2020年第17期。
③ 习近平：《思政课是落实立德树人根本任务的关键课程》，《求是》2020年第17期。
④ 《习近平在全国高校思想政治工作会议上强调：把思想政治工作贯穿教育教学全过程开创我国高等教育事业发展新局面》，《人民日报》2016年12月9日。

运用媒体技术创新教学形式。当前高校的思想政治理论课教学普遍以理论灌输为主，难以激发学生学习兴趣与积极性，思政课堂成为思政课教师自说自话的舞台，抬头率不高已成为普遍现象。新媒体时代背景下，思想政治理论课教师要立足网络的特点和技术属性，充分运用网络信息技术推动思想政治理论课创新。高校思想政治理论课教师要积极借助新媒体的移动性学习平台，如中国大学生慕课、腾讯课堂、哔哩哔哩、网络微课等，运用微电影、短视频、思政课堂小话剧等课堂表现形式，深入传播理论知识，有效调动学生积极性，充分发挥网络育人价值，重新构建思想政治理论课教学生态，进一步提高思想政治理论课的育人实效。

（二）挖掘网络资源，发挥网络资源育人价值

习近平总书记指出，思想政治理论课要坚持因地制宜、因时制宜、因材施教[①]。深入挖掘思想政治理论课特色教育资源成为推进思想政治理论课多样性、因地制宜推动思想政治理论课改革创新、促进思想政治理论课网络生态治理的应有之义。随着思想政治理论课改革创新的深入开展，高校应要立足学校办学特色，充分运用网络信息技术这一载体，深入挖掘和有效运用高校不同专业学科之间蕴含的思想政治教育资源，紧密结合优秀传统文化、革命文化和先进文化，积极整合校内外的德育教育资源，不同地区的红色资源、文化资源、自然资源等，进一步丰富思想政治理论课教育教学资源，推进思想政治理论课优质网络资源建设，积极引导大学生利用网络资源进行自主学习，充分调动其学习思想政治理论课的积极性和主动性，切实推动实现思想政治理论课网络生态治理的良好发展。

注重传统教学方式与新媒体融合。习近平总书记指出"要用好课堂教学这个主渠道"[②]，"面对面"的课堂教学是思想政治理论课传统教学方式，但在网络信息技术高速发展的时代，学生的学习方式也受到网络环境的影响，传统的教学方式已无法满足学生的学习需求。习近平总书记在全国高

---

① 《习近平主持召开学校思想政治理论课教师座谈会强调：用新时代中国特色社会主义思想铸魂育人 贯彻党的教育方针落实立德树人根本任务》，《人民日报》2019年3月19日。

② 《习近平在全国高校思想政治工作会议上强调：把思想政治工作贯穿教育教学全过程 开创我国高等教育事业发展新局面》，《人民日报》2016年12月9日。

校思想政治工作会议上指出,"要运用新媒体新技术使工作活起来,推动思想政治工作传统优势同信息技术高度融合,增强时代感和吸引力"[①],明确思想政治理论课传统教学要与网络信息技术实现优势互补、协同育人,坚持以先进技术为支撑,以思想政治理论课内容为根本,推动传统教学和互联网技术在内容、渠道等方面的深度融合,进而形成良好的思想政治理论课网络教学生态。

重视思政课教学的网络空间延伸。在传统的高校思想政治理论课的教学中,师生之间的"面对面"对话是开展思想政治理论课的主渠道,其交互性的课堂优势是无法取代的。高校思想政治理论课教学通过课堂专题教学、课堂小组研讨和线上学习三种形式,努力实现线上与线下的紧密结合。课堂专题教学,讲授基本知识。课堂教学中,教师围绕教材的基础理论内容,紧扣爱国主义、社会主义核心价值观、法律基础等开展专题教学。教师以PPT课件为基础,以线上课堂工具的签到、弹幕、讨论区等功能为辅,增强师生之间交互性,活跃课堂氛围,激发学生的求知欲。组织小组研讨,加强交流互动。小组研讨由学生自行组队,根据教师发布的相关主题,制作相关的研讨PPT并展示,由教师、其余各组成员派代表围绕分享内容进行学术交流、批判,切实推动理论知识入脑入心。推动线上学习,夯实理论基础。发挥高校思想政治理论课"大思政课"的优势,扩大高校思想政治理论课的教学空间。教师应充分利用慕课堂网络教学平台,寻找各大高校思想政治理论课教学视频,积极主动设置专题练习,设置在线讨论专区,通过抛出热点话题的方式让学生参与讨论并及时答疑解惑,引导学生树立正确的价值观念。传统教学与网络教育混合教学的模式,为高校思想政治理论课提供了广阔的教学空间,增强了师生之间的交互性,为高校思想政治理论课教学生态营造了良好的发展条件,切实推动了高校思想政治理论课网络生态治理向好发展。

---

① 《习近平在全国高校思想政治工作会议上强调:把思想政治工作贯穿教育教学全过程 开创我国高等教育事业发展新局面》,《人民日报》2016年12月9日。

第五章
高校日常思想政治工作生态治理

2018年5月,习近平总书记在与北京大学师生座谈时强调:"人才培养体系涉及学科体系、教学体系、教材体系、管理体系等,而贯通其中的是思想政治工作体系。"① 由此可见,高校思想政治教育体系并非孤立,而是一根主线、一个开放的系统,需与学科体系、教学体系、教材体系、管理体系等体系协同共生来实现思想政治教育工作的落地。在国家治理体系和治理能力现代化进程中,也需要协同各个体系间效能,实现生态系统整体上高效运转、体系间良性互动,思想上的同频共振、制度上的相互协同、行动上的相互助力局面,使思想政治教育工作入脑入心,从而有效回应国家治理体系和治理能力现代化需求,助力国家治理体系现代化实现。因此,本章从教育生态学视角分析高校日常思想政治工作生态运行逻辑,将日常思想政治工作置于宏观环境中,从内部系统运行、交互系统运行和外部系统运行的层次分析高校日常思想政治工作生态运行逻辑,为高校日常思想政治工作生态治理提供借鉴。

一、高校日常思想政治工作生态治理的意蕴阐述

高校日常思想政治工作"生态治理"即在生态学视角下,对高校日常思想政治工作进行治理,对其进行剖析主要包含生态和治理两个方面。一方面是"生态"。生态系统(ecosystem)是由生物群落及其生存环境共同组

---

① 《习近平在北京大学师生座谈会上的讲话》,《人民日报》2018年5月3日。

成的动态平衡系统。① 生物群落及其生存环境在生态系统的自调节作用下相互影响并彼此依存，奠定了教育生态学的底层逻辑。吴鼎福提出，教育生态学的研究对象是"教育与整体的生态环境（社会的、精神的、自然的）之间相互关系"②；刘宏明提出加强和改进大学生思想政治工作，必须注重思想政治教育的社会宏观生态环境的影响和制约③；吴松强提出从宏观社会大生态系统、中观教育生态系统、微观思想政治教育微系统的不同层面和视角科学构建高校思想政治教育生态合力体系，可以有效破解当前思想政治教育的瓶颈，提升高校思想政治教育的实效性。④ 这些研究逐步将高校日常思想政治教育置于社会领域中加以研究和阐述。另一方面是"治理"。习近平总书记指出："治理和管理一字之差，体现的是系统治理、依法治理、源头治理、综合施策。"⑤ 习近平总书记在看望参加全国政协会议的医药卫生界、教育界委员时表示：思政课不仅应该在课堂上讲，也应该在社会生活中来讲。这表明思想政治工作需置于社会场域中，在"大思政"的格局下实现源头性目标管理、上下通力协作的协同性过程管理、解决思想问题与解决实际问题相结合的综合性结果管理三个层次。高校日常思想政治工作生态治理将思想政治教育置于宏观场域中，"将社会作为思想政治教育的解释原则"，"在社会的整体结构中把握思想政治教育"⑥，从生态学的视角下进行整体性、系统性阐释，将宏大理论叙事与微观实践叙事融通于日常思想政治工作中，冲破宏观与微观间的藩篱，有效衔接宏观系统、中观系统和微观系统等不同层次，为系统内有序运转、系统间同频共振的动态平衡生态治理奠定基础，在思想引领、培根铸魂、启智润心等方面有着广泛而深刻的现实意义。

（一）担负意识形态举旗定向之责

党的十八届三中全会确立全面深化改革的总目标是完善和发展中国特

---

① 解振华主编：《中国大百科全书 环境科学》，中国大百科全书出版社2002年版，第335页。
② 吴鼎福：《教育生态学刍议》，《南京师范大学学报（社会科学版）》1988年第3期。
③ 刘宏明：《教育生态学视野中的高校思想政治教育——社会公正对大学生核心价值观培养的影响研究》，《中国成人教育》2010年第14期。
④ 吴松强：《生态学视阈下高校思想政治教育的生态合力研究》，《教育探索》2012年第9期。
⑤ 《习近平关于社会主义社会建设论述摘编》，中央文献出版社2017年版，第127页。
⑥ 叶方兴：《思想政治教育的社会视界》，广西师范大学出版社2020年版，第2、83页。

色社会主义制度，推进国家治理体系和治理能力现代化。党的十九届四中全会通过《中共中央关于坚持和完善中国特色社会主义制度 推进国家治理体系和治理能力现代化若干重大问题的决定》，指出"坚持和完善中国特色社会主义制度、推进国家治理体系和治理能力现代化，是关系党和国家事业兴旺发达、国家长治久安、人民幸福安康的重大问题。"[①] 这对国家治理体系和治理能力现代化建设进行了进一步明确，不仅为国家治理指明了方向，同时也为高校日常思想政治工作提供了方向指引和路径遵循。

有效的生态治理能够保证高校日常思想政治工作具有强大的方向性。习近平总书记指出，"国家治理体系和治理能力是一个国家制度和制度执行能力的集中体现"，"治理现代化的持续推进涉及中国社会发展的方方面面，思想政治工作作为党和国家事业发展的生命线，内含于治理现代化的整体方略之中。"[②] 高校日常思想政治工作生态治理依据中国特色社会主义制度展开，是国家治理体系和治理能力现代化在高校的延伸，是中国特色社会主义制度在高等教育治理领域中的具体实践。高校日常思想政治教育作为高校思想政治教育的主阵地，需深刻融入国家治理现代化的价值内涵、遵循其根本导向，对有效展现和解读社会主义国家现代化治理的优越性，保证政治方向的扎实稳固具有重要意义。

有效的生态治理能够保证高校日常思想政治工作具有强大的包容性。生态系统的基本特点就是开放和动态平衡。高校日常思想政治教育生态是一个开放、动态的系统，与其他系统存在相互作用和相互影响的机制，其运行包含三种状态：相离运行、相交运行和相向运行，对其进行生态治理需充分关注其包容性。相离运行是指逐渐疏离、走向对立，因系统间目标错位，进而造成日常思想政治教育式微，浮于表面甚至引起受教育主体的反感；相交运行是指系统间大致往一个方向前行，但因为其方向性的不完全统一，存在很大程度上的资源浪费；相向运行是指一种理想的运行状态，各个子系统彼此协同、相互促进，呈现最大程度向彼此靠拢的状态，以强

---

① 习近平：《坚持和完善中国特色社会主义制度推进国家治理体系和治理能力现代化》，《求是》2020年第1期。
② 冯刚：《治理视域下高校思政队伍专业化建设的理论与实践》，《学校党建与思想教育》2020年第9期。

大的包容性有效实现日常思想政治教育系统和各个系统之间的双向互动。包容性治理是国家治理体系构建的重要内容,"其核心意涵主要包括三个部分:主体的多元参与性,过程的互动合作性,成果的利益共享性"[①],包容性治理需充分关注高校日常思想政治教育与各个体系间的协同性,从主体、目标、过程、结果等方面切入,以包容性的维度促进同质化,形成系统间相同的使命愿景,共同前行。

有效的生态治理能够保证高校日常思想政治工作具有强大的凝聚性。"扎根中国大地办好中国特色社会主义大学",高校承担着"为党育人、为国育才"的重担,具有人才培养、科学研究、服务社会、文化传承与创新等职能,只有各体系落实本职、深化联动,思想政治工作才有了强大的凝聚力和向心力。高校日常思想政治工作生态治理直接关系到"为谁培养人、培养什么人、怎么培养人"的根本命题,关系到"三全育人"的落地实践。有效的生态治理能为高校日常思想政治工作生态建构拓展思路,冲破体制机制的桎梏,激发形成育人合力,以强大的凝聚力打通思想政治教育的"最后一公里"。

(二)肩负时代新人培根铸魂之责

习近平总书记在党的十九大报告中明确提出,要以培养担当民族复兴大任的时代新人为着眼点。"一代人有一代人的长征",高校日常思想政治教育始终与时代发展密切互动。在追求站起来的阶段,思想政治教育以团结奋斗、不怕牺牲为主;在追求富起来的阶段,思想政治教育以又红又专、改革创新为主;在实现强起来的阶段,思想政治教育以不忘初心、砥砺前行为主。在两个大局交织的时代背景下,思想政治教育工作面临着深层次的挑战,作为培育"时代新人"的关键场域,高校承担的绝不仅仅是知识型人才的培育,而是肩负有国家责任感、民族使命感的"时代新人"培根铸魂之责,更需要各方力量的协同来保障思想政治教育工作根基稳固。

育人力量的网络协同。高校日常思想政治工作做的是"立德树人"的工作,"立德"是"树人"的基石,"树人"是"立德"的成果。由谁来"立"、

---

① 徐倩:《包容性治理:社会治理的新思路》,《江苏社会科学》2015年第4期。

由谁来"树"涉及思想政治工作的育人主体问题，是一个复杂的网络构建，具有内生性、协同性和生态性的丰富内涵。内生性蕴含发展的规律，立足于主体的内在需求，决定主体的内生动力；协同性的本质在于联动，打破各系统要素间的壁垒和障碍，探究其在宏观、外部和内部的系统性构建；生态性的内涵在于动态平衡，在不断地传承和变革中保持平衡发展。对高校日常思想政治工作的育人主体进行生态治理，能在联动发展中激发内生动力，在网络系统中保持协调发展，为培育"时代新人"奠定全员育人基石。

育人体系的制度协同。"大思政"育人格局的谋划和构建是新时代高校思想政治教育工作的新任务和新要求，其基石就是稳固的制度体系。制度建设是中国共产党在百年奋斗历程中始终坚持的重要方向，并自党的十八大以来愈益成为当代国家治理的关键主题。[①] 随着制度建设的日趋成熟，高校内各体系中都形成了一套自运转的制度体系，推动着体系有效运转。与此伴生的便是基于各自体系建立的制度在视野上的局限性，对于与其他系统间交互影响力认识不够，从生态系统的整体性视野来对其进行系统性的谋划还欠缺。对高校日常思想政治教育的制度进行生态治理，能有效规避制度建设盲点、形成制度体系间的相互促进，合力保障高校日常思想政治教育的高效稳定发展，为培育时代新人扎牢制度之基。

育人阵地的系统协同。知识传授是大学的自然属性，立德树人是大学的根本任务，德育和智育作为高校人才培养的双翼，缺一不可。学科体系、教学体系、教材体系作为知识传授的主要载体，是育人的重要阵地。同时，与大学生生活和学习等相关的管理体系，作为与大学生成长成才密切相关的场域，也是育人的重要阵地。对高校日常思想政治教育的阵地进行生态治理，运用治理现代化的理念，能充分汲取育人阵地中的有效信息、整合育人阵地功能、将思政教育元素融入育人阵地的建设，充分发挥育人阵地在思想政治教育工作中的基础性作用，为培育时代新人提供阵地保障。

[①] 马雪松、冯修青：《中国共产党制度建设的百年探索：历史视野、主要经验及治理效能》，《云南社会科学》2021年第1期。

(三)承担人才培养启智润心之责

高校的教育绝非单纯的知识传递和专业教育,而是一种心灵的"唤醒"和内驱力的激发,这正是现代化教育的灵魂所在。当以人的现代化为基点推动思想政治教育治理的现代化,以满足人的现代化需要为着力点推动治理主体的能力提升,实际上体现了治理所强调的对主体更多赋能的要求。[1] 在高校日常思想政治工作生态治理的过程中,使受教育主体在现代化发展中不断实践、自我澄清,厘清自身能力和价值观,意识到自身发展与国家、社会环境、自身努力相统一,在自我提升的同时实现主体赋能、体系升级、相互促进,达到启智润心的效果。

认识到自身的发展与国家的发展相统一。"水能载舟,亦能覆舟",党的十九届六中全会中,将中国共产党的百年历史划分为四个历史时期,四个历史时期、四次伟大飞跃的背后是千千万万人民支撑起了大国发展的脊梁,执掌大国巨轮之舵,才让中华人民共和国从站起来、富起来到强起来。人才培养只有与祖国的发展同呼吸、共命运,才能号准时代发展的脉搏,与社会发展同频共振。高校日常思想政治工作生态治理,能推动受教育者"走出去",站在"升上去"的社会视角中了解整体的运转格局,将自身的发展与国家社会的发展进步相统一,进而驱动更好地"走进来"到"沉下来"。

认识到自身的成长与环境资源相协同。人的成长不是自然形成的,而是在内外部环境的共同作用下形成,与环境资源密切相关。人创造环境,同样,环境也创造人[2]。社会政治、经济、文化、网络等诸多环境的变化都会对高校日常思想政治教育工作带来机遇与挑战,对受教育主体产生思想和行为上的影响。同时,青年作为国家未来发展的关键性力量,对环境的形成和稳定也有着至关重要的影响。高校日常思想政治工作生态治理能明晰人与环境发展之间的内在联系,以发展的动态性维度和统一性视角充分整合环境资源、提高资源利用效力,得到"1+1 > 2"的生态治理成效。

认识到自身的成就与个人的努力相一致。近年来,亚文化的传播和网

---

[1] 冯刚、徐先艳:《现代性视域中思想政治教育治理的生成逻辑、基本内涵及时代价值》,《教学与研究》2021年第5期。

[2] 《马克思恩格斯选集(第一卷)》,人民出版社2012年版,第172-173页。

络的扩散作用也让一部分青年群体忽略社会整体的发展趋势，增加对未来的不确定性的担忧和对本体现状的关注。马克思主义认识论中提及认识是"实践—认识—再实践—再认识"的过程。站在生态治理的视角，良性的生态治理能有效汇聚各方资源，让学生在能发挥自身价值的空间里通过实践来形成认知、修正认知，提升能力来服务国家、奉献社会。同时，良性的生态治理还能让学生从个体化的关注面向上提升，更多地觉察到发展前行的浪潮以及背后努力奋斗的群体，意识到自身努力与个人成就间的相关性，进而激发个体形成内生驱动力。

二、高校日常思想政治工作生态治理的机遇

习近平总书记在中央全面深化改革领导小组第十二次会议上指出："要高度重视做好思想政治工作，改革推进到哪一步，思想政治工作就要跟进到哪一步。"[①] 党的十九届四中全会明确了中国社会发展的时代主题和改革重要内容是推进国家治理体系和治理能力现代化，标志我国社会主义体现代化事业发展进入到一个新阶段，高校思想政治教育工作亦有了新的机遇。随着"立德树人"根本任务的确立，"三全育人""十大育人体系"的协同等概念的相继提出，表明思想政治教育工作必须在统一的思想指导下，通过各方力量的协同方能发挥其最大的力量。

党的十九届六中全会通过的《中共中央关于党的百年奋斗重大成就和历史经验的决议》精辟概括了党的百年奋斗实现的四次伟大飞跃，社会主义建设进入新时代。新时代下，加强和改进思想政治工作仍是党的优良传统、鲜明特色和突出政治优势，是一切工作的生命线。宏观的经济社会环境、党和国家对高校思政工作的重视、思想政治工作多年来的积极探索，为高校日常思想政治工作的生态治理在宏观、中观、微观三个层次奠定基础，思政工作迎来前所未有的机遇，我们必须坚定不移地加快构建高校思想政治工作体系以实现高校日常思想政治工作的入脑、入心，为培养可靠的社

---

① 《习近平主持召开中央全面深化改革领导小组第十二次会议强调：把握改革大局自觉服从服务改革大局 共同把全面深化改革这篇大文章做好》，《人民日报》2015 年 5 月 6 日。

会主义建设者和接班人不懈奋斗。

（二）党和国家的发展为高校日常思想政治工作生态治理提供良好的宏观条件

第一是社会大环境的保障。随着中国国际地位的不断攀升、社会生产力的不断变革、社会物质财富的急剧增加，当今社会的主要矛盾已经转化为人民日益增长的美好生活需要和不平衡不充分的发展之间的矛盾。政治、生态、经济、文化、社会等方面良好的社会大环境，为高校日常思想政治工作生态治理提供了稳定的政治环境、良好的经济环境和较好的思想基础，也为大思政格局的形成奠定了基础。第二是社会主义法治体系的保障。党的十八大以来，习近平总书记高度重视全面依法治国，创造性提出了一系列全面依法治国的新理念新思想新战略，形成了习近平法治思想。从党的十八届四中全会出台《中共中央关于全面推进依法治国若干重大问题的决定》对全面依法治国进行顶层设计，十九大提出到2035年基本建成法治国家、法治政府、法治社会，十九届三中全会决定组建中央全面依法治国委员会，十九届五中全会对推进法治中国进行了部署，到教育部印发《关于进一步加强高等学校法治工作的意见》强调依法治校，社会主义法治体系的建设为高校日常思想政治工作生态治理提供了稳定的法治保障。第三是社会主义核心价值观体系的保障。党的十八大以来，积极培育和践行社会主义核心价值观，鲜明确立了当代中国的核心价值理念。24个字分别从国家层面、社会层面和个人层面将社会主义核心价值观进行明确，是在马克思主义指导思想下中国特色社会主义的共同理想，是社会主义核心价值体系的根本性质和基本特征，为高校日常思想政治工作生态治理提供稳固的思想保障。

（二）党和国家教育部门对高校思政工作的高度重视为高校日常思想政治教育工作提供良好的契机

第一是全国性高校思想政治工作类会议的召开彰显了高度的重视。党的十八大以来，以习近平同志为核心的党中央高度重视学校思想政治工作，围绕"培养什么人、怎样培养人、为谁培养人"这个根本问题，习近平总书记先后发表一系列重要讲话、作出一系列重要指示批示，为学校思想政治工作指明了前进方向。2016年12月，习近平总书记在出席全国高校思想政治工作会议时强调：要坚持把立德树人作为中心环节，把思想政治工作贯穿教育教学全过程，实现全程育人、全方位育人，努力开创我国高等教育事业发展新局面。2018年，习近平总书记在全国教育大会上强调：各级各类学校党组织要把抓好学校党建工作作为办学治校的基本功，把党的教育方针全面贯彻到学校工作各方面。习近平总书记反复强调"思想政治工作贯穿教育教学全过程"这一理念，为高校日常思想政治工作奠定了系统性的大格局、大视野，为高校日常思想政治工作生态治理奠定了政治基础。第二是各类思想政治工作相关会议的召开体现了充分的联动。2021年，习近平总书记看望参加全国政协会议的医药卫生界、教育界委员时说："'大思政课'我们要善用之。"党的十八大以来，党和政府多次召开面向各群体的思想政治工作相关会议，从各个层面加强对思想政治工作重要性的认识。2013年召开全国宣传思想工作会议，2014年召开中央民族工作会议，2015年召开文艺工作座谈会、全国党校工作会议，2016年召开党的新闻舆论工作座谈会、网络安全和信息化工作座谈会、全国宗教工作会议、哲学社会科学工作座谈会，2018年召开全国网络安全和信息化工作会议、纪念马克思诞辰200周年大会、全国宣传思想工作会议等，为"大思政""大政工"格局的形成奠定基础。第三是各种文件提供了充分的指引。牢记习近平总书记要求，不断筑牢办校治校的政治根基，让思想政治工作落到实处，相关部门接连出台并实施一系列举措，《深化新时代教育评价改革总体方案》的出台，为确保教育的正确方向提供指挥棒作用。《关于加快构建高校思想政治工作体系的意见》《关于加强和改进新形势下高校思想政治工作意见》《关于新时代加强和改进思想政治工作意见》《中国共产党普通高等学校基层组织工作条例》《高等学校课程思政建设指导纲要》《关于加强和改进新时代师德师风建设的意见》《新时代高等学校思想政治理论课教师队伍建设规定》等各类文件的制定和出台，从文件制度层面对高校思想政治工作进行了充分地分析和方向性指引，为高校日常思想政治工作生态治理奠定了制度保障。第四是各种宣传营造了良好的氛围。从习近平总书记前往清华大学、中国政法大学等高校考察调研的讲话，到与陕西照金北梁红军小学等学校的舐犊情深；从清华大学清唱剧《江姐》、浙江大学话剧《速写林俊德》，到影视剧《我和我的祖国》《无问西东》《战狼》等；从"请党放心，强国有我"的誓词在建党100周年仪式上激扬，到全国各地、各组织争相响应，各级各类主流媒体和全媒体平台的宣传报道，为高校思想政治工作生态治理奠定了良好的思想基础。

（三）高校日常思想政治工作在多年的理论和实践中积攒了丰富的经验

在理论层面，诸多学者对高校思想政治理论进行了深入的解读，奠定了生态治理的理论基础：冯刚等认为，"思想价值引领在国家治理现代化进程中发挥着引领方向、凝聚共识、动员力量、优化协同的重要功能"[1]，"思想政治教育治理与思想政治教育之间的关系是在延续性基础上的发展性、创新性，即思想政治教育治理是思想政治教育工作在现有基础上通过结构性创新实现内涵式发展"[2]，"在治理现代化视域下，高校必须坚持'育人为本、德育为先'的教育理念，充分发挥思想政治工作'生命线'作用，遵循大学生成长成才规律，以德育为主导，从青年学生的信念、学识、品行、心理和责任5个方面来落实高校立德树人根本任务"[3]，以治理视角，对高校日常思想政治工作进行深入剖析；叶方兴等认为，"思想政治教育的社会性是思想政治教育具有像社会系统其他社会要素相同或相似的特性，表现为思想政治教育与社会系统之间的相关性"[4]，"相对于思想政治教育的个体化、区隔化、部分化等单一、片面的社会格局与运行方式，思想政治教育社会化是思想政治教育利用社会诸要素的有机链接、协同配合、关联互动等社会化的实践方式，实现思想政治教育与社会系统融入的现实过程"[5]，以社会

---

[1] 冯刚、史宏月：《思想价值引领在国家治理现代化中的功能研究》，《思想理论教育》2020年第2期。

[2] 冯刚、徐先艳：《现代性视域中思想政治教育治理的生成逻辑、基本内涵及时代价值》，《教学与研究》2021年第5期。

[3] 冯刚、陈飞：《新时代高校立德树人的治理架构与实施路径》，《思想教育研究》2020年第7期。

[4] 孙其昂、叶方兴：《论思想政治教育的社会性》，《学校党建与思想教育》2013年第4期。

[5] 叶方兴：《思想政治教育社会化：一个概念的辨析与理解》，《学校党建与思想教育》2017年第13期。

性视角对高校日常思想政治工作生态治理拓宽认知理念；代玉启等认为"思想政治教育不是孤立运行的，而是与社会大系统、社会其他系统之间相互联系、相互制约。"[①]"其运行逻辑包括：思想政治教育的自运行、思想政治教育与其他系统的交互运行、社会运行对思想政治教育的辐射"[②]，以系统运行视角对生态治理逻辑进行澄清。这些理论研究为高校思想政治工作生态治理从理论逻辑层面奠定了思想基础、逻辑基础和运行基础。在实践层面，结合国家"三全育人"和构建高校思想政治工作体系要求，各高校进行了深入的探索实践。清华大学先后发布《关于加强全员全过程全方位育人的若干意见》《"三全育人"综合改革试点工作重点任务清单》《"三全育人"推进落实情况评估指标体系》等文件，实施12项182条具体举措，提出"抓关键群体，促全体参与，凝聚全员育人合力；抓重点环节，促全线贯通，打造全过程育人体系；抓有效载体，促全面协同，构建全方位育人格局"的"三抓三促"深入推进"三全育人"综合改革；北京大学推进卓越本科教育，落实本科生导师制，全面实行本科生"双班主任"制，构建"三全育人"体系；浙江大学致力于构建有灵魂、有方向、有特色的思想政治工作体系，加快构建"德育共同体"，激发师生共同成长的内生动能，形成铸魂育人的长效机制；复旦大学将思想政治工作贯穿育人全过程，覆盖全方位育人空间场域，构建"三全六度十育人"工作格局，以"三线联动"党建育人、"六度空间"协同育人、"五维育德"思政育人三大工程为抓手，着力推进包括教师思政、课程思政、书院育人、科研育人等在内的10项重点任务；南京大学通过实施"熔炉工程"，强化使命担当，融合体制机制，创新教育实践，积极推进立德树人工作高质量发展，锻造时代新人。

党的十八大以来，各级各类高校和学者从理论和实践层面对日常思想政治工作进行深入的思考和探索，基于学科特色、高校资源提出一系列新理念、新举措、新方法，取得新进展、呈现新成效、打造新品牌，为高校日常思想政治工作生态治理奠定微观的理论和实践基础。

---

① 代玉启、覃鑫渊：《基于运行的思想政治教育理论体系建构初探》，《河海大学学报》（哲学社会科学版）2021年第5期。

② 代玉启、覃鑫渊：《基于运行的思想政治教育理论体系建构初探》，《河海大学学报》（哲学社会科学版）2021年第5期。

三、高校日常思想政治工作生态运行逻辑

研究高校日常思想政治工作生态治理，必须厘清其运行的基本逻辑，科学合理地运用其运行逻辑以助推高校日常思想政治教育的发展。高校日常思想政治教育生态运行样态是高校日常思想政治教育的时空截面，旨在整体性地描绘其运行逻辑。教育生态学作为高校日常思想政治工作生态的底层逻辑，是自然学科生态学和社会学科教育学的交叉产物，"就其学科范畴而言，教育生态包括教育生态现象、教育生态系统、教育生态环境和教育生态机制"[1]，"主张以要素联动思维和生态平衡思维从德育构成要素的相互关系和影响机理入手分析解决德育问题。"[2] 教育生态学的提出为思想政治教育工作贯穿于学科体系、教学体系、教材体系、管理体系等各个体系提供理论指导，有利于促进日常思想政治教育工作在社会系统中的实践回归。基于教育生态学的视角下剖析其运行逻辑，创新性地发挥高校日常思想政治教育工作和各个体系间的融合互补优势，不仅可以提升日常思政教育的实效性和生态体系对学生的吸引力，还可以促进体系互构、理念互融、内容互通，实现高校日常思想政治工作生态有效、可持续运行。

在现代这样一个高度组织起来的社会里，复杂的系统几乎是无所不在的，任何社会活动都会形成一个系统，这个系统的组织建立、有效运转就成为一项系统工程。[3] 日常思想政治教育作为一种整体性的社会教育，是一项生态系统工程，社会运行的大环境是高校日常思想政治工作的宏观环境，各个体系间的交互影响是高校思想政治教育工作的重要交互环境。基于原理分析和实践回归，本文提出高校日常思想政治工作生态运行，是以学生为中心，分为内部系统、外部系统和宏观系统。根据其运行方式，分为内部运行、交互运行和宏观运行，整个系统呈现整体协同和动态平衡的状态。运行逻辑如图1所示。

---

[1] 高涵、周明星：《教育生态学的历史演进与学科定位》，《湖南农业大学学报（社会科学版）》2014年第1期。

[2] 楼艳、郭立群：《构建高校德育共同体：教育生态学的视角》，《国家教育行政学院学报》2021年第3期。

[3] 钱学森等著：《论系统工程》，湖南科学技术出版社1982年版，第82页。

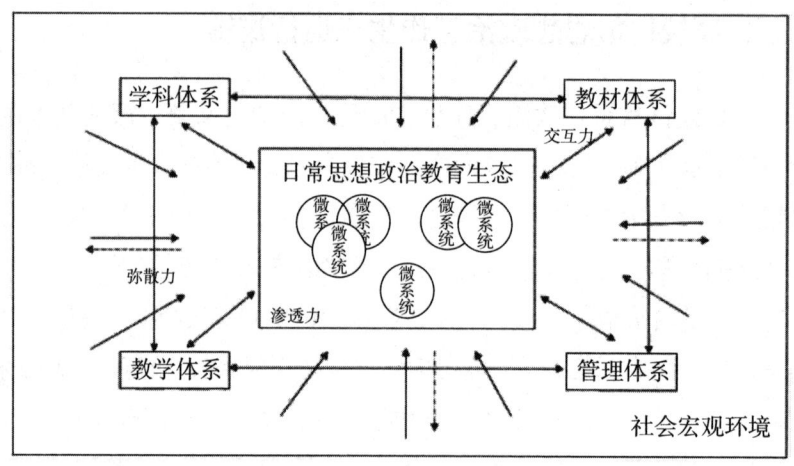

图1　高校日常思想政治教育生态运行图

（一）内部运行

日常思想政治教育作为大学生思想政治教育的主阵地，经过长期的发展，已经从实践维度逐渐形成了较完善的内部运行机制。高校日常思想政治教育是思想政治教育的日常形态，是将思想政治教育工作融入到学生日常的科研学习和生活实践的过程。日常思想政治教育作为高校育人工作的"最后一公里"，是思想政治教育工作在学生个体上的直接作用力，渗透于学生的日常生活、学习和工作中。其运行主要表现在两个维度：运行载体和运行方式。

运行载体。《高校思想政治工作质量提升工程实施纲要》中指出，要充分发挥课程育人、科研育人、实践育人、文化育人、网络育人、心理育人、管理育人、服务育人、资助育人、组织育人等方面工作的育人功能。党团教育、社会实践、评奖资助、管理服务工作是高校日常思想政治工作的主要载体，通过符合学生认知和成长规律的有计划地思政活动，可有效加强育人体系建设、形成载体间育人合力，推动日常思想政治教育工作的广度、深度、效度拓展。在长期的实践中，日常思想政治教育工作已拥有较丰富的载体运行样态以及载体间相互协同促进机制。

运行方式。日常思想政治教育的运行方式呈现互动性、潜隐性和针对性的特点。互动性是指日常思想政治教育工作通过十大育人体系作用于学生，通过学生的评价和反馈来及时调整思想政治教育的强度、浓度和向度，呈现互动调节的特点。潜隐性是指日常思想政治教育工作以"润物细无声"的方式在氛围营造和潜移默化中激发情感共鸣、产生思想动力、催生行动热情，不断增强思想政治教育工作的亲和力。针对性是指日常思想政治教育要着力突破由互联网迅速发展而产生的社交方式圈子化、信息获取定制化等特点，针对不同群体特点，分层分类施教，以驱动思想认同、观念趋同和行动协同。

（二）交互运行

在 2018 年 9 月全国教育大会上，习近平总书记指出："要努力构建德智体美劳全面培养的教育体系，形成更高水平的人才培养体系。要把立德树人融入思想道德教育、文化知识教育、社会实践教育各环节，贯穿基础教育、职业教育、高等教育各领域，学科体系、教学体系、教材体系、管理体系要围绕这个目标来设计，教师要围绕这个目标来教，学生要围绕这个目标来学。"[①] 可见高校日常思想政治教育是一个系统概念，在内部自运行基础上，还与各个体系处于交互运行的状态。交互运行是指学科体系、教学体系、教材体系、管理体系等外部系统与日常思想政治教育体系间的运行状态，包含内部与交互系统间的交互运行和外部各子系统之间的交互运行，以交互力的状态存在。

内部系统与交互系统间的交互运行。高校日常思想政治教育系统的交互运行应统摄内部系统与交互系统的交互作用，基于学科、教学、教材、管理体系的运行样态进行通盘考虑。学习和生活是学生在校期间的主要需求，学科、教学、教材体系与学习需求直接挂钩，管理体系与生活需求直接挂钩。学科体系是思想政治教育的黏性所在，是学生选择高校的根本和未来发展的基点；教学体系是思想政治教育的主渠道，是学生学习知识、塑造人格的重要依托；教材体系是思想政治教育的重要载体，是学生教育质量的保障；管理体系影响学生看待和对待世界的方式。与此同时，思想

---

① 《习近平在全国教育大会上强调：坚持中国特色社会主义教育发展道路 培养德智体美劳全面发展的社会主义建设者和接班人》，《中国青年报》2018 年 9 月 11 日。

政治教育体系是学生对各个体系体认的基础，影响学生在各个体系中的存在样态、发展方向和成长收获。由此可见，日常思想政治教育系统并非封闭，还是一个开放的、与其他系统交互影响的生态，需基于交互运行的逻辑，从不同的层次，以体系之间的互动性维度加以思考，在遵循教育规律的基础上促进日常思想政治教育体系与学科体系、教学体系、教材体系、管理体系等外部系统间的充分互动、融合，实现制度上的互构、队伍上的联动和资源上的协同，推动各体系在交互力作用下共同发展。

外部各子系统之间的交互运行。外部系统间既相互依存又相互影响。学科体系为教材体系、教学体系和管理体系的重要基础，教学体系为学科体系、教材体系和管理体系的重要依托，教材体系为学科体系、教学体系和管理体系的重要窗口，管理体系为学科体系、教材体系和教学体系的重要保障，交互系统在系统间交互力的作用下呈现交互运行的状态。正如木桶原理，若其中一个环节构建薄弱，必将影响整体效能的发挥，一个环节的调整也会使得其他环节出现对应的变化。只有外部系统间的相互协同、有序运行，彼此间形成合力，为日常思想政治教育提供良好的外部环境，才能实现相互促进、协调发展。

（三）宏观运行

在《关于费尔巴哈的提纲》中，马克思明确指出："人的本质不是单个人所固有的抽象物，在其现实性上，它是一切社会关系的总和。"[①] 人的本质产生人的社会性，催生社会观；社会构成人生存的基本形式，是人生存所依赖的前提。传统社会向现代社会转变的过程，是一个社会结构逐步异质化、多元化的过程，它以具体化、多样化的形式制约着人们的生存状态，决定着人们的生产方式和思维方式，为人的生存和发展提供物质和精神保障。劳动力的变革、人的思想发展也改变了人对社会的看法，进而影响甚至决定人的社会选择，使人与社会呈现彼此相关性。基于人与社会的相互关系和高校日常思想政治教育的基本现实，受教育主体在高校的物理场域中与社会接触，更多的是通过一种"弥散力"的方式进行彼此影响、相互制约。

---

① 《马克思恩格斯选集（第一卷）》，人民出版社1995年版，第96页。

社会对人的影响。社会存在决定社会意识，人们对社会的体认直接影响到人在社会中的思想和行为方式。良性的社会运行系统"使老有所终，壮有所用，幼有所长，鳏寡孤独废疾者，皆有所养"（《礼记·礼运篇》），受教育主体能够基于社会弥散力获取人们关于幸福感、获得感和安全感的感受，并在此基础上催生社会认同感和家国使命感，助力高校日常思想政治工作生态治理；恶性的社会运行会导致社会政治、经济和生活的混乱，人们会产生不知未来、不明当下的焦虑与困顿，这种感受通过社会宏系统的弥散力作用传递至高校，使得青年焦虑前移，甚至催生心理问题，给高校日常思想政治教育带来阻力；不相关的社会运行系统会使高校与社会脱钩，社会需求不能有效传递至高校的人才培养链，人才缺口无法得到有效补给而产生发展停滞，"圈养"环境中成长的青年群体亦会逐渐丧失努力奋斗的方向，在进入社会后因理想与现实的差距产生对接不畅、职业倦怠和心理障碍。

人对社会的影响。马克思指出："因为人的本质是人的真正的社会联系，所以人在积极实现自己本质的过程中创造、生产人的社会联系、社会本质。"[①]受教育主体虽然在高校的物理场域中，但其对社会的发展与进步也存在弥散影响。第一是对社会风气的影响。青年是祖国未来发展的主要力量，青年作为网络的主力军，其观念表达会直接影响社会的舆论走向和价值取向，并通过媒体的传播呈现放大镜效应，对社会风气的塑造和社会氛围的营造产生广泛和深远的影响。第二是对产业结构的影响。青年在高校职业生涯态度的建立和职业生涯的选择对青年未来在社会中的定位和前景有着至关重要的影响，这种影响直接关系到社会未来的人才配比、产业结构和社会样态。第三是对社会发展的影响。在庆祝中国共产党成立100周年大会上，习近平总书记指出，未来属于青年，希望寄予青年。青年的思想和行为会对父辈、自身和下一代的教育产生几十年的影响，直接关系到祖国发展的现在和未来的延续，关系到中华民族伟大复兴的中国梦。

---

① 《马克思恩格斯全集（第四十二卷）》，人民出版社1979年版，第44页。

四、高校日常思想政治教育工作生态治理

党的十九届四中全会审议通过的《中共中央关于坚持和完善中国特色社会主义制度推进国家治理体系和治理能力现代化的决定》，表明国家治理进入新阶段，同时预示着高校日常思想政治工作需要适应新发展、着眼新实践、聚焦新挑战。高校日常思想政治工作生态治理是国家治理体系在高校日常思想政治工作的定位和延伸，但绝不是国家治理现代化的范式套用，而是高校日常思想政治工作回应国家治理现代化对高校提出的新要求和高校日常思想政治工作改革创新的内在需求的双向统一。恩格斯说："一个民族要想站在科学的最高峰，就一刻也不能没有理论思维。"[1] 在高校日常思想政治教育工作中引入"教育生态学"和"治理"理念来探究其生态治理路径，既是新时代高校日常思想政治教育现代化的迫切要求，也是高校思想政治教育工作体系构建的急切需要，对遵循思想政治工作规律、教书育人规律、学生成长规律，不断提高高校日常思想政治教育工作的能力和水平，增强思想政治工作的实效有重要意义。

（一）树立协调发展的治理理念

生态学方法体现出一种生态世界观，是随着生态学的发展以及其他学科的发展而确立起来的把人与自然、生命与环境作为相互依赖、相互作用的有机整体来加以认识的科学思维。[2] 站在新时代教育的新起点，高校日常思想政治工作生态治理运用生态世界观的治理思维进一步探究其治理理念，对强化治理效能、优化治理秩序、完善治理结构有重要意义。高校日常思想政治教育运行的基本逻辑为内部运行、交互运行和外部运行，对其三重运行样态进行生态治理应首先树立协调发展的治理理念，主要包含三个内容：整体统筹理念、动态平衡理念、内生驱动理念，从这三个维度进行治理理念的一致性归因，使其三重运行样态能在高校日常思想政治工作生态治理的统一理念下高效、高质量、可持续运行。

整体统筹理念。高校日常思想政治教育作为培育时代新人的主阵地，

---

[1]《马克思恩格斯选集（第四卷）》，人民出版社2012年版，第968页。
[2] 杨增崇：《生态学方法：思想政治教育研究的一种视野》，《理论与改革》2010年第5期。

回应国家治理体系与治理能力现代化需求的显现形态,应着眼于国际、国家、社会发展的大局,着眼于高校工作的全局,着眼于人才培养的目标,坚持德法并重,以制度化、体系化、实效化的治理方式,以治理要素间目标一致、互融互通的治理手段进行整体性的统筹,实现以统筹力带动生态体系高效运转。

动态平衡理念。高校日常思想政治教育生态是一个开放的系统,始终保持与外界连通的状态,其运行载体和运行方式也需在外界的影响下进行不断的优化和调整才能保持最佳运行状态。对其进行生态治理需着眼其动态性和平衡性的特点,以动态平衡理念关注宏观系统、交互系统和内部系统的变化,以便及时作出应对和调整,实现高校日常思想政治教育生态系统高质量运转。

内生驱动理念。"思想政治工作是学校各项工作的生命线"[①],其发展必须行稳致远、动力持久。要实现高校日常思想政治教育可持续式发展,仅依靠外部驱动力是不够的,还需要调动被治理主体的内生驱动力来促进系统的运行。高校日常思想政治工作生态治理需激发内驱力,以需求驱动、情感调动、角色互动的驱动方式,以外驱力和内驱力的双重作用来驱动生态体系可持续运转。

(二)建立多方联动的参与机制

思想政治教育是指一定的阶级、政党、社会群体用一定的思想观念、政治观点、道德规范,对其成员施加有目的、有计划、有组织的影响,使他们形成符合一定社会、一定阶级所需要的思想政治品德的社会实践活动。[②]构建什么样的生态体系、如何构建生态体系,归根结底取决于参与主体的意愿和能力。"高校思想政治工作关系高校培养什么样的人、如何培养人以及为谁培养人这个根本问题。要坚持把立德树人作为中心环节,把思想政治工作贯穿教育教学全过程,实现全程育人、全方位育人,努力开创我国

[①] 《习近平在全国教育大会上强调:坚持中国特色社会主义教育发展道路 培养德智体美劳全面发展的社会主义建设者和接班人》,《中国青年报》2018年9月11日。

[②] 张耀灿等著:《现代思想政治教育学》,人民出版社2006年版,第50页。

高等教育事业发展新局面。"[①] 这是实现第二个百年奋斗目标的思想保障、人才保障、科技保障等，需多方主体共同参与治理，建立多方联动的参与机制。

在高校思想政治教育生态治理中建立多方联动的参与机制，需以更高的站位、更广的眼界、更深的发展角度加以思考，着力构建系统完备、科学规范、运行有效的生态体系。基于受教育主体在高校内进行学习和生活这一物理场域的前提条件，下图试图从空间和功能的双重性角度解释参与主体的相互关系和作用方式，从高校、党政机关、社会、家庭、学生几个主体层面建立多方联动的参与机制，来实现高校日常思想政治工作生态治理。

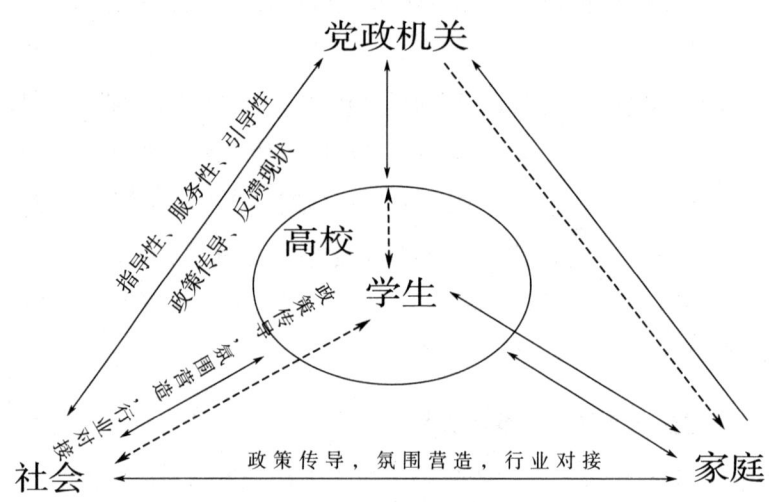

图2 高校日常思想政治教育主体关系图

党政机关发挥引导性、服务性和指导性作用。社会转型过程中，政治、经济、文化、环境等领域呈现不同的样态。政治的稳定、经济的发展、文化的繁荣和环境的健康等都会通过社会、家庭、高校等渠道，以网络媒体、谈话交流等方式在高校学生群体中进行传播和扩散，进而产生思想体认，对受教育主体的价值观念形成有重要影响。党政机关作为党和国家战略导向、决策制定的关键主体，需充分发挥其对高校日常思想政治工作生态治

---

① 《习近平在全国高校思想政治工作会议上强调：把思想政治工作贯穿教育教学全过程 开创我国高等教育事业发展新局面》，《人民日报》2016年12月9日。

理的指导性、服务型和引导性作用。第一是要发挥党政机关价值理念的引导性。党政机关的宏观政策导向、主流媒体的价值导向，会通过网络等媒体传递到家庭、学生或通过高校渗透到学生群体。中国特色社会主义进入新时代，党政机关必须从统筹两个大局的战略高度，充分认识到思想政治教育工作的极端重要性，充分调动一切积极因素、团结一切可以团结的力量，运用政策制度、新闻媒体、教科书等一系列载体和方式，在全社会进行社会主义核心价值观教育，营造"有理想、有道德、有文化、有纪律"的德育教育氛围，弘扬和培育民族精神，提高全民思想道德素质和科学文化素质，切实提升党政机关在价值理念的引导性作用。第二是要发挥党政机关政策方针的指导性。以政府政策透明、权力运行透明为原则，发挥赋能型政府的作用，对于党和政府的政策文件做到制定有据、政策有理、解读有效、执行有力，同时做好党政机关各项要求在社会各群体和高校中的评价反馈和落地保障工作，以政策方针的指导性助推政府的公信力和社会的凝聚力建设，为高校日常思想政治工作生态治理营造良好的制度氛围。第三是要发挥党政机关保障执行的服务性。"把人民群众的期待融入政府的决策和工作之中"[①]，把高校学生成长发展的需求融于党政机关的具体工作中，以"四个服务"为指导方针，切实保障党政机关的服务作用。2020年中共中央组织部印发《关于改进推动高质量发展的政绩考核的通知》中更明确提到，以人民群众的获得感、幸福感、安全感作为评判领导干部的重要标准，通过责任到岗、责任到人的方式来切实提升党政机关的服务保障功能。

社会发挥政策传导、氛围营造、行业对接的作用。思想政治教育与现实社会之间的"隔阂"很大程度上源于人们在思想政治教育过程中的社会认知出现偏颇，即人们对思想政治教育的社会观把握不当。[②] 社会作为高校学生走出校园的归属地、党政机关政策方针的践行地、高校发展的根据地和家庭信息的来源地，与高校日常思想政治工作生态治理效果有直接的联系，与各个参与主体直接相关。然而，高校学生对于政策方针的重要性尚

---

① 《李克强打造"三型政府"是群众路线的生动诠释》，人民网—中国共产党新闻网：http://cpc.people.com.Cn/pinglun/n/2013/0924/c241220-23018504.html。

② 叶方兴：《思想政治教育的社会观论析》，《思想理论教育》2016年第12期。

未建立起广泛而充分的认知,习惯通过网络检索、经验交流等方式获取"人工转译"的信息,使党和国家理念、方针、政策在高校的落地实践中,仍存在"上热、中温、下冷"的现象。社会是青年获得信息的主要来源,能在很大程度上发挥对党政机关政策的补充、强化、落地作用。因此,社会层面需充分发挥其主观能动性,参与到高校日常思想政治教育工作中,主要包含三个维度的参与:政策传导、氛围营造、行业对接。第一是政策传导方面。党和政府落实到高校的政策集中于教育方面,但学生的未来发展涉及方方面面,社会应主动担负起政策传导的职能,汇聚、整理、传递对于青年成长发展有利的各行各业信息并进行全方位解读和宣传,从而建立起青年社会认知的雏形,提升青年的社会视野和社会发展的融入感。第二是氛围营造方面。随着信息时代的到来和全媒体的发展,两微一端、抖音、小红书等 APP 为高校学生突破传统物理空间限制进入广阔的网络虚拟空间提供了技术支撑,为高校日常思想政治工作生态治理带来历史性变革的同时提升了思想政治教育的复杂性。社会作为学生信息的重要来源地,应肩负起营造风清气正的网络文化的职能,通过网络信息的监管助力青年群体在中华民族伟大复兴的康庄大道上坚定前行。第三是行业对接方面。就业是学生从高校进入社会的衔接点,作为学生职业选择的展现形式和未来梦想的基点,与社会发展联系紧密。社会的需求会直接影响高校学生的专业选择、职业方向和心理状态。因此,社会应积极承担行业对接的职能,在"四个面向"的指导下,给学生呈现真实的社会发展样态、传递社会需求,通过党和国家的引导、社会的需求,帮助青年消除迷茫,建立明确的职业生涯规划,对高校日常思想政治工作生态治理有积极意义。

高校发挥主体性、中介性、保障性作用。习近平总书记强调,做好高校思想政治工作,要因事而化、因时而进、因势而新。这里的"事""时""势"表示高校思想政治教育工作要有善于捕捉时机的意识和把握大势的能力,也显示了高校思想政治工作与党政机关、社会、学生和家庭息息相关。高校作为学生学习和生活的物理场域,发挥着主体性、中介性和保障性作用。第一是主体性作用。"思想政治教育工作是一切工作的生命线",建设世界一流大学和一流学科,必须抓牢思想政治教育这条主线。高校思想政治教育工作要落到实处，就要坚决扛起"为党育人、为国育才"的政治责任，打造以学生成长为中心的高校思想政治工作体系，以"知识共同体"带动"德育共同体"，以"德育共同体"推动"知识共同体"建设，在制度体系、人才队伍、保障机制、氛围营造方面发挥主体性作用。第二是中介性作用。高校作为学生生活和学习的物理场域，在学生与外界间罩上一层保护罩，保护学生免受社会干扰的同时也削弱了学生对于社会的感知力。高校日常思想政治工作生态治理要重点加强高校与外部资源的对接和对内部资源的整合，充分发挥其中介性作用，通过与党政机关、社会、家庭等的资源和需求的对接，给学生营造良好的成长环境、搭建与外界衔接的桥梁；通过对内部资源的整合，加强院系和职能部门间的联动、增强不同职能部门之间的边界弥合，以促进高校日常思想政治教育生态良性运行。第三是保障性作用。高校日常思想政治教育要充分运用全员、全过程、全方位的资源，有力推动人员互动、制度互构、资源互融，有效促进高校日常思想政治教育生态运行效率提升，保障党和国家理念、政策、方针的落地传导到位，社会需求的传递与理解到位、学生诉求的反馈与保障到位。同时，以数字化技术赋能思想政治教育管理工作，为从"大水漫灌"到"精准滴灌"的思想政治工作转型提供的技术条件，有效回应国家治理体系和治理能力现代化的要求，保障高校日常思想政治工作生态治理环境的高效、现代化。

学生和家庭发挥主体性作用。高校、社会、家庭是影响学生成长的三个重要因素。高校是大学生接受教育的主要场域，社会是学生成长的宏观环境，家庭是学生"三观"形成的关键基础，除此之外，党政机关的影响会通过高校日常思想政治教育工作渗透入学生的成长环境。学生的成长与家庭教育息息相关，学生的状态会直接影响家庭的态度，家庭的需求会直接影响学生的选择，学生与家庭可以看作是一个整体加以分析。高校日常思想政治工作生态治理需充分调动学生和家庭的主体积极性，为其参与生态治理提供良好的环境，主要包含思想环境和制度环境。第一是提升思想主动性。高校日常思想政治工作生态治理，需通过思想引领、社会教育、素质教育等方式提升学生和家庭的主体性意识，引导学生和家庭意识到可持续的发展需要学生主动汲取专业知识、主动提升素质能力、主动谋求发展机遇，只有积极主动才能获得持久的驱动力，助力未来人生的发展。同时要提升家庭参与的主动性，促进家庭主动性觉醒，意识到学生的培养不仅仅是高校的责任，还有家庭的重要作用，需运用好家庭对社会环境先行感知的特点，为学生的发展提供信息、知识、经验等，并与高校之间保持良性互动，协同发力，以主体性的思想意识助力成长。第二是加强制度友好性。高校日常思想政治教育生态治理要着力于通过制度建设打通学生和外界的藩篱、构建高校和家庭的联动关系，营造学生和家庭参与治理、提出需求、反馈问题的双向渠道。发挥家校联合会、校友会、学生会等组织收集、整理、反馈学生和家庭需求的作用，促进高校与学生、家庭之间通过评奖评优喜报、年度成绩单、家长会等方式增强联动和信息公开，以公众号、座谈会、信箱等形式推动学生和家庭向党政机关、社会、高校的信息传递，以制度化建设保障学生和家庭主体性作用发挥的渠道和方式，为高校日常思想政治教育生态治理保驾护航。

（三）形成动态平衡的运作机制

2016年12月，习近平总书记在全国高校思想政治工作会议上指出，做好高校思想政治工作，必须遵循"三大规律"，即遵循思想政治工作规律、遵循教书育人规律、遵循学生成长规律，不断提高工作能力和水平。从三大规律可以看出三个逻辑层次，一是日常思想政治工作不能闭门造车，需融于整体的思想政治工作的发展规律当中，需要结合国家和社会的发展，顺应学科、教学、教材、管理的变化做出调整；二是日常思想政治工作不能故步自封，应与主责主业相挂钩，融于教学、管理中，以思想政治教育驱动其他体系的发展，以其他体系的发展为思想政治教育工作提供保障；三是日常思想政治工作不能想当然，需顺应学生的成长规律，以发展的眼光解决学生的现实困惑，掌握动态平衡的原则，循规律而治。基于前文提出的观点：高校日常思想政治教育生态的运行逻辑分为内部运行、交互运行和宏观运行三个层次，高校日常思想政治工作生态治理需切合三层运行逻辑，遵循三大规律，以动态平衡的运作机制实现整体生态治理的流畅、高效、持续。

第五章　高校日常思想政治工作生态治理

以治理一体化视角统筹高校日常思想政治教育生态资源（内部系统）。《关于加强和改进新形势下高校思想政治工作的意见》将"坚持全员全过程全方位育人"作为加强和改进高校思想政治工作的基本原则之一。党的十九届四中全会通过的《中共中央关于坚持和完善中国特色社会主义制度、推进国家治理体系和治理能力现代化若干重大问题的决议》中指出，"改进学校思想政治教育，建立全员、全过程、全方位育人体制机制"，将"三全育人"作为完善社会主义制度、推进国家治理体系和治理能力现代化的重大任务。从全员、全过程、全方位的立足点出发，对高校日常思想政治教育工作进行生态治理，需以一体化的视角来统筹系统内各项资源，以实现协同、可持续发力。第一是全员育人。"思想政治理论课教师和辅导员作为高校思想政治工作的专职力量，承担了几乎所有思想政治工作职责（课内和课外），其他教职工并没有切实做到'守好一段渠，种好责任田'。"[①]学生的主责主业是学习知识，思想政治教育工作如果脱离了专业知识的传递就会显得与现实脱钩、与发展错位，失去思想政治教育的凝聚力和可信度。高校日常思想政治工作生态治理需推动辅导员、思政课教师与教学、管理人员深度联动，从意识上提升专业教师与管理人员对思想政治教育的认同度、从制度上打通部门间职责分工的壁垒、从情感上提升思想政治教育与教学管理工作的黏合度，以增强思想政治教育的吸引力和实效性。同时，打造由党政领导、管理人员、专业教师、辅导员、班主任、学生干部等组成的立体化团队，通过思想教育、工作激励等方式形成德育共同体，营造全员育人的良好氛围。第二是全方位育人。"全方位育人是针对育人的空间而言，强调处处皆是育人之地。"[②]目前，思想政治理论课是育人的主渠道，高校日常思想政治教育活动是育人的主阵地，"在教学、管理和服务工作中囿于职责边界，一定程度上窄化、弱化了思想政治工作的任务要求"[③]，全

[①] 冯刚、成黎明:《治理视域下高校思想政治工作体系建构的逻辑和路径》,《思想理论教育》2020年第8期。

[②] 冯刚、成黎明:《治理视域下高校思想政治工作体系建构的逻辑和路径》,《思想理论教育》2020年第8期。

[③] 冯刚、成黎明:《治理视域下高校思想政治工作体系建构的逻辑和路径》,《思想理论教育》2020年第8期。

方位育人受阻。高校日常思想政治工作生态治理需秉承将思想政治教育工作贯穿学科体系、教学体系、教材体系、管理体系的原则，使得各种资源、各项工作、各个主体都能以育人为中心推进，以一体化的视角进行生态资源的统筹，推动全方位育人的落地实践。第三是全过程育人。"在全过程育人上，除了辅导员全程参与高校学生成长成才外，思想政治理论课教师都只在一、二年级承担课程教学任务，党政干部、后勤人员等更是缺少与学生的直接持续接触"[1]，显现出思想政治工作在高等教育的入口、过程和出口上存在失位，不利于生态的良性运行。高校日常思想政治工作生态治理应在宏观的学校政策、中观的生态子系统和微观的固化圈层上多点发力，从招生、培养、就业的全过程中，形成全链条教育培养的闭环式管理，以全过程育人助推高校日常思想政治教育生态良性运行。

以治理动态性维度关注高校思想政治教育生态调节（交互系统）。在《雇佣劳动与资本》中，马克思指出："人们在生产中不仅仅影响自然界，而且也互相影响。他们只有以一定的方式共同活动和互相交换其活动，才能进行生产。为了进行生产，人们相互之间便发生一定的联系和关系；只有在这些社会联系和社会关系的范围内，才会有他们对自然界的影响，才会有生产。"[2] 高校日常思想政治教育是学科体系、教学体系、教材体系和管理体系的重要组成，其生态运行不仅会影响学科、教学、教材、管理的运行生态，其他系统的生态环境也会对高校日常思想政治教育生态产生影响，内部系统通过自身的变化将影响传递到交互系统，交互系统在彼此交互运行的同时通过外部的环境调整传递到宏观系统，实现内部、交互、宏观系统之间的动态变化和生态调节，进而影响高校日常思想政治教育治理实效。因此，高校日常思想政治工作生态治理因以动态性治理的维度对各个系统的变化进行关注并做出对应的生态调节，以促进生态系统良性运转。

第一是学科体系。学科从狭义上来说是高校根据国家经济社会发展需

---

[1] 冯刚、成黎明：《治理视域下高校思想政治工作体系建构的逻辑和路径》，《思想理论教育》2020年第8期。

[2] 《马克思恩格斯选集（第一卷）》，人民出版社2012年版，第340页。

求，依据学科分类所设置的学科门类。"学科的发展与建设天然具有育人属性"①，把思想政治教育工作贯通学科体系，要挖掘学科核心素养，充分发挥思想政治教育牵引学科体系改革的"牛鼻子"，实现政治引领和价值引领作用。思政和学科的相互助力的局面形成，需从学科的三大功能着手加以结合。首先是认知功能。人对世界的认知基于人的知识体系，学科为同学们运用学科的知识体系去认知、了解、解释世界提供了重要视角。基于学科的认知功能进行思想政治教育设计和施行，从学科目标、学科设置、学科队伍等方面，将思想政治教育像盐溶于水一样溶入学科建设过程中，使学科成为育人的重要载体，变"知识本位"为"育人本位"，促进学生全面发展。其次是导向功能。基于学科世界去探索更深层次的客观世界，从而改造客观世界、提升思想境界是学科重要的导向功能。思想政治教育要在学科建设过程中挖掘各类学科中的育人元素，激活学科体系，发挥学科育人功能，从而引导学生建立正确的三观，扣好人生"第一颗扣子"。最后是启发功能。不同的学科之间的学习差别表面上是知识体系的差别，其实质是一种思维模式的差别。每个学科特有的研究方法和研究对象，会成为学生探索世界基本方法体系。运用学科的基本研究方法进行思想政治教育，可使思想政治教育更好地走进学生内心深处，起到思想启迪的作用。

第二是教学体系。课程是教学的主渠道，思政课程是高校思想政治教育的主渠道，将二者进行有机融合，关键在于教学体系的构建。习近平总书记指出：自觉把马克思主义的立场、观点、方法贯穿到学术工作中，自觉把中国特色社会主义理论体系贯穿研究和教学全过程，转化为清醒的理论自觉、坚定的政治信念、科学的思维方法，就有了坚实的立学之本。将思想政治工作贯穿教学体系，促进"思政课程"到"课程思政"的转变，让思政课程守好"主渠道"、课程思政守好"一段渠"，构建全员、全过程、全方位的育人大格局，实现显性教育与隐性教育相结合，对高校日常思政政治工作生态治理具有重大意义。首先是加强课程思政整体规划。"立德树

---

① 王巧玲、周彤等：《"学科思政"的内涵、体系构建与实践》，《北京联合大学学报》2021年第1期。

人为课程思政与思政课程协同育人提供了思想前提和理论逻辑,要保持行动上的一致,需要做到教师、课程、课堂互联互通"①,抓牢教师队伍"主力军"、课程建设"主战场"、课堂教学"主渠道",让所有教师凝心聚力、让所有课程同向同行、让所有课堂融会贯通。制定课程思政建设的基本规范、课程思政的指导方法、课程思政的质量规范,构建多层级的课程思政建设研究体系、管理体系,设立校院两级的课程思政研究中心,建立分层分类的课程思政指导方案,做好课程思政的整体规划。其次是打造课程思政样板典型。充分挖掘科学专业特色和历史人文底蕴,结合课程涉及的学科、行业情况,将课程思政育人元素融入到课程教学中,通过选树一批课程思政试点院系、一批课程思政教学名师、一批课程思政示范课程、一批课程思政建设研究项目,通过打造课程思政样板典型,以实现教学育人和育心相结合。同时,在大力推广课程思政的先进做好和先进经验的同时做好高校日常思想政治教育体系和教学体系之间的动态调节,着力实现知识传授和价值塑造同频共振。最后是提升课程思政实践能力。通过建立立体化课程思政专家团队、建立课程思政工作坊、开展课程思政教学等方式增强教师课程思政能力;通过融入社会主义核心价值观,挖掘育人元素,讲好学科历史、专业建设、未来发展的故事,提升学生对专业学科的认同感,潜移默化中坚定学生理想信念、提升学生综合素质;通过融合校内外媒体平台,宣传推广优秀典型,强化"立德树人"使命感和荣誉感,营造大思政良好氛围,全方位、多维度提升高校课程思政实践能力。

第三是教材体系。把思想政治教育工作贯通教材体系,就是要坚持党管教材,形成党委统一领导、二级单位分级负责的中国特色教材体系,全面加强党在教材建设中的领导地位,发挥好教材在"立德树人"中的基础性作用、在学生成才中的导向性作用。首先是教材管理。教材管理就是要在党委的统一领导下,形成分类指导、分层管理的教材体系建设合力。高校学生日常学习的教材根据课程进行分类,大致包含:通识类教材、专业类教材和个性类教材,分别涵盖学生思想引领、专业学习和素质提升等方面,

---

① 杨秀萍:《课程思政与思政课程协同育人:前提、途径与机制》,《黑龙江高教研究》2021年第12期。

第五章　高校日常思想政治工作生态治理

高校日常思想政治生态体系与教材体系相融需要从教材编写体系上着手，形成以思想政治理论课为引领、思想政治类课程为辅助，专业类、通识类和个性类课程相辅助的三级教材思政体系。其次是教材编写。教材编写要根据国家教材建设规划，结合人才培养目标，以学生为中心，以"立德树人"为根本，运用学科体系资源、结合教学体系需求进行编写。坚持立场正确、质量第一、教学配套的原则，对其价值观念、育人导向、学术体系进行把关。最后是教材评价。教材评价要从教材质量、教材适用度、教材满意度几个方面进行评价。从教材的撰写、印发、权威性等角度审查教材的质量，从教材的政治性、教材与教学的匹配度、教材与学生成长规律的适应性等角度来评价教材的适用度，从教育监管部门、学科专家教师团队、学生群体的满意度层面来对教材进行评价，从而完善教材质量的监控和评价机制。

第四是管理体系。党的十八大以来，我国国家治理紧紧围绕着"五位一体"的总体布局和协调推进"四个全面"的战略布局展开。随着党的十八届三中全会和十九届六中全会对国家治理体系和治理能力现代化的进一步要求，治理现代化水平有了显著提升。国家治理的顶层设计也为高校日常思想政治工作治理提供了基本的方法遵循，只有从整个管理体系出发，对高校日常思想政治教育工作进行高站位、全方位、多角度的齐抓共治，将思想政治教育渗透入高校管理体系全方位，才能有效回应社会主义人才培养的需求，回应国家治理体系和治理能力现代化在高校日常思想政治教育工作中的要求，实现管理育人。首先是管理理念。高校日常思想政治工作生态治理从本质上来说就是一种站位于思想政治教育的宏观运行场域的整体性、全局性的战略思考。要使得生态系统整体有效运行就要秉承依法治校的原则，通过成体系的规章制度来实现党对高校的全面领导，通过深入到各部门、各环节、各岗位的实施细则来细化管理育人的具体实现路径。其次是管理团队。思想政治教育工作归根结底是人在面向人做工作，其工作成效关键在管理团队。日常思想政治教育工作涉及党委组织部、统战部、宣传部、学工部、团委等多个部门，涉及教学教务、科研管理、人事、后勤等多个单位，高校日常思想政治工作生态治理"不仅需要高校全体员工在思想上高度重视,更需要高校全体员工在行动上真正落实"①,打破部门间的藩篱,形成育人合力,建设有"大思政"工作格局的管理团队。最后是管理方式。"全媒体以无处不在、无所不及、无人不用的融场域优势,贯穿高校思想政治教育'教、学、践、评、建'全过程,促使高校思想政治教育体系发生质性变革。"②高校日常思想政治工作生态治理应充分运用现代化手段,运用网络信息平台,通过大数据分析技术,实现对学生思想状态的及时掌握、思想教育方式的及时调整和思想教育工作成效的及时评价,打造现代化的高校日常思想政治管理体系。

以治理效能性层面保持高校日常思想政治教育生态平衡(外部系统)。习近平总书记在党的十九大报告中提出"培养担当民族复兴大任的时代新人"的新要求,指明"时代新人"应当努力争当具有国际水平的战略科技人才、科技领军人才、青年科技人才和高水平创新团队,为建设科技强国、质量强国、航天强国、网络强国、交通强国、数字中国、智慧社会提供有力支撑。"时代"二字,充分体现了高校日常思想政治教育工作要培养的是与党和国家前进方向相一致、与现代化发展相适应的有用人才,是能够承担起新时代中华民族伟大复兴中国梦的坚实臂膀。"时代新人"的培养,基于民族的希望、祖国的发展和社会的现状,离不开社会这个大课堂的教导。因此,高校日常思想政治工作生态治理要从治理效能性的层面,充分关注高校学生与社会之间的相关性,以弥散力影响和生态调节的方式平衡好内部系统和外部系统之间的关系。

第一是把握宏观系统向内部系统的生态传导。"躺平""佛系"等词近年来在青年群体中的蹿红是"曾经的'意气风发'遭遇现实的'无可奈何',青年选择以一种反向的方式来控诉对现实的不满和逃离,产生'低欲望'的状态"③,与社会的主流价值观呈现明显的对抗性。"思想政治教育需要对多元化价值观需要进行有效的引导,以避免出现社会的失序和人们的精神

---

① 王习胜:《以"三全育人"为导向 构建高校思想政治工作管理体系》,《思想理论教育》2021年第4期。
② 杨仲迎:《全媒体融场域下高校思想政治教育协同育人体系构建研究》,《学校党建与思想教育》2021年第2期。
③ 周钰珊:《"蹲族"生成机理与引导策略》,《高校辅导员学刊》2021年第5期。

第五章　高校日常思想政治工作生态治理

危机,这个过程既是思想政治教育与社会之间出现紧张,也是两者互动的过程。"① 习近平总书记指出:中国特色社会主义制度和国家治理体系是以马克思主义为指导、根植中国大地、具有中华文化根基、深得人民拥护的制度和治理体系,是党和人民长期奋斗、竭力探索、历尽千辛万苦、付出巨大代价取得的根本成就。高校日常思想政治工作生态治理要充分运用好社会这本教科书,立足"两个大局",深刻把握高校"双一流"建设的中心任务,进一步制定使命愿景下的发展战略,科学引导学生辩证地分析、认识、体悟国际、国家的政治、经济、社会、环境等,培育有家国情怀、有学术涵养、有文化素养的具有较高辨识度的"时代新人"。

第二是把握内部系统向宏观系统的弥散影响。习近平总书记 2014 年在北京大学师生座谈会上指出:"青年是标志时代的最灵敏的晴雨表,时代的责任赋予青年,时代的光荣属于青年。"② 青年与社会发展息息相关,是祖国未来的希望,决定着民族的进步、社会的发展。首先要营造风清气正的网络文化。"以大数据、云计算、人工智能为代表的数字技术通过为思想政治教育对象群体画像、对思想问题进行研判和预测、进行简单的思想政治教育内容生产等"③,高校日常思想政治教育要充分运用现代化管理方法,运用大数据的信息优势和网络时代的信息传播优势,借助好网络这个高校学生与社会接轨的主渠道,通过"精准思政"对接来实现个性化教育,实现主流的思想舆论引导,发展积极向上的网络文化。其次要塑造青年理性的择业价值取向。青年人的职业选择关系自身的发展和民族的稳步前行。高校要通过组建生涯指导讲师团、开设职业生涯规划课程、提供生涯规划咨询等方式,塑造青年正确的择业价值取向。通过举办生涯规划系列讲座、优秀校友经验分享、生涯规划节、生涯规划大赛等系列活动,系统全面塑造青年,提高学生择业时家国的使命感、对行业的判断力和对职位的胜任力,建构青年理性、正确的择业价值观。最后要加强青年的奋斗精神培育。人的一生只有一次青春。现在,青春是用来奋斗的;将来,青春是用来回忆的。

---

① 叶方兴:《社会分化与价值引导——思想政治教育社会学的基本问题论析》,《思想教育研究》2015 年第 5 期。
② 《习近平谈治国理政》,外文出版社 2014 年版,第 167 页。
③ 季托:《数字环境中的分众思想政治教育探论》,《理论导刊》2021 年第 3 期。

高校日常思想政治工作生态治理要加强青年奋斗精神培育，明确以社会主义核心价值观来培育时代新人的现实必要性、针对性和价值性，通过将高校日常思想政治教育生态体系融入学科、教学、教材、管理体系，全方位、全过程地实现社会主义核心价值观培育，增强青年人的志气、骨气和底气，以久久为功的奋斗精神助力高校学生成长蜕变为助力时代发展的时代新人。

　　高校日常思想政治工作生态治理，要坚持立定脚跟，汇聚日常思想政治教育体系内的全方位发展合力；坚持凝聚共识，汇聚日常思想政治教育体系和其余子体系间的奋进合力；坚持开放发展，汇聚全社会共同推进构建思想政治教育育人体系的战略合力。通过对高校日常思想政治教育内部系统、交互系统、宏观系统运行逻辑的剖析和运行要素的融合，实现高校日常思想政治教育生态高效、稳定、可持续发展。

第六章
社会良性运行：高校思想政治教育生态治理的有效保障

生态治理现代化内嵌于中国现代化发展进程中，构成治理体系和治理能力现代化的重要内容之一。从新中国成立、改革开放起步到迈入新时代中国特色社会主义，我国社会变迁经历从"三位一体"、"四位一体"到"五位一体"的跃迁，实现总体性社会改革发展。其中，以生态治理为主体的生态文明建设赋予中国社会治理体系和治理能力现代化新的理论内涵和实践意蕴。作为社会治理的重要内容，思想政治教育研究的理论与实践均受到经济、政治、社会、文化和生态等宏观因素的影响，并与其形成了基于社会运行形态的思想政治理论课生态系统。高校思想政治教育事关"培养什么样的人、如何培养人以及为谁培养人"这一根本问题，是高校"立德树人"根本任务的生命线。基于社会大系统视角下社会运行对高校思想政治教育的生态治理有何影响？社会良性运行为何是高校思想政治教育的生态治理的有效保障？本章节将聚焦这两个问题进行论证。

一、社会良性运行与思想政治教育生态治理整合

运行，指事物周而复始地运转，含运动、变化与发展之意。从这一视角出发，社会运行的含义即社会作为一个活的有机体产生的运动、变化与发展之和。社会运行表现为社会多种要素和多个层次的子系统之间的交互作用以及它们的多方面的功能的发挥。对社会运行的研究是人类认识和改

造社会的必然要求。社会运行可以用"纵横交错"形容。一方面,纵向运行以时间轴为纲,重点描述不同时期社会的发展与变迁,包含继承关系、变异关系和中断关系三种形态。流传之近的唐诗宋词、文物古迹的文化传承即为社会纵向运行继承形态的表征。古文到现代汉语的历史变迁即为社会纵向运行变异形态的表征。历史上简书、古法等由于社会发展的主客观原因而失传或被弃即为社会纵向运行中断形态的表征。另一方面,横向运行以社会要素为区分,特指社会发展某一阶段,其社会构成要素及其系统之间的交互作用,包含交叉与渗透关系、制约关系、促进关系和转化关系。其中交叉与渗透关系是社会横向运行最为普遍的特征,如政府既是政治系统的核心要素,同时也是经济系统、文化系统、生态系统的重要参与者。制约关系即特定社会的具体要素及其系统功能发挥限制和制约其他要素及其系统的发展,须以辩证思维视之。促进关系即特定社会的子系统之间的正向推动作用。转化关系即特定社会的子系统之间的问题转化。无论社会的纵向运行还是横向运行,社会大系统之间的要素及其子系统都显现出相互联系、交互影响和交互作用的特征。

(一)社会良性运行的内涵

马克思指出:"人们在自己生活的社会生产中发生一定的、必然的、不以他们的意志为转移的关系,即同他们的物质生产力的一定发展阶段相适合的生产关系。这些生产关系的总和构成社会的经济结构,即有法律的和政治的上层建筑竖立其上并有一定的社会意识形式与之相适应的现实基础。物质生活的生产方式制约着整个社会生活、政治生活和精神生活的过程。"[①]构成社会系统的一系列因素及其状况决定着社会运行的状况。社会运行和发展大体可分为良性运行、中性运行和劣性运行,协调发展、模糊发展和畸形发展。任何社会所追求的目标理应是社会的良性运行和协调发展,即社会的经济、政治和思想文化三大系统之间以及各系统内不同部分、不同层次之间的相互促进,而社会障碍、失调等因素则被控制在最小的范围和最低的程度之内。社会良性运行和协调发展是社会发展的一种理想状态,

---

① 《马克思恩格斯选集(第二卷)》,人民出版社2012年版,第2页。

第六章　社会良性运行：高校思想政治教育生态治理的有效保障

可分为宏观和微观两个层次。

第一，宏观的社会良性运行与协调发展。马克思将社会大系统分解为经济、政治、社会生活和思想文化四大子系统。宏观良性运行，即在纵向和横向运行交互影响下，实现经济发展与政治发展、社会生活建设、思想文化发展之间的协调关系，使四大子系统之间相互促进。如在经济发展与政治发展协调中，着眼于在改革之中重视法治建设和民主建设。在经济发展与社会生活建设协调中，将科学技术和教育作为最大增量，将社会保障和婚姻家庭关系作为最大变量。在经济发展与思想文化建设协调中，在提升劳动者技术素质和文化修养基础上循序渐进地进行经济体制改革。

第二，微观的社会良性运行与协调发展。与调控社会大系统中的重大基本关系不同，微观的社会良性运行是指厘清社会大系统中的基本要素和单位结构，是个体在日常社会生活中实现良好的人际互动模式。从出发点和落脚点而言，微观的社会良性运行与发展最终要表现为满足人民对美好生活的向往，具体包含物质条件和精神文化层面双重富裕。

70多年的新中国发展史和40多年中国特色社会主义建设的实践与经验表明，对社会运行状态的认识与研判事关社会主义事业的兴衰成败。从新中国成立至今，中国社会运行的发展经历了四个主要阶段，可概括为良性运行、中性运行和劣性运行三种态势。自1949年新中国成立开始到20世纪50年代前期，我国社会处于良性运行阶段，并为中国社会主义制度的建立奠定夯实基础。1956年至1959年，中国处于社会运行的中性运行阶段。1966年到1976年的十年间，中国社会处于劣性运行阶段，"大跃进"、人民公社化运动以及"文化大革命"的严重失误使中国社会运行由"治"向"乱"，其本源就是忽视社会良性运行与协调发展，缺乏对社会大系统基本运行状态的正确评估。1978年后，中国社会经历了从劣性运行向良性运行的跨越式转化。

（二）社会运行与思想政治教育生态治理的互动

从系统论视之，思想政治教育是一个按照思想政治工作规律和教育规律有序运行的动态生态系统。现有思想政治教育生态研究多以"环境"替代"生态",未能真正从社会大系统运行的视角审视思想政治教育的生态治理,从而无法实现从"环境"到"生态"的跃迁。实质上,社会良性运行和协调发展是思想政治教育生态治理的重要保障,思想政治教育也是实现社会良性运行和协调发展的重要条件之一。因此,思想政治教育与社会运行和发展是互动的,它能为社会运行起到导向作用、保证作用和提供精神动力的作用。通过对思想政治教育的目标整合、内容整合、方法整合及资源整合,能有效促进社会良性运行和协调发展。

第一,思想政治教育在社会运行和发展中的导向作用。人是一种有目的、有意识的社会动物,其行为受某种意义和价值的支配。"在社会历史领域内进行活动的,是具有意识的、经过思虑或凭激情行动的、追求某种目的的人;任何事情的发生都不是没有自觉的意图,没有预期的目的的。"[1]"无论历史的结局如何,人们总是通过每一个人追求他自己的、自觉预期的目的来创造他们的历史,而这许多按不同方向活动的愿望及其对外部世界的各种各样作用的合力,就是历史。"[2]因此,通过思想政治教育,能够培育民族精神,形成社会精神动力;通过思想政治教育,能够培育公民意识,形成社会良性运行和协调发展的新思想和新观念;通过思想政治教育,能够保持社会主流价值的主导地位,整合公民的价值"多元化"取向。总之,通过思想政治教育,能使社会发展目标让公民认同、服从和内化。

第二,思想政治教育在社会运行和发展中的保证作用。思想政治教育在维护政治统治、保证社会发展方向等方面起着重要作用。"统治阶级的思想在每一时代都是占统治地位的思想。这就是说,一个阶级是社会上占统治地位的物质力量,同时也是社会上占统治地位的精神力量。支配着物质生产资料的阶级,同时也支配着精神生产资料,因此,那些没有精神生产资料的人的思想,一般地是隶属于这个阶级的。占统治地位的思想不过是占统治地位的物质关系在观念上的表现,不过是以思想的形式表现出来的占统治地位的物质关系;因而,这就是那些使某一个阶级成为统治阶级的

---

[1] 《马克思恩格斯选集(第四卷)》,人民出版社2012年版,第253页。
[2] 《马克思恩格斯选集(第四卷)》,人民出版社2012年版,第254页。

第六章 社会良性运行：高校思想政治教育生态治理的有效保障

关系在观念上的表现,因而这也就是这个阶级的统治的思想。"① 为了保证社会良性运行和协调发展，需要通过思想政治教育让公民内化国家和社会的发展观，保证各项政策与法规的落实。在当代中国要培育公民的民主意识、法制观念、可持续发展理念和正确的利益观念，离不开思想政治教育的保证作用。

第三，思想政治教育在社会运行和发展中的精神动力作用。思想政治教育通过塑造人、激励人，协调人与人之间的矛盾来充分发挥人民群众的历史主动精神，为社会良性运行和协调发展提供精神动力和智力支持。社会良性运行和协调发展离不开个体的政治参与热情和能力，离不开个体对政治制度和政治价值的认同、忠诚和责任感，离不开个体良好的道德行为和健康的人格心理，而这一切需要通过政治社会化和道德社会化来实现。思想政治教育除了塑造人之外还能起到激励人的功能，"理论一经掌握群众，也会变成物质力量"②，因此，必须重视通过思想政治教育的说服、引导作用来激发人的创造潜能。此外，思想政治教育还能够协调人与人之间的利益矛盾，使不同利益群体有利益表达和利益诉求的机会，通过沟通人际关系来化解矛盾，协调人们的心理状态，使个体精神动力上升为群体精神动力和社会精神动力。

二、社会良性运行影响高校思想政治教育生态治理的机制

社会运行机制是指人类社会在有规律的运动过程中，影响这种运动的各组成因素的结构、功能及其相互联系，以及这些因素产生影响、发挥功能的作用过程和作用原理，即社会运行"带规律性的模式"。当前高校思想政治教育生态治理研究以国家治理与社会治理研究为理论基础，聚焦高等教育人才培养与制度建设以及高校网络思想政治教育生态治理研究，呈现出以下三方面特征与不足。一是研究视域多元化。现有高校思想政治教育生态治理研究从整体性治理视域、生成性视域、内部治理视域等不同视域

---

① 《马克思恩格斯选集（第一卷）》，人民出版社 2012 年版，第 178 页。
② 《马克思恩格斯选集（第一卷）》，人民出版社 2012 年版，第 9 页。

入手，聚焦高校思想政治教育与国家治理、社会治理的融合发展，但从社会良性运行视角剖析高校思想政治教育生态治理的论著鲜见。二是本体研究欠深化。当前高校思想政治教育的治理研究主要围绕其实然状态、内涵阐释、对策分析、现代化发展及风险评估进行分析，对思想政治教育治理的本体价值意蕴缺乏针对性辨析、深层次探讨和逻辑性论证。三是研究论域集中化。现有对思想政治教育的治理研究通常着眼于实践论，集中于思想政治教育在国家治理和社会治理中的角色定位、功能界定和效应提升，但此类研究总体上学理性基础薄弱，有借理论阐释理论抑或机械地嫁接理论之嫌。综上所述，从社会大系统入手，探索社会良性运行影响高校思想政治教育生态治理的机制显得颇有意义。

（一）动力机制

社会运行动力是社会学的一个长久主题。社会需要是社会运行动力之源。思想政治教育生态治理的动力机制，是高校思想政治教育在社会良性运行背景下，提质增效的最大保障。高校思想政治教育生态治理的动力机制包括主体动力、动力受体和动力传递媒介。而使得这一机制成为社会良性运行的载体是动力传导，包括满足人的需求的利益传导、创造生活意义的文化传导和提供知识的信息传导。为促使这一动力机制及其载体的有效运转，高校思想政治教育生态治理机制运行就要有利于方向的统领。因此，高校思想政治教育生态治理机制的社会运行表征具有方向性，这是由高校思想政治教育的目标所决定的。从宏观层面而言，高校思想政治教育的目标在宏观方面表现为，通过理论教学和实践教育开展高校思想政治工作促进青年学生成长，获得青年学生和社会各界普遍支持，凝聚全社会最广泛共识，从而引领人民大众为实现一定目标而共同努力。从微观层面而言，高校思想政治教育生态治理机制是通过解决思想问题来协调受教育主体与自身环境之间的关系，进而有利于推动高校思想政治教育具体实践的开展。

高校思想政治教育生态治理的动力机制通过调节个体目标和组织目标之间的平衡来实现对高校受教育主体的价值引领。组织目标是组织对组织行为指向的规划，即规划出组织完成自身功能的方式，组织目标是由主体、

第六章 社会良性运行：高校思想政治教育生态治理的有效保障

客体、任务和指标四种要素构成的。组织目标的实施，要由一整套组织结构、组织人员的协调和沟通来保证。但是，由于组织内部和外部的资源要素、人员状况、纪律要求有所差异，特别是社会领域中的不同个体，其心理、性格、阅历、能力等存在着很大差距，因而个人的需求以及对群体目标的看法不同。这样就会有与组织目标一致的个人目标，也有与组织目标相矛盾的个人目标，一定程度上制约社会良性运行。高校思想政治教育生态治理的动力机制运行应努力使这不同类型的受教育主体获取前进的力量，最终达成组织使命。为使动力传递媒介有效运行，高校思想政治工作方法可采取提供服务支持和精神动力的方法，以解决思想问题和解决实际问题相结合，促使教育者理清思路，确定方向，从而激发砥砺前行的积极性和主动性。

对于国家和政府而言，高校思想政治教育生态治理的动力机制运行主要是为巩固阶级基础和扩大群众基础。阶级基础决定着政党的产生、存在和发展。任何政党要搞好自身建设，都必须增强自身的阶级基础。群众基础是政党所代表的广泛性社会力量，是政党及其所代表的阶级能够联系并获得支持的社会力量。任何政党都需要在代表本阶级利益的前提下，把其他阶级阶层力量纳入自身的政治系统，获得更大的群众支持。构成政党群众基础的社会阶级、阶层和群体的利益诉求尽管不同，但他们之间一定有共同的根本利益存在。即使政党群众基础内部还存在利益冲突和矛盾，但一定会有更高层次的共同利益制约着这种矛盾和冲突。高校青年学生是时代发展的晴雨表，具有先进的知识体系、国际视野，但也存在思想激进、盲从等不成熟表现，容易受迷惑、煽动。因此，高校思想政治教育生态治理动力机制应该在社会子系统运行的各种矛盾和差异中找到共同之处，增强动力源，校正动力方向，蕴含动力储存体，从而提升青年学生价值引领，凝聚青年学生共识，实现对社会良性运行发展的方向性统领。

（二）整合机制

社会整合被看作社会大系统一体化过程中的终极状态，包括文化整合、规范整合、意见与信息整合、功能整合。整合机制同样适用于高校思想政治教育生态治理。而高校思想政治教育生态治理的整合机制的运行要有利于合力的协同。在社会大系统的运行过程中，高校思想政治教育存在多种张力。相对于教育主体而言，存在着与之相应的同质力量（良性）、异质力量（劣性）以及中性力量（中性）。同质力量秉承思想教育主体所秉持的理念、方法、价值和追求，而异质力量则恰好相反。中性力量是所谓的"价值中立"，对教育主体的倡导既不拥护也不反对。中性力量有双面特征，在一定条件下会成为同质力量，也可能转变为异质力量。思想政治教育生态治理的整合机制的运行应凝结同质力量，争取中性力量，转化异质力量。换言之，高校思想政治教育生态治理整合机制的运行应有利于将这些力量有机整合起来，形成高校思想政治教育的合力。

第一，通过服务渗透形成合力协同。高校思想政治教育的服务能力是高校思想政治教育服务于经济社会发展、服务人的全面和自由发展的执行力。在高校思想政治教育的服务功能方面，需要将高校思想政治教育生态治理的整合机制与满足人们需求的提供能力相结合，这是"解决思想问题与解决实际问题"的根本需要。对美好生活的需求是个体，尤其是高校青年学生主动地追求幸福生活权利的基础、机会和条件，以及在日常生活中所做的各种必要的努力。对美好生活的需求应具体关注到人，从青年成长发展与社会良性运行相统一的维度出发，在社会发展过程中不断通过整合机制，让社会各个子系统之间进行协同，从而解决青年学生成长所面临的困境和挑战。因而，高校思想政治教育生态治理整合机制运行过程中的服务提供涉及两个基本点。一是回应个体对美好生活向往的诉求，二是通过整合激发受教育主体自身不断努力创造幸福生活。从实践层面而言，高校思想政治教育生态治理的整合机制运行必须扎根于社会实际本身，不能脱离个体的实际生活、实际工作以及实际的思想问题和现实发展实践。

第二，通过媒介引导形成合力协同。现代社会的媒介传播是以信息化为基本特征，信息内容实现了数字化、网络化和智能化传输。数字化、网络化和智能化统一于媒体传播的信息化之中，成为现代传播的主要特征。媒体传播的信息化不仅体现于经济信息、技术信息等的开发和利用，同时也体现在对思想观点、思想信念、思想愿望等精神世界发展变化的信息收

第六章 社会良性运行：高校思想政治教育生态治理的有效保障

集上，具有预见性、科学性和有效性等特点。从高校思想政治教育生态治理的过程来看，正确的选择信息成为开展好高校思想政治教育的必要条件。从高校思想政治教育的方式来看，网络技术的应用使高校思想政治教育越来越具有信息处理的特点。高校思想政治教育生态治理的整合机制运行不仅需要信息输入，也需要信息处理，而且高校思想政治教育本身就是一个信息传播过程。传播媒体的现代化发展趋势日益明显，传播媒体作为舆论工具在政治生活中的地位日益增强。高校思想政治教育生态治理整合机制的运行应该利用各种宣传方式，特别是移动互联传播媒介来实现高校思想政治教育力量的协同。

第三，通过规则强化形成合力协同。在普遍意义上，习惯、道德和法律等都可以看成是一种规则。高校思想政治教育生态治理整合机制的社会运行与习惯、道德和法律的有机结合是必然趋势。在现代社会，高校思想政治教育生态治理的整合机制运行尤其要依靠法治。高校思想政治教育生态治理的整合机制既要依法运行，也要依法保障。一方面，依法运行是指高校思想政治教育生态治理整合机制运行不能与社会的法律体系相冲突。另一方面，依法保障是指高校思想政治教育生态治理的整合机制运行可以借助法治力量，实现对相关要素和有关各方的刚性约束。首先，高校思想政治教育生态治理整合机制的依法运行要建立在良好法律素养基础上。在高校日常思想政治教育过程中，要注意通过各种途径、渠道，让青年大学生了解国家政策方针，普及法律知识，让党、政府和高校的社会运行在"阳光"下，自觉接受青年学生的监督。其次，要用法律法规形式保障高校思想政治教育生态治理整合机制运行。党委、政府和高校要通过一定形式的法律法规，保障高校思想政治教育生态治理整合机制运行所必需的人力、物力、财力等资源，做好思想政治教育实现社会良性运转的基本保障。

高校思想政治教育生态治理整合机制运行中应坚持服务渗透、媒体引导和规则强化同时并举，一方面以情感人，在解决青年学生在专业学习、创新创业、日常生活、恋爱心理的实际困惑中将法治硬约束与德治软约束结合，实现价值引领，在服务和传播中增强与受教育主体的感情互动，赢得信任；另一方面，通过普及法律知识、建构法律保障、应用法律法规，形成依法办事、依法运行的良好氛围，造就一个公平公正公开的社会环境。只有以此良性运行作为保障，人与人之间的信任关系才能真正建立起来，受教育主体才会发自内心地支持和拥护，高校思想政治教育的合力才能真正形成。

（三）激励机制

社会运行的激励机制是社会有机系统为引导其成员行为方式和价值观念，按设定的标准和程序将社会资源分配给社会成员或社会群体，以实现其认同的社会目标的作用原理和作用过程。高校思想政治教育生态治理的激励机制运行要有利于主体性的发挥。

首先，高校思想政治教育生态治理的激励机制运行应立足于作为个体的人与其所在环境的互动，发挥受教育主体的积极性。人类是通过与环境中各种因素的相互作用来适应环境和发展自身的。人与环境的互动并不把人看作是其环境的被动适应者，而是主动地与环境因素发生相互作用。高校思想政治教育生态治理激励机制运行中，人与环境的互动应体现在两个方面。一是高校思想政治教育生态治理激励机制的运行应激发受教育者自身的主体性，积极面对社会变迁所带来的变化，强调通过自身能力的提升来适应社会发展。二是高校思想政治教育生态治理的激励机制除了对个体提出要求并积极采取措施强化能力与素质外，还注重对社会结构本身的改造或改革，并通过这些改变来创设适合人类生存和发展的社会空间。因而，应该为受教育主体积极性的发挥营造良好的环境，并分三个阶段开展工作。首先，造成声势。在高校思想政治教育的启动阶段，应通过多种方式为高校思想政治教育提供相应的条件、创设适宜的环境，造成声势，把受教育主体导入到良好的氛围中。其次，顺势而为。当社会条件和其他方面的条件已经具备或成熟，顺势而为开展高校思想教育工作可以起到事半功倍的效果。最后，"无为而治"。当社会良性运行的各种条件已经具备，氛围良好，凝聚力和向心力增强，受教育主体的积极性、能动性和创造性可以得到有效发挥。"无为而治"是高校思想教育生态治理激励机制运行的高级阶段，也是高校思想政治教育良性运行的最佳阶段。这一状态下，受教育主体的

第六章 社会良性运行：高校思想政治教育生态治理的有效保障

积极性将得以全面而有效地发挥。

其次，高校思想政治教育生态治理激励机制运行要根据受教育主体的自身优势发挥其积极性。换言之，从优势发展视角来发挥受教育主体的积极性。优势发展就是因材施教，发挥个体特长，通过个体专长的优化升级达到带动全面发展的效果。通过弥补个体的缺陷来提高竞争力是一种发展方式，但这种发展模式因过分关注个体的弱项，有可能进一步加剧人的自卑感效应。而优势发展关注个人潜能，有利于激发自信。当然，对人需要辩证分析，弱点和优势都是相对的，只看到其中一方面是不全面的，但优势发展确实是一种易行且有效的发展方式。高校思想政治教育者应聚焦受教育对象的优点和资源以帮助他们解决自身困难或思想问题。"优势发展"意味着高校思想政治教育生态治理激励机制的运行要更多地考虑如何开发受教育对象的能力，而且这种能力的开发和素质培养应建立在关注受教育主体特长的基础上。

最后，高校思想政治教育生态治理激励机制运行要经由受教育主体的自教自律发挥其积极性。高校思想政治教育要对个体产生影响力、发挥实效性，必须依靠个体将思想政治教育诸要素进行"内化"和"外化"。从这一层面而言，高校思想政治教育实效性的基点是受教育主体的自教自律。自教自律同社会的教育、管理相对应，对人类社会发展起着重要作用。实施教育和管理是一种外在的作用和影响，可叫作"他教"和"他律"。他教和他律是否有作用及作用的大小，关键要看受教育主体的态度和接受教育的程度。受教育主体自愿接受教育和管理，表明受教育主体愿意把外在教育的内容内化为自己的思想，把外在的法规转化为自己的行为，前者叫"自教"，后者叫"自律"。这样，他教与自教、他律与自律就构成了教育和管理上的基本关系，或者说是基本原则。他教、他律必须落实到受教者的自教、自律上，转化为受教者的自教、自律行为。因此，高校思想政治教育生态治理激励机制运行的最重要方面就在于引发教育对象的自教自律。自教自律并不只是单纯的个人行为，它还可以表现为群体性。一定阶级及其政党所提倡的思想意识、政治观点、道德品质实质上是建立在物质生产基础上的，即是说，这种意识形态是阶级利益的表现，而阶级利益本身是一个集体性的概念，身处该集体中的任何个人如果破坏了集体的利益，都会面临社会舆论的巨大压力。所以，高校思想政治观念是个人融入集体并在集体中生活的价值认同基础，一旦违反了这种认同，群体压力就将如影随形。由此可见，高校思想政治教育生态治理激励机制的运行要有效激发个人或群体自教自律的热情，善用受教育主体自教自律的力量。

　　质言之，高校思想政治教育生态治理动力机制、整合机制和激励机制的运行不仅需要从思想政治教育本源入手，也要从社会系统的整体运行层面加以考察。高校思想政治教育生态治理机制的运行要通过调节个体目标与组织目标的平衡实现方向性统领；通过服务渗透、传媒引导、规则强化等方式协同整合同质力量、中性力量和异质力量，进而形成思想政治教育的合力；在人与环境互动、优势发展和自教自律的基础上发挥受教育主体的积极性，形成思想政治教育诸要素和相关方良性互动的格局，最终促使高校思想政治教育提质增效。

第七章

思想政治工作者：高校思想政治教育生态治理的关键力量

加快推进高校思想政治教育生态治理，是高校落实推进国家治理体系和治理能力现代化重大战略任务的必然要求，也是高校思想政治教育培养社会主义建设者和接班人的必然要求。谁来治理、谁是高校思想政治教育生态治理主体，是高校思想政治教育生态治理不可回避的问题。思想政治工作者作为高校思想政治教育生态治理的关键力量，是高校思想政治教育制度生态建设的推动者，是高校思想政治教育利益机制构建的行动者，是高校思想政治教育生态治理活动的实施者，在高校思想政治教育生态治理中发挥着重要作用。遵循高校思想政治教育生态治理规律，激发高校思想政治工作者的内生动力，提升高校思想政治工作者的能力素质，引领新时代高校思想政治教育生态治理实践发展，促进高校思想政治教育生态治理效能转化。

一、高校思想政治教育生态治理的主体界说

高校思想政治教育生态治理，需要明晰生态治理的主体构成。以什么样的视角和分析框架理解高校思想政治教育生态治理的主体，必然可以得出不同的结论。用生态观思维理解高校思想政治教育生态治理主体，主体是高校思想政治教育生态系统的有机组成部分。从国家治理现代化视野理解高校思想政治教育生态治理主体，应更加重视党的领导在高校思想政治

教育生态治理中的贯彻和体现。从个体行动的视角理解高校思想政治教育治理主体，应更加关注个体在制度变迁中的主观能动作用的发挥。

（一）新时代高校思想政治教育生态治理的主体构成

高校思想政治教育生态治理不能回避的问题就是：谁是治理主体。思想政治教育本质上是做人的工作，思想政治教育着眼于人的全面发展，促进人的社会化进程。高校思想政治教育政治生态从根本上讲是社会生态在具体思想政治教育过程中的全景式呈现，由于思想政治教育的发生和存在与社会生活中的人的共同利益、价值观以及社会关系密不可分，因此从思想政治教育发端来看，一切社会生活中的利益相关者都成为高校思想政治教育生态治理的利益主体。

高校思想政治教育生态治理主体可以从广义和狭义两个方面来理解，从广义上来说，凡是在思想政治教育生态治理过程中产生影响或发生作用的人，都可以称得上是高校思想政治教育生态治理的主体。从横向上看，学校任何一个教职员工在与大学生发生关系的过程中，都有意或无意地用自己的思想或行为影响着大学生，对思想政治教育生态环境产生着影响。与此同时，新时代思想政治教育生态治理的主体在横向上也不断发生着变化和拓展，如校外专家学者、领导干部为大学生讲形势政策课，校友、企业家等进校开展校企合作，高雅艺术进校园等活动开展，都对大学生产生着深刻的影响，也对思想政治教育生态环境产生着重要影响。从这个意义上讲，校内外任何一个人都有可能成为高校思想政治教育生态治理的主体，发挥着全员协同的整体作用。从纵向上看，任何一所高校在长期建设发展中积淀形成的发展历史、办学特色和大学文化，成为对大学生潜移默化影响的校园文化生态，而这些物质的和精神的校园文化，都是历代无数教育工作者辛勤奋斗的结果。从这个意义上看，高校历史上出现的相关工作者，特别是教育名家、优秀教育工作者等都可以成为高校思想政治教育生态治理的主体。所以，从广义上看，高校思想政治教育生态治理主体包括对高校思想政治教育生态产生有意或无意、直接或间接影响的当下校内全体教职员工和校外有关人员，以及学校发展历史上出现的校内外相关人员。

第七章 思想政治工作者：高校思想政治教育生态治理的关键力量

从狭义上来看，凡是有目的、有计划对高校思想政治教育生态实施影响的人，都属于高校思想政治教育生态治理的主体。狭义上的高校思想政治教育生态治理主体，排除了历史上的生态治理主体，更倾向于从现实维度来理解高校思想政治教育生态治理的主体。由于现实的高校思想政治教育活动无论从内涵上还是外延上，都是一项全员参与的教育实践活动，高校思想政治教育生态治理主体则包括高校内外特别是高校内部对思想政治教育生态发生影响的所有人员。由于高校思想政治工作不是单独的一条线的工作，所有人员都要做思想政治工作。因此，高校思想政治教育生态治理也是全体教职员工共同的责任。

（二）用生态观思维理解高校思想政治教育生态治理的主体

用生态观思维理解高校思想政治教育生态治理主体，需要从概念本身和作为分析方法的生态思维两个方面来把握。高校思想政治教育生态治理的主体的概念，必然要涉及高校思想政治教育生态和生态治理的概念。思想政治教育生态可以理解为"对思想政治教育有效性生成构成影响的一系列自然和非自然的因素"[①]。高校思想政治教育生态治理强调高校思想政治教育生态内外部各要素的整体性和联动性、交互性。高校思想政治教育生态治理主体可以理解为对影响高校思想政治教育有效性生成构成的自然和非自然因素产生作用的人。这种对思想政治教育生态治理主体的理解，不仅要从人与自然的关系上理解主体，更应从人与人、人与社会的关系上理解主体。因此高校思想政治教育生态治理主体不能把治理主体与思想政治教育生态对立起来，应从治理主体本身置身于高校思想政治教育生态之中，作为高校思想政治教育生态系统的有机组成部分来理解，强调治理主体及其活动与思想政治教育生态的相互依存、动态平衡与共生发展。

从分析的方法维度来理解高校思想政治教育生态治理主体，就是要用生态思维来理解高校思想政治教育生态治理主体。用生态思维来理解高校思想政治教育生态，强调高校思想政治教育生态各要素的依存性、共生性等特征，侧重对具体思想政治教育过程中产生直接或间接影响的内外部要

---

① 杨增崇：《思想政治教育生态分析引论》，中国社会科学出版社2015年版。

素及其作用关系的整体把握。思想政治教育生态治理主体是思想政治教育生态治理中的一切利益共同体、目标共同体、价值共同体、行动共同体。要正确理解高校思想政治教育生态治理主体与思想政治教育生态系统的根本关系,从整体上把握思想政治教育生态治理各要素的有机联动和良性互动而形成的开放循环和平衡状态。高校思想政治教育生态治理突出了对全部社会因素之间在一定条件下的协调整合关系与高校思想政治教育的交换作用的关注,聚焦的是高校思想政治教育内部和外部因素交互作用的整体稳定、开放循环和动态平衡。高校思想政治教育生态治理主体不是一个孤岛式的存在,在思想政治教育生态治理的思维下,政府、学校、家庭、社区等主体不再是简单的外在式环境的存在,而是与教育者、教育对象一起构成了以具体教育过程为中心的思想政治教育生态系统,高校思想政治教育者作为高校思想政治教育生态治理的主要组织者、实施者,应更多思考如何实现其主体作用及其活动与思想政治教育生态环境的互相依存、动态平衡和共生发展。

(三)从国家治理现代化的视野理解高校思想政治教育生态治理主体

西方现代化理论的发展,特别是中国特色社会主义发展的实践充分证明,现代化应当有不同的模式,现代化不等于西方化。B·盖伊·彼得斯教授认为治理的重点不在于哪个行动者进行治理,而是行动者们如何进行合作治理。他认为,治理作为一种机制,能够根据任务目标来确定其功能,并选择完成任务所需要的手段。虽然治理是针对每一个人的,但不是所有人都会以同样的方式参与治理,从本质上说,治理是一种混合的行动。[①] 根据公共治理理论,"教育公共治理是指政府、社会组织、市场、公民个人等主体通过参与、对话、谈判、协商等行动,共同参与公共教育事务管理,共同提供公共教育产品与服务,并共同承担相应责任的治理方式。"[②] 顾建民等研究发现,共同治理作为一种全球性的大趋势,各国大学治理都不约而同地走向共同治理。"一方面,外部的利益相关者,包括政府、企业、捐赠者、

[①] 王浦劬、臧雷振编译:《治理理论与实践:经典议题研究新解》,中央编译出版社2017年版。
[②] 杨东平主编:《2035迈向教育治理现代化》,人民出版社2019年版。

第七章 思想政治工作者：高校思想政治教育生态治理的关键力量

行业或专业组织、校友、媒体等日益参加到大学治理中来。另一方面，大学内部不同利益主体要求分享权力的呼声日益强烈。"① 党的十八届三中全会提出完善和发展中国特色社会主义制度，推进国家治理体系和治理能力现代化。党的十九届四中全会审议通过《中共中央关于坚持和完善中国特色社会主义制度、推进国家治理体系和治理能力现代化若干重大问题的决定》明确了我国将构建什么样的国家治理体系，阐明了我国如何实现治理能力现代化的问题。习近平总书记强调，"新时代谋划全面深化改革，必须以坚持和完善中国特色社会主义制度、推进国家治理体系和治理能力现代化为主轴。"② 思想政治教育生态治理包括治理体系现代化和治理能力现代化两个方面，思想政治教育生态治理体系包括治理主体在内的治理理念、治理方式、治理机制、治理绩效评估等多方面内容，思想政治教育生态治理能力则可以看成是各主体治理能力的集合。高校内部的每个人都是思想政治教育生态治理的践行者和利益相关者，他们的理念、偏好、行为乃至习惯都成为高校思想政治教育生态治理能否实施、治理效能能否实现的基础和保证，直接影响着高校思想政治教育生态治理的方向、进程和质量。但应特别强调，我国的国家治理现代化是党领导下的治理现代化。因此，高校思想政治教育生态治理，应更加重视党的领导在高校思想政治教育生态治理中的贯彻和体现，彰显党和国家在高校思想政治教育生态治理中的主体作用。

（四）从个体行动的视角理解思想政治教育生态治理主体

高校思想政治教育生态治理体系的建设完善是包含了制度体系在内的治理体系的建设完善。人是制度变迁的能动者，陈卓教授围绕大学制度变迁的整体过程中大学利益相关者的主体性和能动性作用的发挥，对制度与行动者的关系进行研究，为从个体行动的视角理解高校思想政治教育生态治理主体提供了借鉴。陈卓教授借助马霍尼（James Mahoney）和西伦（Kathleen Thelen）提出的变革推动者的四种类型，从大学制度变迁中的反叛者、共生者、颠覆者、机会主义者四个方面深入分析不同行动者在推动

---

① 顾建民：《大学治理模式及其形成机理》，浙江大学出版社2017年版。
② 《习近平谈治国理政（第三卷）》，外文出版社2020年版，第112页。

大学制度变迁过程中使用的策略，以及这些策略得以生效的制度和环境根源。陈卓教授指出，"反叛者"会蓄意废除现有的制度或规则；"共生者"依赖于不是他们自己建立的制度并凭借这些制度发展壮大；"颠覆者"是那些寻求实现制度替代的行动者，但他们在追求这一目标时，自身并不破坏制度规则；"机会主义者"是那种对于制度的持续存在与否没有明确偏好的行动者。①高校思想政治教育生态系统中，有极少数人明目张胆地反对现有制度或规则，如中央党校（国家行政学院）退休女老师蔡某，发表有严重政治问题和损害国家声誉的言论。②习近平总书记在2014年与北京师范大学师生代表座谈会时的讲话中指出，新时代好老师要有理想信念、道德情操、扎实学识、仁爱之心。高校思想政治教育生态系统中的反叛者，表面上是对一些教育现象的质疑，实则是否定党的教育方针、否定党的领导，否定党领导下的社会主义大学制度，必须旗帜鲜明予以批判抵制，用法律的、制度的手段对其予以处置。高校思想政治教育生态体系中的"共生者"既不积极主动否定现有制度生态，也缺乏积极推动高校思想政治教育制度生态建设完善的内生动力，以"看透了""活明白了""躺平"的心态，寄生般地苟活于现有体制中，这类人既不会主动思考思想政治教育生态治理问题，也难以被组织起来转化为高校思想政治教育生态治理的推动者。高校思想政治教育生态体系中的"颠覆者"，会按照制度的期待在体制内开展活动，有节制主动地推动制度变迁。这类人能够认识和反思现有制度体系的不足，并能够以积极的心态推动制度体系的建设完善，是高校思想政治教育生态治理的主体力量。高校思想政治教育生态体系中的"机会主义者"害怕承担推动制度变革带来的风险，是高校思想政治教育生态治理中的"精致的利己主义者"，这类人把个人利益放在首位，缺乏从整体性、全局性和战略性的视野谋划推动高校思想政治教育生态治理的动力。

---

① 陈卓：《现代大学制度：变迁与创新》，浙江大学出版社2021年版。
② 《中央党校（国家行政学院）严肃处理退休教师蔡霞严重违纪问题》，中国经济网，http://www.ce.cn/xwzx/gnsz/gdxw/202008/17/t20200817_35538896.shtml。

二、思想政治工作者在高校思想政治教育生态治理中的重要作用

尽管高校中所有的人员都可以成为高校思想政治教育生态治理的主体，都应承担推动高校思想政治教育生态治理的责任，但思想政治工作者是高校思想政治教育生态治理的积极推动者、利益机制构建的有力行动者以及生态治理活动的主要实施者，是高校思想政治教育生态治理的关键理论。

（一）高校思想政治教育制度生态建设的推动者

思想政治教育制度生态建设既是新时代高校人才培养的价值诉求，也是高校思想政治教育治理的内在要求。高校思想政治教育制度生态建设的根本要求是通过思想政治教育制度的建设与完善，使与高校思想政治教育相关的各种制度相互联系、相互渗透，实现思想政治教育的健康运行。高校思想政治教育制度体系和制度生态的建设完善要围绕为谁培养人、培养什么样的人、怎样培养人展开，思想政治教育制度体系和制度生态的制度完善也只能由人来实现。思想政治工作者在高校思想政治教育实践中既是党和国家教育制度的执行落实者，也是思想政治教育各类制度协同优化的具体推动者，思想政治工作者通过各种手段对思想政治教育制度生态不断进行优化，使高校思想政治教育制度生态对思想政治教育运行更好发挥推动保障作用。重视对党和国家有关高校思想政治教育的制度贯彻落实，是高校思想政治工作者推动思想政治教育制度生态建设的首要职责。马克思说："一步实际运动比一打纲领更重要"。[1] 习近平总书记强调："制度的生命力在于执行。"[2] 这都是在强调制度执行的重要性。在高校思想政治教育制度生态治理中，思想政治工作者对照党和国家相关思想政治教育制度要求，深入推动各项制度的贯彻执行，并就工作开展情况进行评估反馈，发现问题、找到差距，对思想政治教育制度规定中的重点问题开展专题性检查，以点带面，全面贯彻落实相关制度。及时总结、宣传和推广在制度执行实践中创造的新鲜做法，深化制度贯彻落实是思想政治工作者推动高校思想政治

---

[1] 《马克思恩格斯选集（第三卷）》，人民出版社2012年版，第355页。
[2] 《习近平谈治国理政（第三卷）》，外文出版社2020年版，第128页。

教育制度生态治理的重要方式，通过思想政治教育制度执行成功经验的总结和交流，提炼制度成功执行的规律，推进相关制度实现更高水平执行。高校思想政治教育制度体系需要不断创新完善，构筑制度合力，永葆制度生态的生机与活力，才能持续保障高校思想政治教育运行。思想政治工作者要重视思想政治教育国家有关制度颁布后，具体工作性制度规范的制定完善，围绕思想政治教育制度生态建设，通过组织专题研讨等形式，分析思想政治教育制度生态的完善程度，研判制度调整的契机，适时推动高校思想政治教育制度生态系统调整完善。高校思想政治教育制度生态治理是动态的开放的，思想政治工作者要立足于高校思想政治教育制度生态现状，牢牢把握思想政治教育制度建设方向，继承吸纳既有制度取得的成果和经验，在具体工作中运用好党和国家有关思想政治教育的制度，适时完善调整具体的工作规范，加大制度的执行力度，使党领导下的社会主义大学制度优势转化为人才培养的优势，转化为高校思想政治教育制度生态治理的深厚支撑。

（二）思想政治教育利益机制构建的行动者

"利益机制是利益体系内部所固有的各要素之间相互作用、相互影响的过程或原理，是由利益主体、利益客体与利益的实现手段三个要素构成。"[①] 在高校思想政治教育生态治理中，思想政治工作者是思想政治教育利益机制构建的有力行动者，在协调和稳定各利益主体之间利益的平衡方面发挥着重要作用。一是党和国家的利益的维护者。"培养担当民族复兴大任的时代新人"是培养社会主义建设者和接班人战略目标在新时代的具体化。思想政治工作者要把贯彻党的教育方针作为主题主线，立足于中华民族千秋伟业，培养一代又一代拥护中国共产党领导和社会主义制度、立志为中国特色社会主义事业奋斗终身的有用之才。二是学生利益满足的推动者。思想政治工作者要紧密联系学生的学习生活、成长成才、择业就业等现实问题，走进学生的精神世界和现实生活，关切学生的所思所想、所需所盼，把解

---

① 莫凡、谭培文：《论社会主义核心价值认同的利益机制》，《内蒙古社会科学》（汉文版）2010年第6期。

决思想问题与解决实际问题相结合，在满足学生切身利益过程中服务学生成长发展。三是高校利益主体满足的行动者。"学校是意识形态工作的前沿阵地"① 和"培养社会主义事业建设者和接班人的坚强阵地"。② 从政治站位上，高校思想政治工作者要把为国育人为党育人、贯彻党的教育方针摆在工作的首要位置。从实际工作的行动上，高校思想政治工作者应以认真贯彻落实学校党委行政的具体工作决策部署为根本出发点，要把学校育人的工作决策、工作任务落实落细，按照学校年度工作目标和重点任务，谋划好本职工作，并结合实际细化落实。高校思想政治工作者要成为高校党委行政决策部署贯彻执行积极行动者。四是要注重思想政治工作者自身利益的满足。马克思认为，"在任何情况下，个人总是'从自己出发的'"③ 去认识和改造世界，"任何人如果不同时为了自己的某种需要和为了这种需要的器官而做事，他就什么也不能做"。④ 追求正当利益是人理所应当的权利，思想政治工作者在思想政治教育利益机制构建中也要充分肯定自身利益的满足，正确对待自身利益问题。思想政治教育利益机制构建完善必须重视高校相关主体的利益满足，发挥好各主体的整体合力推动思想政治教育生态治理。高校思想政治工作涉及众多利益主体，如党政干部和共青团干部、辅导员和班主任、思想政治理论课教师和哲学社会科学课教师等，他们在育人实践链条上扮演着不同角色、发挥着不同的作用。高校思想政治教育生态治理要充分考虑不同主体的现实利益诉求，如对提高生活质量和提升幸福感以及参与学校民主管理、民主监督等多方面的利益需求，了解各个育人主体的行为动因、思想行为变化等，主动满足他们合理的物质利益、精神利益和政治利益的需求，激发其育人积极性、主动性。

（三）思想政治教育生态治理活动的实施者

　　高校思想政治教育生态治理的成效，直接关系培养担当民族伟大复兴重任时代新人重要使命的实现。在中国特色社会主义新时代，高校思想政

---

① 习近平：《思政课是落实立德树人根本任务的关键课程》，人民出版社 2020 年版，第 6 页。
② 《习近平关于社会主义文化建设论述摘编》，中央文献出版社 2017 年版，第 56 页。
③ 《马克思恩格斯全集（第三卷）》，人民出版社 1960 版，第 514 页。
④ 《马克思恩格斯全集（第三卷）》，人民出版社 1960 版，第 286 页。

治工作者应充分认识到高校思想政治教育生态治理重大意义和时代要求，将立德树人根本任务落实到高校思想政治教育生态治理全过程，作为高校思想政治教育生态治理全局性工作来推动。高校思想政治教育生态治理重在明晰高校思想政治教育生态治理目标、落实高校思想政治教育生态治理责任、制定有效高校思想政治教育生态治理方式路径。思想政治工作者作为高校思想政治教育生态治理活动的实施者，必须主动承担教育生态治理责任，严格落实教育生态治理目标，切实履行教育生态治理职能，推动高校思想政治教育生态治理效能转化。一是自觉承担高校思想政治教育生态治理责任。思想政治工作者对顺利完成高校思想政治教育生态治理任务和有效实现高校思想政治教育生态治理目标具有重要的推动作用。思想政治工作者的任务，是将党和国家的政治意图、政治要求、价值观念传递给学生，就是用习近平新时代中国特色社会主义思想塑造人，用社会主义核心价值观培育人，使之成为日用而不觉的生活方式和处事方式。思想政治工作者应更加重视教育对象的实践感知和实践体验，从教育对象需求侧出发思考和谋划思想政治教育的有效性问题，用精准化、个性化的思想政治教育培育人的品格、沁润人的心灵。二是明晰高校思想政治教育生态治理目标。高校思想政治教育生态治理的目标就是要激活高校思想政治教育生态系统中各要素的积极性，优化高校思想政治教育生态系统结构，提高高校思想政治教育生态系统内部和外部物质能量输入和能力输出的效率，使高校思想政治教育生态实现更高状态的平衡。简单来说，高校思想政治教育生态治理就是要围绕堪当民族复兴大任时代新人的培养，激活各方面育人要素的内生动力，实现全员、全方位、全过程育人的效能转化。思想政治工作者应围绕党和国家在新时代的人才培养目标，通过分析教育对象的不同表现、特点以及存在的复杂问题，确定相应的治理阶段目标和整体目标、明晰具体实施过程中的治理计划和步骤、制定和选择总体最佳的治理方式和手段等，使高校思想政治教育生态治理活动在具体育人过程中更加具有针对性和可行性，从而推动教育对象成长成为党和国家需要的人才。三是发挥好推动高校思想政治教育生态治理的职能。思想政治工作者能否发挥高校思想政治教育生态治理的主体作用，关键是要发挥自身的教育职能和管理职能。① 思想政治工作者首先要了解教育对象的思想品德状况,实时了解其发展动态变化,通过理论教育和实践教育等方法对教育对象施加影响,促使其提升思想道德素质。同时,思想政治工作者还要掌握高校思想政治教育生态治理过程的实际运行状况,及时发现治理对象与治理目标之间存在的偏差,不断改进和调整治理计划,总结高校思想政治教育生态治理活动的经验做法,探索高校思想政治教育生态治理的具体规律,推动高校思想政治教育生态治理不断向前发展。

三、以高校思想政治工作者治理效能提升助推思想政治教育生态治理现代化

思想政治工作者作为推动高校思想政治教育生态治理的关键力量,其治理效能的高低直接影响到高校思想政治教育生态治理的效果。要遵循高校思想政治教育生态治理规律,激发高校思想政治工作者的内生动力,提高思想政治工作者的能力素质,推动高校思想政治教育生态治理效能的转化。

(一)遵循高校思想政治教育生态治理规律

把握高校思想政治教育生态治理中的因果辩证关系。马克思主义认为,普遍联系与永恒发展的内在统一是事物发展变化的最终原因,原因和结果是事物、现象之间相互联系是辩证的决定论的逻辑依据。因果联系是一种包括时间顺序在内的由某一种现象必然引起另一现象的本质联系,在每一组具体的因果关系中,原因和结果的区分是确定的,不能倒果为因,也不能倒因为果。但是一切现象都处于无限的相互联系的因果链条中,同一现象在一种关系中是结果,在另一种关系中可能变成了原因。因此,原因和结果的区分具有不确定性。原因总是产生一定的结果,没有无果之因;结果必然由一定的原因所引起,没有无因之果。互为因果关系既表现原因和结果的相互转化,又表现它们的互相作用。高校思想政治工作者应坚持唯

---

① 陈万柏、张耀灿主编:《思想政治教育学原理》,华中师范大学出版社 2009 年版。

物主义决定论原则，从历史和现实相结合、局部和整体相联系、当下和未来相统一的视角，全面把握高校思想政治教育生态治理过程中的各种现象，瞄准高校思想政治教育生态之所以这样、而不是那样的受因果制约和因果关系支配的根本原因，处理好高校思想政治教育生态治理预期与结果的关系。

遵循高校思想政治教育规律和学生成长发展规律。高校思想政治教育生态治理本质上讲是新时代思想政治教育守正创新的问题，聚焦的是如何培养人、怎样培养人、培养什么样的人的问题，因此不能违背思想政治教育规律和学生成长发展规律。规律是事物本身具有的本质的、必然的联系，思想政治教育规律体现在具体的思想政治教育运行中，思想政治教育目标的实现是思想政治教育规律从可能到实现的过程。高校思想政治教育生态治理要充分把握思想政治教育的现实依据，把握思想政治教育发展的趋势，发挥主观能动性，处理好思想政治教育过程中各类矛盾关系，抓住主要矛盾，积极创造有利条件，实现思想政治教育可能性向现实性的转化。大学生处于人生的拔尖孕穗期和人生观、世界观、价值观塑造形成期，要给予他们充分的关照，满足他们成长发展的合理诉求，遵循人的社会化规律，使他们的成长发展与知识搭建、价值观塑造相统一。

遵循社会生态治理和国家治理规律。思想政治教育根本任务是"巩固马克思主义在意识形态领域的指导地位，巩固全党全国人民团结奋斗的共同思想基础"①，高校思想政治教育作为一种实践形式的存在，将党和国家的思想价值观念以自身独特的逻辑思维方式和表达方式呈现出来，使青年学生能够普遍地接受这种思想观念，成为党和国家的思想观念价值体系与青年学生思想行动之间的桥梁。例如，社会主义核心价值观体现着当代中国的时代精神和中国人民共同的价值观念，当高校在进行大学生社会主义核心价值观教育的时候，大学生也在这一过程中进一步融入当下中国社会共同体，并从这一共同体中实现社会化和自我实现。高校思想政治教育是在中国特色社会主义新时代的历史方位下的社会生态系统下的实践活动，思

---

① 秋石：《巩固党和人民团结奋斗的共同思想基础》，《人民日报》2013年10月17日。

第七章　思想政治工作者：高校思想政治教育生态治理的关键力量

想政治教育同人的社会生活是密切联系的，不能脱离社会实践、必然受社会生态制约。因此，高校思想政治教育生态治理要将个体发展和社会发展的共同需要统一起来，通过建构完善思想政治教育体系和思想政治教育过程诸要素之间的关系，从通过"把握社会进而把握人与人的关系"和"把握人与人的关系进而把握社会"的两种逻辑思路有机结合中培养堪当民族复兴大任的时代新人。我国的国家治理现代化是中国共产党领导下的治理现代化，要把党的领导落实到国家治理现代化的各环节。党的领导是中国特色社会主义大学的最本质特征，也是党的思想政治教育的灵魂和根基。高校思想政治教育生态治理要以坚持和完善中国特色社会主义制度、推进国家治理体系和治理能力现代化为主轴，把党对高校工作的全面领导贯穿到思想政治教育各环节、落实到思想政治教育全过程，把中国共产党领导社会主义大学的制度优势转化为人才培养优势，使高校思想政治教育更好为人民服务，为中国共产党治国理政服务，为巩固和发展中国特色社会主义制度服务，为改革开放和社会主义现代化建设服务。

（二）激发高校思想政治工作者的内生动力

内生动力是高校思想政治工作者主体性意识觉醒和主体功能释放的深层持久力量。在高校具体的思想政治教育活动中，教育对象是现实的有血有肉的人，思想政治工作者也是现实具体的、有需求有情感有思想的人，是否重视回应和关切思想政治工作者的合理诉求，思想政治工作者的切实利益诉求是否得到满足，直接关系思想政治教育者主动性积极性发挥的程度和效果。党的十八大以来，以习近平同志为核心的党中央高度重视思想政治教育工作，习近平总书记对教师队伍建设给予亲切关怀，提出殷切期望。在同北京师范大学师生代表座谈会的讲话中，提出了"四有好老师"标准；在全国高校思想政治工作会议上，提出了坚持教书和育人相统一、坚持言传和身教相统一、坚持潜心问道与关注社会相统一、坚持学术自由和学术规范相统一的"四个相统一"要求；在全国思想政治理论课教师座谈会上的讲话中，提出了政治要求、情怀要深、思维要新、视野要广、自律要严、人格要正的"六个要求"；在人民大学考察时提出教师要努力做精于"传道授业解惑"的"经师"和"人师"的统一者,做学生为学、为事、为人的大先生,成为被社会尊重的楷模和世人效法的榜样。习近平总书记的殷切期望和要求,为新时代高校思想政治工作者成长发展指明了方向,也是高校思想政治工作者为学、为师、为人的动力源泉。

要充分重视思想政治工作者对美好生活的向往。赫伯特·西蒙认为,行为主体的学习能力以及获取和处理信息的能力是有限的,他们不可能获知所有备选行动机会,也无法精确预测行动结果是什么,行为主体"满足"而非最大化的行为就是理性的。因此,行为主体在一定范围内通常是理性的,体现了为实现特定目标所需手段的有限性。[①] 从行为主体局限看,思想政治工作者的行为理性是有局限的,但不能因为思想政治工作者的有限理性选择遮蔽思想政治工作者作为人的自由全面发展的合理诉求。习近平总书记强调,实现人民群众的美好幸福生活就是国之大者。美好生活是一种客观状态和主观建构的统一,美好生活的向往不仅是人们对物质文化生活提出的更高要求,也是人们对民主、法治、公平、正义、安全、环境等方面提出的更高要求。美好生活是一种整体性的更高质量生活状态,也是个体获得自由而全面发展的状态。"对美好生活的向往,激励着个体通过自身努力奋斗而完善品德、发展个性、丰富充实生活,成长为自由之人和全面发展之人。"[②] 思想政治工作者作为现实的社会关系中的人,随着新时代物质水平的发展和社会关系的演化,其现实需要也不断经历着被引起、被满足、再被引起、再被满足的周而复始、螺旋式发展过程中,特别是现实社会生活中,社会上出现的"金钱拜物教"现象和各种攀比现象都不可避免在校园内映射,影响着高校思想政治工作者的心理。以此,教育者先接受教育,锤炼高校思想政治教育者的政治觉悟、提高其思想政治素质和道德修养是实现思想政治教育者个体自由全面发展、实现美好生活的必要途径,也是高校思想政治生态治理要解决的先决性问题。

重视高校思想工作者自我效能感的提升。自我效能感是人们对自身完

---

① 王浦劬、臧雷振编译:《治理理论与实践:经典议题研究新解》,中央编译出版社2017年版。
② 冯刚、彭庆红、佘双好、白显良:《新时代高校思想政治教育学原理》,人民出版社2021年版。

成既定行为目标所需的行动过程的组织和执行能力的判断。①对自己操作能力的信念,是一种决定人们的行为、思维方式以及在紧张情境中体验到的情绪反应的最为直接的因素。在高校思想政治教育生态治理中,高校思想政治工作者对采取什么样的行动以及行动的持续时间,时刻需要做出决定。自我效能感越强烈,思想政治工作者在思想政治教育治理中付出的努力会越多,持续的时间会越长。在高校思想政治教育生态系统中,思想政治工作者不是孤岛式的存在,在思想政治工作者与其他主体的相互影响作用中,思想政治工作者个人的自我效能转化为思想政治教育生态治理的集体效能,成为高校思想政治教育生态治理效能转化的深层力量。因此,一方面高校要重视对思想政治工作者的关心关怀,为他们的成长发展搭建更多平台,提升思想政治工作者的情感体验,增强他们获得感、幸福感,提升思想政治工作者的自我效能感。另一方面,思想政治工作者作为推动高校思想政治教育生态治理的主体力量,要强化主体意识,发挥主观能动性和积极性,培育团队意识、重视工作协调,重视自我效能的转化与集体效能的生成,形成推动高校思想政治教育生态治理的整体合力。

(三) 提升高校思想政治工作者的能力素质

提升思想政治教育生态治理的意识。高校思想政治教育生态治理中,思想政治工作者的素质、能力如何是反映高校思想政治教育生态治理的重要标杆,只有不断提升思想政治工作者的能力素质,才能激发高校思想政治教育生态治理的活力。而提升思想政治工作者的能力素质,首先要树立思想政治工作者的生态治理意识。马克思主义认为,物质决定意识,意识能够正确反映客观事物,并能够反作用于客观事物,对物质具有能动作用。我们要做到一切从实际出发,使主观符合客观,做到主观和客观具体的历史的统一。在高校思想政治教育生态治理中,高校思想政治工作者应强化自己在高校思想政治教育生态治理中所扮演的制度建设的积极推动者、利益机制构建的有力行动者、生态治理活动的重要实施者角色的认识,在

---

① [美] 阿尔伯特·班杜拉著:《思想和行动的社会基础 社会认知论(单行本)》,皮连生等译,华东师范大学出版社2018年版。

我国国家治理体系和治理能力现代化的背景下，紧紧以习近平总书记关于高校思想政治工作队伍能力素质建设提出的系列重要论述为指导，切实把思想政治教育生态治理意识的提升转化为推动高校思想政治教育生态体系的建设发展能力。要进一步深化新的历史方位下时代新人培育与高校思想政治教育治理现代化对思想政治工作者提出的新要求，顺应时代潮流，推进思想政治教育治理方式的现代化，增强高校思想政治教育的时代感和感召力。

　　提高思想政治教育生态治理的组织能力。党的十九届四中全会明确了推进国家治理体系和治理能力现代化的总体目标，并提出把我国制度优势更好转化为国家治理效能的具体要求，这是高校思想政治教育生态治理的重要遵循。把党对高校全面领导的制度优势转化为治理效能需要通过治理能力来体现，即通过提升组织和个人的治理能力，才能充分发挥制度优势从而将其转化为治理效能。人是组织的主体，具有主观能动性，在组织中发挥着主体作用。思想政治工作者作为高校思想政治教育生态治理的主体，要在推进思想政治教育生态治理体系和能力现代化过程中发挥好主观能动性和创造性，提高其个人的组织能力，转化为强大的组织合力，汇聚各方有效资源和力量，推动高校思想政治教育生态治理效能转化。问题是时代的声音，高校思想政治工作者队伍存在的问题是表现队伍整体精神状态的最实际的呼声，问题就是事物的矛盾。哪里有没有解决的矛盾，哪里就有问题。高校思想政治工作者"只有树立强烈的问题意识、鲜明的问题导向、高度的责任担当，才能有发现问题的敏锐度、正视问题的清醒度和解决问题的自觉度。"[①] 在新媒体时代成长起来的青年学生主体意识、个性意识更加强烈，国际国内形势的复杂性和不确定性因素增多，对高校思想政治工作和人才培养工作提出更高要求，思想政治工作者要充分认识理解党领导教育、党领导高校的制度优势，增强制度自信，把准时代脉搏，把握学生特征，把贯彻落实党和国家育人战略要求与关照学生现实诉求和成长发展特征结合起来，把育德与育才结合、铸魂与育人结合，不断推进高校思想政治教

---

① 冯刚、高山：《新时代高校思想政治教育治理论》，中国社会科学出版社2021年版。

第七章 思想政治工作者：高校思想政治教育生态治理的关键力量

育治理体系和治理能力现代化。

提高思想政治教育生态治理的执行能力。"执行力"一词最初源于管理学领域，主要是指执行者通过充分运用现有资源，并依靠自身的努力，从而有效落实政策目标或要求的能力。治理现代化强调工具理性与价值理性的统一，工具理性要求思想政治工作者注重对知识的学习和科学方法的运用，价值理性要求发挥思想政治工作者的主体性、创造性，实现个人价值与社会价值的统一。高校思想政治教育生态治理目标的实现，最终都要落实到为党和国家培养人才上来。思想政治工作者作为高校思想政治教育生态治理的执行者，其执行能力直接决定在生态治理建设情况，影响着为党和国家培养人才目标的实现程度以及高校思想政治教育生态治理的成败。因此，也可以说思想政治教育生态治理执行力是实现生态治理目标、落实生态治理任务的关键因素，其本身在高校思想政治教育生态治理中反映出来的就是一种为党和国家培养人才的核心能力。这就要求思想政治工作者要进一步提升专业技能，掌握工作技巧，努力实现专业化、职业化。思想政治工作者要树立"以学生为本"的工作理念，积极深入一线，主动走近学生，精准掌握学生问题、了解学生诉求，充分做到"身"入基层，"心"也到基层，切实提高工作执行力。

第八章
高校思想政治教育生态治理实践问题的再思考

理论是实践的先导,最终服务于社会的现实需要。探寻高校思想政治教育生态治理的实践转化问题,是本研究的落脚点。"依生态学的视角看,没有一个社会有机体的存在和活动是可以孤立进行的,而必须同周围环境及其他各种各样的社会有机体进行物质、能量和信息的交换、在由互相依赖、互相牵制、互相促进的各社会有机体共同构成的生态链条中,一个社会有机体的健康发展是其他社会有机体健康发展的前提和条件。"[①] 高校思想政治教育生态治理依赖于该生态系统内外部诸要素、诸系统的平衡协调,诉诸于班集体、辅导员与思政课教师、时代新人培养以及"大思政课"建设等与高校思想政治教育密切相关的关系网络之中,呈现出复杂的现实图景,影响高校思想政治教育生态治理的现实成效。

一、治理载体:实现高校班集体本质的时代拓展

班集体是高校思想政治教育的基本载体和重要抓手,亦是实现高校思想政治教育生态治理的重要抓手。受苏联教育模式的影响,以往我们侧重从组织学、管理学角度看待班集体,将其视为基于年龄、文化程度、专业性质等因素相似性而联结并服务于一定管理需要的教学单位。这种从管理角度来理解班集体的传统认识,将受教育者置于被管理层面,难以适应学

[①] 邱柏生:《高校思想政治教育的生态分析》,上海人民出版社2009年版,第149页。

生发展的需要，也与新时代社会发展潮流相背离。立足于对学生发展多维需求和社会发展整体态势的把握，我们需要对高校班集体本质的认识有所拓展，以共同体理念来理解和建构班集体，促进高校思想政治教育生态优化。

（一）班集体本质的时代拓展

在人们传统的认识中，往往将班集体和班级等同，其实二者存在一定的差别。班级是校内行政部门依据一定的编班原则（如专业、年级等）将一定数量的学生编成的正式机构和组织。通过班级开展学生事务管理并进行思想引领、价值引导，是全程育人、全方位育人的题中之义。班集体不是人员的简单组合，而是相互间的融合并在此基础上形成紧密相连的整体。在很长一段时间内，班集体作为高校育人的基本载体和依托，发挥着基石性的作用。这一作用的发挥至少包含以下三个由浅入深的层次：作为管理载体的班集体、作为互助组织的班集体、作为微观生态的班集体。作为管理载体的班集体，是日常思想政治工作的重要抓手，理论学习、奖助贷补、党团建设等繁杂的学生事务工作，都需要班集体来落实；作为互助组织的班集体，让作为个体的学生尤其是大一新生有一定的归属感，通过"抱团取暖"体味到集体的力量和自身的存在感；作为微观生态的班集体，在点滴之间甚至于无声处发挥成风化人的功效。然而，随着网络的不断发展，多样多变的资讯让信息获取变得便捷无比，原本通过"学校——学院——年级——班级"一维传输信息的方式已成为历史，班集体的权威性在降低；随着校园文化的日渐丰富，社团活动异彩纷呈，带来学生关注点、兴趣点的分散，对于学生的日常生活而言，班集体不再具有不经思考即能想起的不可替代性，"有事找辅导员、找班主任、找班长"不再成为必然选择或第一选择。班集体是社会主义大学的显著特征和重要优势，目前来看没必要也不可能取消。那么，结合实际，该如何优化班集体的定位、调整班集体的功能呢？我们可以从"共同体"视角来审视班集体。"共同体"的概念古已有之，它是社会学、政治学、教育学领域中的普遍范畴。从今天的视角看，共同体已经成为时代热词，学术界对"共同体"的探讨持续升温，"学习共同体""教育共同体""民族共同体"等提法并不鲜见。为了避免"共同体"

一词被滥用，需要正本清源考察其真实意蕴。据有关学者考证，此概念最早由滕尼斯在其著作《共同体与社会》中提出，他将"共同体"与社会相联系，认为"共同体是古老的、社会是新的"，"共同体是持久的和真正的共同生活，社会只不过是一种暂时的和表面的共同生活"，"共同体本身应该被理解为一种生机勃勃的有机体，而社会应该被理解为一种机械的聚合和人工制品"。[①]由是观之，滕尼斯将"共同体"看作更为原始的、同质化的组织模式。然而，现代意义上的"共同体"概念却发生了变化。无论是社会学强调建设以异质性和利益驱动为主导的现代社会，还是政治学追求以至善原则构建政治国家，都认为"共同体"是多重主体基于共同的目标、价值追求、精神信仰，通过一定的情感交流和社会联结而形成的有机体。班集体概念本身蕴含着致力于共同体建构的要求，两者在价值追求上具有契合性。从发生学的角度看，班集体的形成主要是基于一定的共性因素（专业一致或类似）；就发展的视角而言，班集体组建后得以发展壮大得益于成员间拥有共同的利益和诉求，这些都与共同体的追求基本一致。在今天，拓展班集体的本质需要将对班集体的理解由被动形成转向主动建构。班集体不再是单纯基于某些组织和管理原则被动形成的管理载体、互助组织、微观生态，而是具有多维目标、需要持续培育和发展的共同体。班级共同体是班级成员（不仅包括学生，还包括相关的教师）在平等基础上建立的，以成员彼此之间有效交流与沟通为手段，以实现共同愿景为目的的组织。[②]一方面，班集体成员具有共同追求成长进步的诉求，这使班集体具备了联结成为共同体的现实可能性；另一方面，从思想政治工作角度看，当代学生拥有多样化的利益诉求和价值追求，需要多重形式的联结纽带。共同体成员间往往具有更紧密的利益需要、更频繁的交往机会，因而，以共同体的理念理解和建构班集体能激发班级成员的积极主动性，进而满足和实现其共同需要，这种共同需要既包括个体需要，也包括集体需要；既包括近期需要，也蕴含着长远需要。

---

① ［德］斐迪南·滕尼斯著：《共同体与社会》，林荣远译，商务印书馆1999年版，第53—54页。
② 徐金海：《对班级共同体的理性思考》，《湖南师范大学教育科学学报》2009年第3期。

（二）班级共同体本质的基本指向

1. 从"我——你"到"我们"

班级共同体构建的核心是形成共同体意识，从"我——你"到"我们"转变的关键是寻找双方认同的共性因素。这种转变的实质是为了提醒与警示辅导员、班主任、班干部不应将自己置于天然的班级管理者角色，也是为了扭转部分学生在头脑中把自己置于班级管理中被动地位的观念，使其认识到自己也是班集体建设中的主动建构者。如果班集体成员能认识到自我成长离不开共同体、成员间共同的交流学习能最大效率地促进个人进步，那么他们将不再寻求逃离班集体，而是主动融入班集体。这是班级共同体意识形成的基础。从共同体的社会本质属性维度看，班集体具有形成共同意识的现实条件。虽然互联网和信息技术的飞速发展，突破了传统社会中获取信息的相对固定和单一方式，人们可以快速便捷地获取知识、交流信息。但是，班级共同体作为学习交流的重要场所依然具有重要价值。共同体本质上是人与人在社会交往中逐步形成的。个体增加智识、培育德行的目的也体现在社会关系中，只有在交往中人所获得的进步和提升才有真实意义。从班级共同体建设的内容维度看，促进知识增长、德行养成是班集体成员的共同诉求，也是班集体形成共识的价值基础。班级共同体通过成员间平等的交流、沟通、对话能有效促进彼此间取长补短进而共同学习进步、以文化人进而凝聚共同理想、见贤思齐进而提升道德品行、心灵相通进而达成精神共识。因此，以学习共同体、德育共同体、发展共同体、文化共同体、精神共同体为指向，能有效凝聚班集体成员的共识，促进班级共同体建设。

2. 从管理到治理

传统的班集体建设主要依赖于自上而下的权威服从式管理，辅导员、班主任和班干部具有较大权威，而班级共同体理念下的班级建设则是一种自上而下、自下而上、自左而右、自右而左的综合治理，强调共同体成员平等的社会地位和互惠互利、共同提高的关系。在现代社会中，作为受教育主体的大学生具有个性表达多样化、价值取向多元化的特点，且他们的主体意识不断增强、综合能力不断提升，由辅导员、班主任和班干部主导的班级治理模式正渐行渐远，班级治理应在辅导员、班主任和班干部发挥作用的同时充分促进学生主动性、创造性的发挥。当面对多元利益诉求和多样价值取向的学生时，班级管理容易陷入管得过少或管得过多的两难境地：管得过少容易使班级成为一盘散沙，在学生心目中可有可无；管得过多可能使学生产生厌烦感，逐渐疏离班集体。班集体建设需要避免不作为现象，也应当改变方式方法以避免管理过多导致的一系列问题。根据公共管理的一般理论，管得过多主要源于管理者没有抓住主要矛盾，在选择和判断时被个别事件、问题、利益蒙蔽，因而作出的决策难以赢得民意。"对于这些不同的利益诉求，只有在超然于其外的条件下才能找到其中最为关键的部分，才能真正理解具有代表性的公众意愿。"[①]班级共同体的治理模式本质上应该是一种文化治理，即基于文化认同来引导个体和集体的行为方式，建构包容性发展模式。基于文化治理思维的班集体建设通过一定的纪律约束，发挥以文化人的功效，促进班集体成员的自我教育、自我管理、自我服务，实现基于契约原则的德治、法治、自治的统一。具体而言，这种文化治理主要通过制定班规的法治形式约束班集体成员的行为"不越红线"；通过营造班风的德治形式使班集体成员认同一定的价值理念，引导其行为符合一定的规范；通过释放空间的自治形式赋予班集体成员充分的自主权，进而激发其主动性、创造性。

（三）基于班级共同体建构理念的具体实施思路

1. 重构班主任、辅导员在班集体中的角色

与之前的学习阶段相对比，大学班集体中各个角色（班主任、班干部、普通同学、辅导员等）的定位与内涵在悄然发生变化。大学班主任一般由专业课老师兼任，付出的时间、精力远远比不上小学、初中、高中阶段传统班主任角色。辅导员则是传统班主任角色的拓展和延伸。必须明确的是，班主任和辅导员依然是班集体建设的指导和管理主体，并且应该进一步在学生成长和发展过程中扮演知心朋友和人生导师的重要角色。这一作用的发挥要求班主任和辅导员在展现领袖气质中体现陪伴的温度，在扮演伙伴角色中彰显引领的高度。领袖，不是命令主义，而是让学生心悦诚服；伙伴，

[①] 张康之：《论主体多元化条件下的社会治理》，《中国人民大学学报》2014年第2期。

表明不高高在上,而是同伴同行。陪伴是引领的必要前提,引领是陪伴的重要意义,二者相互补充、相得益彰。班主任角色一直在学生心中具有较强的话语权威,在引领学生成长方面具有先天优势。辅导员在开展日常思想政治工作过程中逐渐与学生建立起强有力的情感联系,在陪伴学生成长方面积累了丰富的工作经验。领导力的真谛是将职位影响力与非职位影响力结合起来,并以非职位影响力为主。只有发挥人格魅力、道德感召力和情感凝聚力的作用,领导者才具有真正的领导力。[①] 班主任和辅导员在陪伴引领班级同学成长成才的过程中,应在人格魅力、道德感召力和情感凝聚力增强等方面下功夫,通过业务能力以及专业领域话语权的提升形成独特的人格魅力,通过个人师德师风孕育出强大的道德感召力,通过对学生成长规律的深刻把握及情感倾注夯实集体的情感凝聚力,从而真正发挥引领和陪伴的双重作用。

2. 以文化建设为引领营造班集体氛围

高校班级通常是根据专业或者大类进行匹配和编排,学风建设往往成为班集体建设的主要内容。显然,仅有学风建设既无法实现共同体理念下的班集体建构,更无法回应学生综合素质养成过程中对于班集体育人功能的现实诉求。学生发展的多维需要呼唤内涵饱满、形式丰富的班级共同体文化,班集体文化建设应该包含建设目标、组织制度、精神理念、环境氛围、成员情感等诸多方面。辅导员、班主任、班干部以及普通学生都可以在班集体文化建设的不同层面上发挥出主体作用。其一,班主任和辅导员应发挥专业特长。他们较高的学术水平、理论思维、业务能力会让学生对其产生尊重感和敬畏感,有助于带动凝聚班集体文化共识。其二,班干部要充分调动主观能动性,在班级各项工作中有意识地融入文化建设的"微元素",例如班徽、班歌设计征集、寝室文化建设等活动。其三,班集体中各项素质突出的优秀学生也有用武之地,通过树立各方面的优秀典型能够促进班级整体文化氛围的营造。

---

① 李明、毛军权:《领导力研究的理论评述》,《上海行政学院学报》2015年第6期。

3. 优化班集体治理模式

从建制组成及架构设计上看，班级可以看作是一个层级压缩、功能简化的"微观"机构，因而也要遵循机构运行的一般逻辑。民主化和法治化运行对于班集体建设至关重要。民主化建设主要体现在班级事务的决策层面，民主决策的关键前提是集体中个体意见的有效表达和及时反馈，在集体决策的过程中既充分体现大多数人的意见又合理考虑个别人的意见。法治化建设体现于班级事务的建章立制，即结合班级的实际及班级成员的普遍诉求在学校及院系等上级各项规范制度的基础上进一步制定各项事务条例。这有助于更好地规范班级同学的行为，高效优质地完成班集体承担的各项职能，更好地服务班级师生，例如班级章程、寝室公约等规范的制定都是班集体法治化建设的有益尝试。在班集体民主化、法治化建设过程中，也能够进一步培育大学生的民主意识和法治素养。

4. 拓展班集体建设载体

近年来，高校学生社团组织蓬勃发展，社团活动丰富多样，已经成为大学校园一道亮丽的风景线。不可否认，学生社团工作对于充实第二课堂内涵、强化实践锻炼价值、提升学生综合素质具有重要意义，但不可避免地对学生心目中的班集体概念产生了冲击。[①] 从育人功能层面看，社团等学生组织其实是班级这一概念的拓展和延伸，是班集体功能的丰富化，但是班集体作为大学生思想政治教育重要载体的地位不会动摇，更不会取消。综合社团组织建设的成功经验以及班集体的组织优势，可以规划出班集体载体拓展的思路：其一，发挥平台优势，班主任、任课教师等除了在第一课堂上传授专业知识，更要在文体活动、学科竞赛、社会实践等第二课堂的育人环节中深度参与；其二，紧密联系党团组织，实现牵引联动，实施党班团一体化建设，这有助于通过党组织和团组织对班集体成员进行思想引领；其三，立足于学生综合素质养成，铸就班级共同体德智体美劳协同提升的文化底色，助力班级成员的全面发展。

---

① 盛佳伟：《新形势下高校班集体建设的思考》，《思想理论教育导刊》2014 年第 5 期。

5. 构建班集体思想政治教育中观理论

班级是开展大学生思想政治工作的基本单元，日常思想政治工作的各个环节基本都以班级为单位落实，然而辅导员、班主任在面向班集体开展宣传教育的过程中，可能会出现"上下一般粗"的弊端，陷入简单照抄照搬的泥淖。当前，对于大学生思想政治教育，党和国家高度重视，宏观层面的要求很多，如习近平总书记系列重要讲话和关于大学生成长成才的重要文件等；而在微观层面的学生实际状况，高校辅导员和班主任也基本能够把握得当，但是如何将大学生思想政治教育的宏观要求与学生成长成才的微观实际紧密结合起来、把宏观与微观贯通起来，目前中观理论的建构相对缺失，其落脚点应当在梳理归纳上级的文件政策和要求基础上，致力于养成在校大学生的公民人格，锻造堪当民族复兴大任的时代新人。只有将宏观理论的系统学习、深刻领悟，转变成学生易于理解的理论实际，才能帮助学生真正消化吸收。这需要高校辅导员和班主任具备较高的思想政治教育理论转化和话语转化的能力。习近平总书记系列重要讲话中，善于选取小切口、融入大视野，常用打比方、讲故事的方式阐述深刻的道理，这为高校辅导员和班主任提供了宝贵的指引，应该以"弱水三千只取一瓢"的理论厚度、以"身边人讲述身边事，身边事教育身边人"的实践路径、以灵动的表达形式和青春化的表达载体，构建起连接国家宏观理论与班集体微观实际之间的中观理论体系。

二、治理主体：实现辅导员与思政课教师协同育人

思想政治理论课（后文简称思政课）教师是中国特色社会主义理论在高校的主要传播者，是大学生思想政治教育的主力军。辅导员深入学生一线，是大学生日常思想政治教育和管理工作的组织者、实施者和指导者，对于引导学生成长成才、帮助学生排忧解难、维护学生正当权益功不可没，他们都是高校思想政治教育生态治理的重要组成部分。这两支队伍具有一些显著的共同点，比如存在的根据都在于立德树人，工作的着眼点都在于培养社会主义建设者和接班人，工作对象都是大学生，工作方式方法也有一

些共同之处，如都以一对多的理论传播、思想开导为主要工作抓手等。推动这两支队伍的相互赋能和协同育人，打造育人共同体、德育共同体、发展共同体，是落实中央有关文件的紧迫需要，是两支队伍发展的内生需要，更是促进学生成长成才和全面发展的紧迫需要。两支队伍协同育人并非一方附属于另一方，而是紧密结合学生思想实际和社会环境变化，符合大学生的年龄特点、认识规律和教育规律，自觉关注对方的育人模式，将日常事务、教学、科研相互结合，交替使用职能和时间，扩大工作领域、搭建工作平台，提升育人实效，实现高校思想政治教育生态治理的良性运行。

（一）辅导员与思政课教师协同育人之必要

习近平总书记在全国高校思想政治工作会议上指出："整体推进高校党政干部和共青团干部、思想政治理论课教师和哲学社会科学课教师、辅导员班主任和心理咨询教师等队伍建设,保证这支队伍后继有人、源源不断。"[①] 思政课教师与辅导员协同育人是推进思想政治工作的必由之路。具体而言，两支队伍协同育人的必要性体现在以下几方面。

一是促进学生成长的迫切要求。学生成长的内在诉求与德育的培养目标是一致的，即归根结底都是促进学生的全面发展，而全面发展本身需要两支队伍协同育人的支持。思想政治理论课教师对学生发展提供的是理论引导和方法论支持，而学生成长面临的是鲜活的现实世界，当其在生活中遇到现实难题彷徨无助时、当其无法用所学理论指导实践、用感知的实践检验理论时，与学生接触较多的辅导员可以借助思想政治理论课的重要载体，充当情感传输的纽带，帮助学生在知与行、理与法、人与我的关系探究中收获新知、加深感悟。

二是落实全员育人的本质体现。全员育人的理念不仅体现在课堂教学中，更离不开实践活动一点一滴的潜移默化的作用，其顺利开展离不开全方位育人、全过程育人的保障。只有思政课教师与辅导员协同配合，才能真正依托课堂教学、实践锻炼、校园文化等多重育人渠道，培养学生德智

---

① 《习近平在全国高校思想政治工作会议上强调：把思想政治工作贯穿教育教学全过程 开创我国高等教育事业发展新局面》，《人民日报》2016年12月9日。

体美劳全面发展的素质体系，最终形成育人合力。

三是推动自身发展的内在之需。通过协同育人，思政课教师在与辅导员集体备课、交流讨论的过程中加深对学生的了解，有利于改变思想政治理论课过分拘泥于知识传授的客观现实，增强思想政治理论课教师把握学生实际的可能性，最终成为理论与实务兼通的"专家型"思想政治教育者；通过协同育人，辅导员在备课、授课的过程中提高理论素养，有利于辅导员的职业化、专业化发展，最终成为既懂思想政治教育实务又懂思想政治教育理论的"专家型"辅导员。

（二）辅导员与思政课教师协同育人的障碍及表现

辅导员与思政课教师协同育人看似是不言自明的问题，细究起来就会发现，双方协同育人存在着颇多障碍因素，比如部分高校体制运行分轨、协同动力不足、协同抓手较少、长效机制缺失等。根据有关学者调查，在调研的23所高校中，有11所高校建立了大学生思想政治教育工作领导小组，有超过50%的高校没有设立统一的机构来领导全校大学生的思想政治工作。由此缺乏校级层面整合两支队伍的机构。在校领导分管工作安排上，所调研的高校中仅有2所高校由同一名校领导同时分管和联系学生工作部门和马克思主义学院（思想政治理论课教学部）；而在另外的21所高校中，两支队伍所在部门都是由不同的校领导来分管。[1]91%的辅导员表示没有参与过思想政治理论课改革，互相参与课题研究的比例低。调研中有近一半的辅导员表示"工作以来没有发表过相关学术论文"，仅有5%的辅导员"主持过省部级（厅）以上科研项目"，"主研过省部级（厅）以上科研项目"的辅导员比例也仅有17.6%。思想政治理论课教师"主持的科研项目成员中有辅导员"为成员的仅为6.8%。[2]根据我们对三所高校辅导员和思政课教师所作的访谈，得出以下初步结论：一是二者互相"看不上"，道同但不相为谋，代沟很大。辅导员觉得思政课教师刻板，"照本宣科"，思政课教

---

[1] 邓卓明，姜士生：《思想政治理论课教师与辅导员工作融合中存在的问题与对策》，《学校党建与思想教育》2018年第20期。

[2] 邓卓明，姜士生：《思想政治理论课教师与辅导员工作融合中存在的问题与对策》，《学校党建与思想教育》2018年第20期。

师觉得辅导员只会做事务性工作。二是亲和力彰显错位。有些辅导员过于富有亲和力，存在丧失思想影响力的风险，部分思政课教师相对而言缺乏亲和力，无法建立思想引领的有效途径。三是各自很难全面响应学生诉求。学生有困惑更愿意给辅导员讲，但部分辅导员因为理论水平限制，无法及时而准确地回应；思政课教师可以回应学生，但学生不愿意来问，二者错位现象较为突出。

（三）辅导员与思政课教师协同育人的路径创新

辅导员与思政课教师协同育人的路径包括辅导员为主、思政课教师参与型（例如谈心谈话、党团活动、指导社会实践）；思政课教师为主、辅导员参与型（例如课程教学、学术研究）等。提升高校思想政治工作的育人实效，关键在于思想政治理论课堂与学生日常思想政治工作两个渠道之间的联动连通及两支队伍合作研究，这需要发挥辅导员与思政课教师两大育人主体的协同效应，打好协同育人的"组合拳"，激发强大的育人势能。

1. 辅导员积极融入思想政治理论课堂

随着辅导员队伍职业化专业化建设的推进，越来越多的辅导员走上讲台承担《思想道德修养与法律基础》《形势与政策》等思想政治理论课。辅导员讲思想政治理论课的优势在于，他们扎根学生之中，在处理各项日常事务的过程中与学生有频繁的接触，既积累了深厚的感情，又了解学生的成长特点与现实诉求，由此而产生的亲和力会为辅导员在思想政治理论课上对学生进行思想引领打下较好的基础。丰富的案例和身边的故事是辅导员在思想政治理论课堂上最鲜活的素材，对学生关注热点的精准把握以及青春化的时代话语容易引导学生建立起宏观理论学习与微观生活、长远而抽象的目标与当下而具体的实际之间的有力联系，进而实现对学生的正面价值引领。辩证地看，辅导员讲思想政治理论课的劣势往往也来源于此。无论在日常思想政治工作中还是在思想政治理论课堂上，有些学生主观上更愿意与辅导员交流，因而有的辅导员会面临学生大量的疑问和困惑，但由于其理论积累与思想政治理论课专职教师相比相对较弱，面对一些尖锐的问题就会显得有些捉襟见肘。当他们的思想政治教育不够彻底而无法说服学生时，学生主观情感的迫切期待与现实之间的落差会消解思想政治教育的实效。毋庸置疑，辅导员融入思想政治教育第一课堂具有迫切的现实意义和实践价值，对于建设载体更加丰富、内容更加鲜活的思想政治教育主渠道具有积极的促进作用，是打造"有风景的思想政治理论课"的生力军。辅导员在思想政治理论课程上发挥育人作用的短板需要通过辅导员与思政课教师之间的协同来弥合。首先，对于部分理论功底较为薄弱的辅导员，可以探索"师带徒"的形式，由他们担任思想政治理论课专职教师的助教，随堂听课近距离学习。其次，对于有一定理论功底具备讲授思想政治理论课条件的辅导员，可以采取辅导员与思政课教师"1+1"同讲一门课的形式，辅导员侧重于讲授实践性较强的内容，思政课教师侧重于讲授理论性比较强的内容，二者之间合理分工、优势互补。再者，通过举行集体备课会、专题研讨会等形式，辅导员和思政课教师加强交流互鉴，从不同的视角完善优化课程内容设计，使思想政治理论课的内容和方法从天上回到人间、从文本进入学生心中，更具吸引力和感召力，最终内化为学生成长的方向和发展的准则。

2. 思政课教师深度参与日常思想政治工作

客观而言，学生在思想政治理论课堂上投入的时间较为有限，呈现出阶段性特点，受课程考核等多方面压力的影响，有些学生容易出现考前突击、囫囵吞枣的功利式学习，不利于思想政治理论真正入脑入心。与之相比，日常思想政治工作则贯穿学生大学学习实践的全过程，覆盖学生从入学至毕业的全周期。作为办好思想政治理论课的关键主体，思政课教师应该以恰当的方式投身到大学生日常思想政治教育实践中并发挥重要作用。其一，思政课教师应该在日常生活中走进学生。思政课教师可以通过担任兼职辅导员、班主任以及与学生结对等渠道走进学生群体并参与到学生的日常学习生活之中。首先，这有助于打破传统的思政课教师在讲台上、学生在讲台下，师生之间只有在课上相处而很少在课后交流的时空观念，从而破除学生对于思政课教师总是高高在上、照本宣科的刻板印象。其次，在参与学生学习生活过程中会帮助思政课教师更好地了解学生时代特点、关注学生现实诉求、把握学生成长规律，进而切实增强思想政治理论课的亲和力和针对性。其二，思政课教师应该在社会实践中引领学生。社会实践是青年学生了解社会、体验社会、贡献社会的广阔平台，是学生阅读社会这部"无字之书"的有效载体。当前，社会实践工作呈现出专业化、课程化、基地化、实效化、品牌化发展趋向。① 思政课教师应准确把握这一趋势。在红色寻访、乡村支教、社会调研等学生参与度较高的社会实践活动中，如果思政课教师随队参与其中，将思想政治理论课讲述在祖国的广袤大地上，将大大提高实践教育的思想性与理论性，也有助于打破时空局限实现思想政治理论课时间上和空间上的有效延展。当前，顺应全球化发展趋势，在"一带一路"倡议和人类命运共同体理念的感召下，越来越多的大学生走出国门开展社会实践活动。多元意识形态冲击的有效应对以及多元环境下讲好中国故事的现实挑战更急迫地呼唤着思想政治理论课专职教师更多地参与到大学生社会实践中来。其三，思政课教师应该为日常思想政治工作的顶层设计提供支持。思想政治理论课堂与日常思想政治工作相得益彰的前提是思政课教师与辅导员两支队伍同向同行。虽然辅导员是大学生日常思想政治教育活动的主要设计者、组织者和实施者，但是仅靠他们的力量是远远不够的，如果在教育实践活动的宏观设计以及微观实施的各个环节中有思政课教师深度参与并把好政治关、理论关，将会使日常思想政治工作达到事半功倍的效果。

3. 搭建平台，促进两支队伍协同研究

2019年3月18日，在学校思想政治理论课教师座谈会上，习近平总书记明确指出："我们党立志于中华民族千秋伟业，必须培养一代又一代拥护中国共产党领导和我国社会主义制度、立志为中国特色社会主义事业奋斗终身的有用人才。在这个根本问题上，必须旗帜鲜明、毫不含糊。"培养这样的人才，辅导员和思政课教师使命光荣、责任重大，应该有强烈的本领恐慌意识，系统学习和深入研究高校思想政治工作的时代条件、内在规律和作为教育对象的大学生的基本特征，才能有的放矢，做好教育引导工作。在2016年底全国高校思想政治工作会议上，习近平总书记指出："高校思

---

① 胡靖：《大学生社会实践的历程、价值意蕴与发展趋向》，《思想理论教育》2018年第1期。

想政治工作实际上是一个解疑释惑的过程……微观上是为学生解答人生应该在哪用力、对谁用情、如何用心、做什么样的人的过程，要及时回应学生在学习生活社会实践乃至影视剧作品、社会舆论热议中所遇到的真实困惑。"这些困惑其实也是辅导员和思政课教师的困惑，我们不能以己昏昏、使人昭昭。作为信道传道者，首先要明道，这就要求辅导员和思政课教师加强研究尤其是协同性研究。例如，近阶段出现的中美经贸摩擦，辩证地看，这又是高校进行爱国主义教育和形势与政策教育的绝佳时机，美国总统特朗普可谓中国人民的绝佳反面教员。让部分大学生从衣食无忧状态下的泛娱乐化生存、从多样流变过程中的感性思考自觉超越出来，是形势与政策教育的重要任务。辅导员和思政课教师如何自觉做纷乱信息的"过滤器"、做偏激情绪的"缓释剂"、做学生心态的"压舱石"？关于中美经贸摩擦，可以引导学生主动组织一些大讨论，比如"美国对中国人尤其是中国科学家拒签率高的背后是什么？""华为，究竟惹了谁？""美国加税，连着你和我"，帮助学生树立国家大事与己相关的心态，使之明确国家之势、国际之势、自我之势，进而把大学生的思想统一起来、武装起来，汇聚到习近平新时代中国特色社会主义思想上来。辅导员和思政课教师通过搭建协同研究平台，系统研究和解决思想政治工作中存在的问题，有助于通过反思、质疑、批判增强自身理论修养并创新工作理念、改进工作方法。例如，浙江大学成立德育与学生发展研究中心，整合思想政治理论课教师队伍和辅导员队伍的研究力量，通过举办研讨会、委托课题、出版系列丛书等方式，在德育基础理论、大学文化与大学精神、学生素质发展、辅导员工作以及学生事务管理等方面开展研究，致力于提高德育和学生发展的研究与实践水平，培养德育研究和学生事务专家。

（四）落脚点：辅导员与思政课教师的双向成长

无论是辅导员积极融入思想政治理论课堂，还是思政课教师深度参与日常思想政治工作，亦或是二者协同开展研究，背后蕴含的都是提升思想政治教育成效与两支队伍协同发展之间的必然逻辑，其实现路径在于辅导员与思政课教师角色特征与工作优势的互通互鉴，即辅导员要多一些思政课教师的思维，思政课教师要增添一些辅导员的色彩。辅导员与思政课教师的育人协同首先需要理念协同。双方要充分厘清对于彼此的认知误区，辅导员需要充分认识到思想政治理论课堂主渠道的关键作用以及思政课教师所做的突出贡献，思政课教师也要认同思想政治理论课堂与日常思想政治工作之间互为补充、彼此促进的重要意义以及辅导员在其中不可替代的位置，避免"道同却不相为谋"的尴尬境地。其次需要成长路径协同。通过对两支队伍画像，可以发现辅导员身上更明显地彰显出青春力、亲和力的特征，思政课教师展现出的专业力和思想力更为鲜明，这也为两支队伍的双向成长指明了方向。辅导员要在积极融入思想政治理论课堂的过程中从实践中提炼理论、用理论拔高实践，不断夯实自身的专业力和思想力。思政课教师则要在深度参与日常思想政治工作的过程中用理论指引实践、用鲜活的实践素材使理论学习更具时代感，从而提升自身的青春力与亲和力。

三、治理目标：培养担当民族复兴大任的时代新人

习近平总书记在党的十九大报告中提出"培养担当民族复兴大任的时代新人"的新要求，深化了对新时代教育为党育人、为国育才的初心与使命的认知，为高等思想政治教育生态治理改革提供了重要遵循，也为处于百年未有之大变局的伟大时代确立了人才培养的基本指向。伟大时代呼唤伟大精神，崇高事业需要先锋引领。2018 年 12 月 18 日，中共中央、国务院在人民大会堂举行庆祝改革开放 40 周年大会，隆重表彰改革开放杰出贡献人员，授予于敏等 100 人"改革先锋"称号，颁授改革先锋奖章。[①] 这既是对各行业敢为人先并做出杰出贡献者的充分肯定，是为了引导全社会见贤思齐、汇聚改革开放再出发的磅礴伟力，也为高校人才培养提供了基本参照。系统梳理和仔细研究改革先锋的相关资料，分析他们的共性特质和教育背景，不仅可以感悟他们的崇高精神，而且有助于为高校时代新人的培养提供有效借鉴。

---

① 胡靖：《大学生社会实践的历程、价值意蕴与发展趋向》，《思想理论教育》2018 年第 1 期。

（一）改革先锋的共性特质

作为"社会主义建设者和接班人"在新时代的具体体现和要求，时代新人是指"具有坚定、自信、奋进、担当的精神状态，具有理想信念、爱国情怀、道德品质、知识见识、奋斗精神和综合素质，能够担当中华民族伟大复兴历史重任的奋进者、开拓者、奉献者。"[①] 新时代中国特色社会主义事业不是轻轻松松就能实现的，需要久久为功、需要各个行业的时代新人不断涌现。改革先锋具有广泛的行业代表性，涵盖经济、科技、教育、医疗、基层一线、军队国防等各个领域；既有改革开放初期的开创者，又有新时代全面深化改革的积极践行者；年龄最大者102岁，年龄最小者38岁。通过对改革先锋相关资料的整理和分析，我们发现改革先锋在知识、能力、素质、人格等多方面的塑造与后天学习成长环境息息相关，在他们身上呈现出崇高的家国情怀、深邃的洞察力、不竭的学习力、勇于探索的创新力和不惧挑战的意志力五大共性特质，值得高校在培养时代新人过程中予以关注。

1. 崇高的家国情怀

家国情怀是千百年来优秀人物的共同特点，指人们对本国历史的强烈认同感和本土文化的强烈归属感，是对实现民族复兴、国家富强的执着追求和不懈探求。家国情怀典型体现在将个人与祖国命运紧密联系在一起的爱国心。改革先锋们出生、成长于旧中国、新中国、新时期的各个阶段，他们与改革开放共同前行、与时代同频共振。国防科技事业改革发展的重要推动者于敏，少年时代经历军阀混战和抗日战争两个历史时期，目睹日本侵略军的烧淫掳掠，痛感民族屈辱之悲愤，立志要学好科学，报效祖国。他曾说过："童年亡国奴的屈辱生活给我留下惨痛的记忆，中华民族不欺负人，也不能受旁人欺负，核武器是一种保障手段，这种民族情感是我的精神动力。"[②] 在哥德巴赫猜想研究取得瞩目成就的陈景润，有机会到世界一流的普林斯顿高等研究院工作，但当国外同行向陈景润提出这一邀请时，陈

[①] 刘建军：《论"时代新人"的科学内涵》，《思想理论教育》2019年第2期。
[②] 北京大学新闻网：《于敏：民族的脊梁 北大人的榜样》，http://pkunews.pku.edu.cn/xwzh/2015-01/15/content_287152.htm，2015-01-15。

景润予以拒绝并表示,"我的国家的确十分落后,正是因为这样,我才应该回去为国家服务"①。回国后,他还把在美国做研究节省下来的 7500 美元全部捐献给国家。被习近平总书记称赞为"新时期公正为民的好法官,敢于担当的好干部"的邹碧华,坚持司法为民,先后审理了一大批重大疑难案件。他曾说,"人的一生,都有一个需要坚守的价值理想的完美人格,应当是破除自我,将自己融入到人民中……无我,党的事业不朽"②。

2. 深邃的洞察力

洞察力是透过表面现象精确识别本质、从纷繁复杂的矛盾中抓住"牛鼻子"的能力。改革先锋顺应时代潮流,敏锐抓住机遇,积极寻求变革,背后体现的是未雨绸缪的长远视野和对时代脉搏的精准把握。华西村改革发展的带头人吴仁宝非常关注国家大事,1992 年邓小平同志南方谈话见诸报端后,他敏锐地察觉中国经济发展的新一轮高潮即将到来,于是连夜紧急召集全村党员干部开会,迅速采取行动,使华西在市场经济的大潮中抢得先机。③1987 年党的十三大召开后,民营企业家的优秀代表刘永好看到饲料加工业的广阔前景,果断将企业转向饲料生产领域,研制出第一款国产乳猪饲料,不仅改变了养殖业的周期和传统,对解决当时全国肉类供应短缺起到重要作用,更带动了数以万计的农民通过养殖脱贫致富。④"改革文学"作家的代表蒋子龙把笔触对准人民生活,一边关注现实中的改革发展,一边在文学中道出人民渴望变革的迫切要求,他的小说中几乎所有人物都有原型。⑤鼓舞亿万农村青年投身改革开放的优秀作家路遥在改革开放之初就敏锐地关注着生活在黄土地上的普通劳动者的生活变迁和悲欢离合,

---

① 中央庆祝改革开放 40 周年表彰工作领导小组办公室:《改革先锋风采录》,党建读物出版社 2019 年版,第 193 页。
② 中央庆祝改革开放 40 周年表彰工作领导小组办公室:《改革先锋风采录》,党建读物出版社 2019 年版,第 169 页。
③ 中央庆祝改革开放 40 周年表彰工作领导小组办公室:《改革先锋风采录》,党建读物出版社 2019 年版,第 143 页。
④ 中央庆祝改革开放 40 周年表彰工作领导小组办公室:《改革先锋风采录》,党建读物出版社 2019 年版,第 95 页。
⑤ 中央庆祝改革开放 40 周年表彰工作领导小组办公室:《改革先锋风采录》,党建读物出版社 2019 年版,第 263 页。

找到了文学表达的发力点。①

3. 不竭的学习力

改革先锋有一个显著的共同特征，即从不停止对知识的渴求和对外在世界的探索，对知识的渴望让他们拥有不断前进的内生动力。无论是出身富裕还是家境贫寒、天资聪颖还是天赋一般，他们都既不骄傲自满、安于现状，也从不怨天尤人、自暴自弃，而是始终如一地保持勤奋刻苦的学习态度。践行"工匠精神"的优秀代表许振超坚信，只有知识才能改变命运，只有发奋学习才能成就未来。作为工作在基层一线的产业工人，他凭着韧劲自学成才，熟练掌握高压变配电、电力拖动、数字控制、网络通信等桥吊作业的先进技术和随机英文资料，先后7次刷新集装箱装卸世界纪录，使"振超效率"享誉全球。② 资本市场发展的实践者禹国刚是日语专业出身，但他坚持工作之余广泛阅读金融方面的书籍。1983年国家决定派遣两名懂日语并精通金融的青年赴日本学习证券知识，禹国刚凭借优异的成绩脱颖而出，成为新中国第一批选派出国学习证券的留学生。秉承"学习不会白学的"的理念，他在日本留学期间努力学习，掌握了大量证券市场知识，为日后参与筹建深圳证券交易所打下了坚实的基础。③

4. 勇于探索的创新力

改革先锋不是停留于获取现有的知识、满足于现有的成绩或沉浸于现有的格局，而是敢于冲破权威和传统观念的束缚，不断创造全新的事物、开辟全新的境界。知识型企业职工的优秀代表巨晓林乐于思索、会干巧干，先后参加大秦线、京沪高铁等十几项国家重点铁路工程建设，创新施工方法114项，创造经济效益1000多万元。④ 载人深潜事业的实践者叶聪，在没有现成的设计标准、规范和参考资料可借鉴的基础上，凭借自身扎实的

---

① 中央庆祝改革开放40周年表彰工作领导小组办公室：《改革先锋风采录》，党建读物出版社2019年版，第287页。

② 中央庆祝改革开放40周年表彰工作领导小组办公室：《改革先锋风采录》，党建读物出版社2019年版，第101页。

③ 中央庆祝改革开放40周年表彰工作领导小组办公室：《改革先锋风采录》，党建读物出版社2019年版，第236页。

④ 中央庆祝改革开放40周年表彰工作领导小组办公室：《改革先锋风采录》，党建读物出版社2019年版，第62页。

专业知识，总结提炼深海载人潜水器的设计方法，推动中国载人深潜事业向前发展一大步。① 杂交水稻研究的开创者袁隆平，率先冲破传统遗传学"水稻为自花授粉作物，没有杂种优势"的理论束缚，于 1964 年在我国开展三系法培育杂交水稻的研究，之后又成功研究出"两系法"杂交水稻，创建超级杂交稻技术体系，使我国杂交水稻研究始终居世界领先水平，为保障我国粮食安全和世界粮食供给做出了杰出贡献。② 他们以自己的实际行动，诠释了先锋与时俱进、勇于探索的创新意识和创造能力。

5. 不惧挑战的意志力

"意志是人自觉地确定目标并支配其行动以实现预定目标的心理过程。"③ 改革先锋取得的成就离不开坚持不懈的意志力支撑。这种锲而不舍的品质使其面对一次次困难和挑战时始终坚守初心、不言放弃，直至成功。不惧挑战的意志力包含以下两方面的意蕴。一是忠于理想的决心。"做一辈子教师，一辈子学做教师"是于漪的毕生追求。扎根基础教育 67 年，于漪致力于教育教学改革与创新，推动"人文性"写入全国《语文课程标准》。为了让中国教育在世界上有话语权，于漪致力于建构中国教师自己的教师学，撰写数百万字探讨教育改革的文章，在基础教育教学改革研究中发挥了引领作用。④ 1963 年，25 岁的高才生樊锦诗来到莫高窟，此后的五十多年里，她选择扎根大漠，潜心石窟考古研究工作。在日复一日、年复一年的守护中，完成敦煌莫高窟北朝、隋、唐代前期和中期洞窟的分期断代。⑤ 视学术为毕生追求、视学问为终生事业的马克思主义理论家郑德荣在重病时仍叮嘱家人："告诉我的学生，要不忘初心……"⑥ 他的学生们评价他"用一生践行了

---

① 中央庆祝改革开放 40 周年表彰工作领导小组办公室：《改革先锋风采录》，党建读物出版社 2019 年版，第 71 页。

② 中央庆祝改革开放 40 周年表彰工作领导小组办公室：《改革先锋风采录》，党建读物出版社 2019 年版，第 251 页。

③ 李祖超，李蔚然，王天娥：《国家最高科学技术奖获得者非智力因素分析》，《教育研究》2015 年第 10 期。

④ 中央庆祝改革开放 40 周年表彰工作领导小组办公室：《改革先锋风采录》，党建读物出版社 2019 年版，第 8 页。

⑤ 中央庆祝改革开放 40 周年表彰工作领导小组办公室：《改革先锋风采录》，党建读物出版社 2019 年版，第 293 页。

⑥ 李双溪，郑德荣：《马克思主义中国化理论研究的推动者》，《光明日报》2019 年 1 月 5 日。

自己的信仰"①。二是永不放弃的恒心。中医药科技创新的优秀代表屠呦呦，在经历 190 次失败后，创建了低温提取青蒿抗疟有效成分的方法，而后带领团队攻坚克难，研究发现青蒿素，解决了长期困扰的抗疟治疗失效难题，标志着人类抗疟步入新纪元。②数字经济的创新者马云，最不害怕的就是失败。他 3 次高考失利，也是同时应聘肯德基餐厅服务生 24 人当中唯一落选的。他经历过太多失败，却始终坚信一句话：永不放弃。③坚持到底、永不放弃的恒心是助推改革先锋通往成功的不竭动力。崇高的家国情怀、深邃的洞察力、不竭的学习力、勇于探索的创新力、不惧挑战的意志力，这五个方面是改革先锋的共性特质，也是时代新人的应有素质，改革先锋与时代新人的素质结构是高度契合的。限于时代背景与客观条件，虽然有小部分改革先锋未在高校接受过正规教育，但当时家庭、社会、企业所承载的部分育人功能如今已经逐渐回归到高校的育人工作范畴。

（二）改革先锋的教育背景分析

教育兴则国家兴，教育强则国家强。习近平总书记在全国教育大会上强调，"教育是国之大计、党之大计"④。教育的基础性、先导性、全局性地位更加凸显。根据资料统计，目前可查证的接受过教育的改革先锋共 74 人，占总人数的 74%，其中本科及以上学历的共 62 人。考察改革先锋接受高等教育状况、所学专业与职业匹配度、留学经历及就读学校的校风学风等因素，有助于我们更好地了解和把握教育在改革先锋成长过程中的作用，也有助于为高校培养时代新人提供参考。

1. 接受高等教育状况

习近平总书记在全国高校思想政治工作会议上指出，"高等教育发展水平是一个国家发展水平和发展潜力的重要标志。实现中华民族伟大复兴，

---

① 李双溪，郑德荣：《马克思主义中国化理论研究的推动者》，《光明日报》2019 年 1 月 5 日。
② 中央庆祝改革开放 40 周年表彰工作领导小组办公室：《改革先锋风采录》，党建读物出版社 2019 年版，第 260 页。
③ 中央庆祝改革开放 40 周年表彰工作领导小组办公室：《改革先锋风采录》，党建读物出版社 2019 年版，第 18 页。
④ 《坚持中国特色社会主义教育发展道路 培养德智体美劳全面发展的社会主义建设者和接班人》，《人民日报》2018 年 9 月 11 日。

教育的地位和作用不可忽视"[①]。研究发现,不同年龄段的改革先锋取得的成功与其所接受的教育尤其是高等教育有着密切关系,具体情况见表 1。除了 61—70 岁这一年龄段之外,每个年龄段接受过本科及以上高等教育的人数在改革先锋中的占比都高于 50%,甚至出现 100% 的现象(30—40 岁之间的改革先锋)。高等教育在改革先锋的成长过程中发挥着基础性和支撑性作用。

表 1 改革先锋的年龄与学历状况

年龄	学历			合计	本科及以上人数在各自年龄段所占比重
	本科及以上	本科以下	不详		
30—40 岁	4	0	0	4	100%
41—50 岁	7	3	1	11	63.6%
51—60 岁	10	1	2	13	76.9%
61—70 岁	10	3	8	21	47.6%
71—80 岁	10	3	6	19	52.6%
81—90 岁	13	2	6	21	61.9%
91 岁及以上	8	0	2	10	80%
合计	62	12	25	99	

注:以上资料来源于获奖者的自传、回忆录、报告、传记,采访和新闻报道等,小岗村"大包干"带头人作为团队授奖来计算在内。

2. 所学专业与职业匹配度

根据对现有资料的研究发现,可查证的改革先锋的所学专业与其所在行业具有较高匹配度,表 2 列举了专业与职业匹配较高的先锋人物。表格中专业与职业"完全匹配"指的是改革先锋本科及以上所学的专业与之后从事的工作高度相关,如毕业于北京大学经济学专业的厉以宁,是享誉海内外的经济学家;"较为匹配"指的是改革先锋本科及以上所学的专业与之后从事的工作有一定的相关性,如英语专业出身的马云创建全球最大电子商务平台,虽然没有直接从事与英语相关的行业,但一直保持着全球化的

---

① 《习近平在全国高校思想政治工作会议上强调:把思想政治工作贯穿教育教学全过程 开创我国高等教育事业发展新局面》,《人民日报》2016 年 12 月 9 日。

视野，开创了数字经济的新时代，这与其外语专业具有较高的相关度。从表2可以看出，改革先锋在读书期间所学专业与其职业的匹配度较高，53人专业与从事行业完全匹配，占总人数的一半以上。由此可见，专业教育在很大程度上直接决定了改革先锋的职业选择。

表2 所学专业与职业匹配度较高的改革先锋人物

行业分布		人数	具体人物	专业与职业匹配度	对应人物
经济领域	经济学者	2	厉以宁、林毅夫	完全匹配-2人	厉以宁、林毅夫
	企业家/企业改革领导者	23	马云、马化腾、刘永好、李书福、李东生、李彦宏、张瑞敏、郑举选、南存辉、柳传志、禹国刚、倪润峰、袁庚、步鑫生、何享健、鲁冠球、刘汉章、陈日新、谢高华、马万祺、王宽诚、曾宪梓、霍英东	完全匹配-9人	马化腾、李书福、李东生、李彦宏、张瑞敏、南存辉、柳传志、倪润峰、刘汉章
				较为匹配-2人	马云、禹国刚
科学教育文学艺术体育卫生领域	科学	17	袁隆平、陈景润、屠呦呦、南仁东、于敏、程开甲、吴良镛、潘建伟、孙永才、王大珩、王启民、王永民、王选、包起帆、孙家栋、罗阳、叶聪	完全匹配-16人	袁隆平、陈景润、屠呦呦、南仁东、于敏、程开甲、吴良镛、潘建伟、王大珩、王启民、王永民、王选、包起帆、孙家栋、罗阳、叶聪
	教育	2	于漪、库尔班·尼亚孜	完全匹配-1人	于漪
	文学	2	路遥、蒋子龙	完全匹配-1人	路遥
	艺术	4	李谷一、谢晋、李雪健、施光南	完全匹配-4人	李谷一、谢晋、李雪健、施光南
	体育	3	郎平、许海峰、姚明	完全匹配-3人	郎平、许海峰、姚明
	卫生	2	陈冯富珍、钟南山	完全匹配-2人	陈冯富珍、钟南山
法律领域		6	王家福、许崇德、邹碧华、张月姣、张飚、史久镛	完全匹配-2人	王家福、许崇德、邹碧华、张月姣、史久镛

续表

行业分布		人数	具体人物	专业与职业匹配度	对应人物
社会建设领域	领导干部基层干部	22	何载、马善祥、吴仁宝、王伯祥、余留芬、尼玛顿珠、廷·巴特尔、周明金、王瑛、韦焕能、孔繁森、申纪兰、冉绍之、杨善洲、吴金印、邱娥国、茆永红、秦振华、鲍新民、杰桑·索南达杰、王有德、王书茂	未受过高等教育或专业不详	
	一线职工	4	张黎明、郭明义、巨晓林、许振超	未受过高等教育或专业不详	
	农民代表	2	小岗村"大包干"带头人、胡小燕	未受过高等教育或专业不详	
学者型专家		5	杜润生、郑德荣、胡福明、樊锦诗、李保国	完全匹配-5人	杜润生、郑德荣、胡福明、樊锦诗、李保国
国防海运军队建设	国防	1	吴荣南	完全匹配-1人	吴荣南
	海运	1	许立荣	完全匹配-1人	许立荣
	军人	4	蒋佳冀、景海鹏、戴明盟、韦昌进	完全匹配-3人	蒋佳冀、景海鹏、戴明盟
合计		100		55	

注：以上资料来源于获奖者的自传、回忆录、报告、传记、采访和新闻报道等；未列入"完全匹配"和"较为匹配"的人物，其专业与职业即为"不匹配"。

3. 留学经历

随着全球化进程的推进，面向国际化的教育显得愈发重要。统计发现，部分改革先锋有出国留学（含获取学位或访学等形式）的经历，留学国家包括美国、英国、加拿大、前苏联等国家。出国留学的改革先锋都选择在各自所学专业的基础上继续深造，接受过国外高校教育的经历对于改革先锋的性格塑造、知识储备等方面起到了积极推动作用，具体情况见表3。

表3　部分改革先锋的留学经历

序号	人物	留学经历	专业领域
1	王大珩	赴英国伦敦帝国理工学院攻读应用光学,后转入雪菲尔大学	光学
2	王家福	赴前苏联列宁格勒大学（现俄罗斯圣彼得堡大学）法律系攻读法学,获副博士学位	法学
3	史久镛	赴美国哥伦比亚大学研究院,获国际法硕士学位	国际法
4	孙家栋	赴前苏联茹科夫斯基工程学院学习飞机发动机专业	航空技术
5	李彦宏	赴美国布法罗纽约州立大学学习计算机	计算机
6	吴良镛	赴美国匡溪艺术学院建筑与城市设计系学习、获硕士学位	建筑学与城市规划
7	张月姣	赴美国乔治顿法学院、哥伦比亚大学法学院学习、获法学硕士学位	法律顾问
8	陈冯富珍	赴加拿大留学,获加拿大西安大略大学文学学士、医学博士、新加坡国立大学公共卫生理学硕士	公共卫生
9	林毅夫	赴美国芝加哥大学经济系学习农业经济,后获美国耶鲁大学经济发展中心博士后	经济学
10	郎平	赴美国新墨西哥大学留学,获体育管理系现代化专业硕士学位	排球
11	钟南山	赴英国爱丁堡大学医学院及伦敦大学呼吸系进修	呼吸病
12	程开甲	赴英国爱丁堡大学留学,从事超导电性理论的研究	物理学
13	潘建伟	赴奥地利留学,获维也纳大学博士学位	物理学

4. 校风学风

文化是学校的灵魂。学校文化和氛围的熏陶对改革先锋的人生和职业选择有着深远的影响。从北京大学远赴千里之外的敦煌,55 年潜心敦煌文物研究、保护和利用工作的樊锦诗曾表示,"北大的教育和熏陶,使我明白如何为敦煌做好工作。北大影响了我的一生"①。毕业于浙江大学的改革先锋程开甲院士晚年曾说,"1937—1941 年,理学院束星北、王淦昌、陈建功、苏步青等大师们的教育和浙大求是精神的熏陶培养了我求真务实、勇于探索、勇于创新、献身科学的精神,为我打下了坚实的基础。我非常感谢浙

---

① 蒋朗朗:《精神的魅力 2018》,北京大学出版社 2018 年版,第 145 页。

大求是精神和大师们给我的宝贵'财富'"①。学校文化对改革先锋人格的塑造和思维能力的提升发挥着重要作用,感召他们以思想引领时代、以实干造福人民。

(三)高校时代新人塑造的理路创新

新时代,青年人生发展的"拔节孕穗期"与民族伟大复兴机遇期高度重叠,青年梦与中国梦紧密交织,时代新人的培养任务更紧迫。大学时期是青年实现个人全面发展的关键时期,在《新时代公民道德建设实施纲要》和《新时代爱国主义教育实施纲要》两个重要文件出台和贯彻落实的背景下,高校如何培养新时代的优秀大学生?家庭、高校、社会如何协同育人,培养有理想、有本领、有担当的时代新人?观察和分析改革先锋的共性特质及教育背景,对深化理解这些问题并在教育理念、内容、方法上予以创新具有一定的参考价值。改革先锋的共性特质及教育背景,为新时代的高校教育改革与人才培养提供了启示和借鉴。

1. 高校时代新人塑造理念的优化

时代新人的理念应深度融合改革先锋的共性特质。作为高校育人实践的根本遵循,教育理念的优化升级势在必行。其一,守正与创新相结合。从改革先锋的受教育经历及事迹中可以看出,随着时间推移,改革创新面临的知识和能力壁垒逐渐增高。守正意味着对前人知识积累的自觉继承,创新意味着在现有成果基础上的持续深耕,二者犹如一对双生体,既相互制约又相互促进。这要求高校在人才培养的各个环节,不仅要重视知识传授,而且要注重思维启发,将具有探究性和启发性的元素更好地融入教育教学各个环节。其二,家国情怀与国际视野融合。家国情怀催生的深远而持久的驱动力对于个体成才具有重要作用。随着我国愈发深度参与国际事务,比以往更加迫切需要人才具备高远的国际视野。一方面,国际视野的培养有助于青年大学生家国情怀的深化,在客观的中外比较中能够坚定文化自信;另一方面,国际交流经历获取的先进技术和经验以及中外文化碰撞融

---

① 曾福泉:《追忆浙大老学长、中国"核司令"程开甲——为祖国奉献的人生是美好的》,《浙江日报》2018 年 11 月 19 日。

合出的理念有助于青年大学生练就报效国家改造世界的本领。其三,科学理念与人文精神并重。我国近代史上的高校著名校长竺可桢曾强调,"大学教育的目标,决不仅是造就多少专家如工程师医生之类,而尤在乎养成公忠坚毅,能担当大任,主持风会,转移国运的领导人才"①。这段话蕴含着科学理念与人文精神并重的教育理念,该理念在诸多改革先锋身上也有直接映射。科学情怀和人文精神分别关系着受教育者发展成长的"术"与"道",前者教会人改造社会的手段,彰显微观的工具属性,后者则指引人改造社会的方向,凸显宏观的引领属性。"人文主义价值观的目标是实现人、教育和社会的可持续发展。"②因此,高校在践行科学理念的同时应坚守人文精神,更加契合社会需求与人民期待。

2. 高校时代新人培养内容的拓展

教育内容是对教育理念的回应、对教育目标的落实,是育人的基本依托。改革先锋的教育背景为高校人才培养的内容体系提供了参照,结合新时代的新要求,高校在教育内容上应自觉拓展。其一,注重基础性知识与开放性知识的整合。基础知识传授重视基本能力养成,开放性知识学习促进创新能力及综合素质延展,当前很多高校实施的专业教育与通识教育相融合、第一课堂与第二课堂相融合,都是行之有效的基础知识与开放性知识整合举措。其二,注重专业意识与交叉思维的辩证。"干一行钻一行终成就一行"的价值观念在改革先锋的经历中得到充分彰显,专业意识的强化有助于学生专业认同度及专注度的养成,表征着能够抵制多元多变环境中的种种诱惑而持久做好一件事的定力和品格。人类社会面临的矛盾以及应对的难题日渐尖锐和复杂,这往往是单一学科和一元知识体系无法解决的,因而培养学生交叉思维显得非常必要。精于专业知识又不囿于专业限制,建立多元知识体系是专业意识与交叉思维辩证关系的实质所在。其三,注重挫折感教育与心理健康教育。面对挫折时所迸发出的忠于理想的决心以及永不放弃的恒心是改革先锋取得成功的关键原因。与改革先锋相比,当代青年

---

① 竺可桢:《竺可桢全集(第二卷)》,上海科技教育出版社2004版,第455页。
② 汤晓蒙,黄静潇:《人文主义教育观的重申——联合国教科文组织〈反思教育〉报告解读》,《高教探索》2017年第8期。

享有更加优越的生活环境，但由于社会快速发展、竞争日益加剧，对即将迈入社会的大学生而言，现实生存和发展压力有增无减。这一双向错位使青年比以往更加需要挫折教育和心理健康教育，相关的内容应当贯穿青年教育教学的全过程以及公民成长的全生命周期。

3. 高校时代新人浸润环境的构筑

家庭、学校和社会应以培育时代新人为归旨联结成坚实的育人共同体。人无时无刻不浸润于环境之中，家庭、社会、学校等不同环境之间的博弈与融合构成青年成长发展的生态系统。家庭世代传承的家风、社会呈现出的风气、校园特有的文化底蕴涵育出的校风学风都会在个体成长的不同阶段尤其是青年阶段产生或显或隐的影响。其中，学校是教育实践的主阵地，校风学风对于学生的人格塑造作用从改革先锋的成长体验中可见一斑。这启示教育工作者"加强课程教学、校内实践、社会实践、国际交流4个课堂的协同培养，构建全过程的教育生态圈"[①]，优化人才培养体系。四个课堂之间的融通协同应当建基于大学文化建设及大学精神传承，并不断通过课堂内外、校园内外的联动实现校园育人环境与其他育人环境的交互融合、同向同行，完善全环境育人的丰富内涵。

四、治理样态：建构基于社会运行的"大思政课"体系

2021年3月6日，习近平总书记在看望参加全国政协会议的医药卫生界、教育界委员时指出，"'大思政课'我们要善用之，一定要跟现实结合起来"，"思政课不仅应该在课堂上讲，也应该在社会生活中来讲"[②]。习近平总书记关于"大思政课"的重要论述，为新时代思想政治理论课改革以及思想政治工作拓新开辟了崭新视域。从实施主体、空间场景、互动形式等维度综合来看，"大思政课"以思政课程为基础形态，以生活实践为拓展形态，并最终熔铸于社会运行的泛在形态。三种形态有机联结、逻辑递进、融合共生，

---

① 吴朝晖：《努力构建以立德树人、全面发展为导向的人才培养体系》，《中国高教研究》2019年第3期。

② 《"'大思政课'我们要善用之"（微镜头·习近平总书记两会"下团组"·两会现场观察）》，《人民日报》2021年3月7日。

共同展现了"大思政课"的现实图景，生成高校思想政治教育生态治理的现实样态。

（一）思政课程："大思政课"的基础形态

"大思政课"虽然与思政课是两个不同的概念，但其发展源流、价值旨归却与思政课有着千丝万缕的关联。在"大思政课"概念正式提出之前，习近平总书记在学校思想政治理论课教师座谈会上指出，"当前形势下，办好思政课，要放在世界百年未有之大变局、党和国家事业发展全局中来看待"①。这其中便蕴含着从思政课发展到"大思政课"的现实必要和逻辑必然。"大思政课"一经提出，在一定意义上赋予了原本的思政课以"小思政课"的意涵隐喻，并从主体、空间、资源等维度实现对思政课的发展性超越。从习近平总书记提出"大思政课"重要论断的具体场景和现实背景可以看出，思政课是"大思政课"出场语境的直观映射，随之自然而然地成为人们认识和理解"大思政课"的重要参照对象。与此同时，思政课不仅是高校思想政治教育的主渠道，也是落实立德树人根本任务的关键课程。因此，以思政课为基本框架建构"大思政课"，既符合客观需要，也具备主观条件，思政课程则构成了"大思政课"的基础形态，在"大思政课"的诸形态之中具有基础性和支撑性的重要地位。

"大思政课"的思政课程形态以思政课教师为实施主体，以思政课堂为基本空间，以基于社会现实的理论阐释为主要实践互动形式。其一，相较于传统的思政课而言，"大思政课"之"大"体现于格局之宏大。"大思政课"将思政课置于世界百年未有之大变局以及中华民族伟大复兴战略全局的背景下，着眼于党和人民事业发展后继有人，立志于培养担当民族复兴大任的时代新人。"大思政课"以小课堂观察大时代、解读大时代，引领学生从中华文明史中把握历史浪潮、触摸时代脉动。其二，相较于传统的思政课而言，"大思政课"之"大"体现于视野之宽阔。从世界风云际会到时代磅礴潮涌，从古今之演变到中外之对比尽现于一方课堂之中。思政课教师"善

---

① 习近平：《思政课是落实立德树人根本任务的关键课程》，《求是》2020年第17期。

用历史长河、时代大潮、全球风云中的鲜活素材"①,并灵活运用启发式、研讨式、辩论式等丰富的授课形式,引导学生正确认识世界和中国发展大势,深刻体悟当下中国所处的历史方位和新时代青年的人生际遇。通过在讲述思政课的过程中充分关照社会现实、回应学生真实困惑,以社会现实验证理论阐释,提升说理的真实感,从而避免给学生以"照本宣科"的枯燥感。其三,相较于传统的思政课而言,"大思政课"之"大"体现于空间之延展。课堂不仅是狭义理解上的一种物理空间的指称,更是教育主体与学习主体熔铸而成的师生共同体在交流互动中所建构的具体情境,是一个充满活力的有机体。因此,思政课堂并不局限于教室之中,通过在课程中适当设置实践环节,如科研攻关的实验室、各类主题教育基地乃至基层扶贫干部互联网带货的直播间等一切富有育人潜力的现实空间或虚拟空间都可以成为思政课堂的有机延展。与此同时,通过思政课程与课程思政的协同联动,包含思政课、专业课在内的所有课程都嵌入到"大思政课"课程形态的育人空间之中。

  作为"大思政课"的课程形态,思政课受制于其本身固有特点,在实践过程中也不可避免地会面临一定的现实困境。一是来自时空维度上的物理性制约。就现实而言,从形式上思政课已经形成一套较为成熟完整的程式化、制度化安排。例如,思政课整体的实施要按照教学计划的整体安排有序推进,每门课程都有相对固定的上课时间、上课地点,因此其在时空维度向社会的延展空间是有限度的,如果过度延展必然打破现有的教学秩序和教学生态。这也意味着,除了在预先安排好的特定时空情境之外,学生们的思想困惑和价值诉求在客观上很难通过思政课程的渠道得到及时有效回应。二是来自实践范式上的结构性制约。"大思政课"课程教学实践的良性运行需要满足一系列必要因素方能达成教育目标,如教学大纲的准确执行、课时学分的合理认证以及教学评价的科学实施等。但是随着社会资源、实践元素等融入其中,随之而来的课程形态转化、课时学分认证、课程考核评价以及课程实施协同等一系列问题都是"大思政课"课程形态建设中

---

① 沈壮海:《"大思政课"我们要善用之:思考与探索》,《思想政治教育研究》2021年第3期。

亟待解决的崭新课题。三是来自教师队伍胜任力上的功能性制约。"大思政课"视域下，虽然思政课的育人主体得到广泛拓展，但思政课教师仍然是关键核心力量，这不仅对思政课教师的理论阐释能力提出更高要求，对思政课教师的实践意识、实践能力都提出了更高的挑战。

对于"大思政课"的思政课程形态的优化，关键在思政课教师的素质能力，重点在思政课的建设机制。一方面，要着眼于思政课教师素质能力的培养。习近平总书记在学校思想政治理论课教师座谈会上对思政课教师提出"政治要强、情怀要深、思维要新、视野要广、自律要严、人格要正"①六个方面的总要求。思政课教师素质能力培养在树立与"大思政课"相适应的"大历史观"的基础之上，着重培养统筹设计的能力、组织协同的能力以及理论联系实际的能力。除依托传统的学术报告、跟班听课、集体备课、比武赛课等载体，还应充分借鉴宣传思想工作者、基层党政干部、辅导员等各条战线上骨干队伍素质提升的创新载体和典型经验，进而从理论、实践等各个维度全面提升思政课教师实施"大思政课"的胜任力。另一方面，要着眼于思政课建设机制的革新。校内外各种实践教育形式纷繁复杂，难免会良莠不齐，对于纳入"大思政课"课程形态中的实践载体需要在充分调研的基础上进行系统梳理、科学评审，经过整体把关后提供给思政课教师取用，各类实践教育资源统筹调配的协同工作机制也需要随之完善，这样既可以有效避免实践环节设计中的无序发展，又可以为思政课教师减压，并且仍然保留一定的设计和创新空间。同时，与实践环节相适应的课时和学分认证以及学生课程评价体系也要进行革新，确保教师的工作量得到有效认可、学生的学业表现得到客观评价。

（二）生活实践："大思政课"的拓展形态

人类社会的一切活动都寓于特定的时间与空间之中，时间与空间构成了人类求解已知、定位当下、探索未知的基本尺度。②"大思政课"如何能够超越课程形态所面临的结构性制约，实现在时间和空间上的自由延展，

---

① 习近平：《思政课是落实立德树人根本任务的关键课程》，《求是》2020年第17期。
② 潘一坡、项久雨：《思想政治教育时空论》，《思想理论教育》2020年第11期。

必然需要在基础形态的框架之外衍生出新的表现形态,因此,"大思政课"的生活实践形态呼之欲出。习近平总书记指出:"广大青年要如饥似渴、孜孜不倦学习,既多读有字之书,也多读无字之书,注重学习人生经验和社会知识。"①相较于思政课而言,其在时间设置方面更加灵活,在空间延展方面更为广泛,而且在功能上可以为课堂教学中的理论阐释提供有力验证。与课堂上基于社会现实的选择性和间接性叙事方式不同,现实场景中的生活实践是社会现实的"一次叙事",具有真实可触、直观易见的显著优势。经过恰当的场景选取和情境创设,可以赋予学生沉浸式的生命体验。基于生活实践建构"大思政课",既具有强烈的现实意义,又蕴含丰富的现实基础,生活实践则构成了"大思政课"的拓展形态,在"大思政课"的诸形态之中具有拓展性和补充性的重要地位。

"大思政课"的生活实践形态以辅导员等思想政治工作者为实施主体,以社会现实中的具体场景为主要空间,以学生亲身参与、具身体验为主要形式,实现寓道理于故事,将宏大叙事转化为微观语境下的现实关切。事实上,"大思政课"的生活实践形态在实际生活中已经广泛存在,并散见于丰富多样的学生日常思想政治教育实践活动中,如以社会实践、志愿公益、创新创业等载体呈现,"大思政课"生活实践形态的独特优势体现于诸多方面。其一,体现于具身化育人场景建构。例如,当学生成为北京冬奥会上的青年志愿者时,会激发出强烈的置身感和参与感。而正在持续焕发生机活力的广袤中华大地便是"大思政课"最大最好的课堂。"鲜活的思政课素材,正是亿万中国人已经书写和正在书写的时代篇章。"②青年学生通过红色寻访、国情调研、乡村支教等多种方式扎根中国大地,用实际行动感受祖国的事业耕耘、山河变迁,从而真正"读懂中国"。其二,体现于直观化育人内容叙事。生活中的真实场景作为社会现实的"第一现场",本身便具有无言之教、无形之教的功能意蕴,如纪念馆中的陈列品、重大仪式典礼现场、乡村振兴的热烈景象等都是典型的社会大课堂。"大思政课"的生活实

---

① 习近平:《在知识分子、劳动模范、青年代表座谈会上的讲话(2016年4月26日)》,《人民日报》2016年4月30日。
② 《"'大思政课'我们要善用之"(微镜头·习近平总书记两会"下团组"·两会现场观察)》,《人民日报》2021年3月7日。

践形态通过亲历者口述、情景体验、实物展示、图片影像映现等具象化的实践叙事方式，引导参与者在"原汁原味"的教育场景中获得"有滋有味"的生命体验，从而身临其境与社会现实直接对话，进而褪去"滤镜"体悟生活的本质。其三，体现于多元化育人主体入场。毛泽东指出："要在人民群众那里学得知识，制定政策，然后再去教育人民群众。所以要当先生，就得先当学生，没有一个教师不是先当过学生的。而且就是当了教师之后，也还要向人民群众学习，了解自己学生的情况。"[①] 以人民群众为师的思想生动体现在"大思政课"的实践理念当中，在社会大课堂中，各行各业的典型人物、基层一线的党员干部等人民群众中的先进分子纷纷直接入场，伴随着空间场景轮转，交替成为"大思政课"的主讲者，并在自己的"主场"中发挥核心主体功能。

当前，由于实施主体多元、实践场景多样等因素，"大思政课"的生活实践形态也在一定程度上面临失序发展的不良倾向。一是实践形态繁多而顶层设计不足。虽然经过长期探索已经积累了形式丰富的实践载体，但由于顶层设计不足，实践活动规范化程度还有待加强，如"打卡式""划水式"参与的现象仍然存在，"来过就等于学过"的心态也在部分学生群体中蔓延。如此一来，"大思政课"即便表面上看起来"轰轰烈烈"，却只能在学生心中留下"平平淡淡"，实践育人"冷热不匀、受力不均"的问题亟待解决。二是场景体验充实而理论阐释不足。事实上，各方育人主体大多并非"科班"出身，因此在充实的场景体验基础上，做好理论阐释这一"画龙点睛"之笔仍然存在局限性。如何将受众感官上的触动转化为灵魂深处的洗礼，引导学生既能真切感知到党带领人民百年奋斗的重大成就，又能深刻领悟到这些成就背后的道路逻辑、理论逻辑、制度逻辑、文化逻辑以及中国特色社会主义制度优越性，纾解场景体验与理论阐释之间的脱节，同样是摆在"大思政课"面前亟待破解的重要课题。三是社会资源充裕而统筹协同不足。社会资源合理配置是发挥"大思政课"育人实效的重要前提，然而由于各方社会资源相对孤立分散，各管理主体之间也缺乏有效协同，因而造成社

---

① 《毛泽东文集（第八卷）》，人民出版社1999年版，第324页。

会资源配置错位问题,所产生的育人效应也自然随之衰减,不同社会育人力量的合力作用尚待充分激活。

对于"大思政课"生活实践形态的优化,需要从教学情境创设和实践模式完善两个方面着手。一方面,要创设沉浸式的教学情境。习近平总书记引用西汉刘向的《说苑·政理》中"耳闻之不如目见之,目见之不如足践之,足践之不如手辨之",用以阐释认识与实践之间的关系。在"大思政课"生活实践形态建构过程中,融合"耳闻""目见""手辨"三者于一体,是教育情境创设的本质诉求。因此,教学情境的创设既要保证"耳闻"和"目见"的亲和感,也要兼顾"手辨"的互动感,基于实体空间场景的原生优势,通过技术赋能作用,为学生营造沉浸式体验。在先进科技手段的支撑下,沉浸式体验发展为即时性、可控性、多感官、包裹性的体验系统。[①]另一方面,要完善规范化的实践模式。其一,高校思想政治工作者要在形式上对纪念场馆、教育基地等按照类别进行"菜单式"梳理和系统化管理,如通过培育创建"大思政课"实践基地等方式,推动各方社会资源的全面整合和合理配置。同时,要结合教育对象在各学段、各年级等方面的异质性,对实践活动的开展形式、时间跨度等基本要求作出针对性规定。例如,有高校明确规定,博士研究生要至少开展一次四周以上的社会实践活动。其二,高校思想政治工作者要在内容上立足"大思政课"的宏大育人目标,发挥重要"把关人"作用,在调适学校小课堂与社会大课堂的融合衔接方面发挥主导作用,与社会育人主体形成有力补充。

(三)社会运行:"大思政课"的泛在形态

社会每时每刻都处于运行之中,众多要素在满足一定运行条件的情况下,基于一定的运行规律发生相互作用,构成一个复杂的社会系统。社会系统可以看作是由多个子系统融构而成,如学习系统、劳动系统、生活系统等,思想政治教育系统也是其中之一。不同子系统承载了不同的社会功能,不同系统之间相互建构,共同形塑了社会系统的整体架构,并且指向"社

[①] 许瑞芳,张宜萱:《沉浸式"大思政课"的价值意蕴及建构理路》,《思想理论教育导刊》2021年第11期。

会的人"生命活动的全周期和全方位。思想政治教育各项活动离散地分布在人们不同成长阶段、不同生活场域、不同主题意旨的实践活动之中，因此，我们也可以认为社会系统的各个子系统也都承载了一定的思想政治教育功能。马克思强调："全部社会生活在本质上是实践的。"[1] 在人的生命活动中，思想政治教育并不脱离于社会生活而孤立存在，而是发挥着适应、融入、引领社会生活的功效。"大思政课"作为一种特殊的思想政治实践活动，同样也是人的生命活动的有机组成部分，无法脱开人的生命活动而孤立存在。"大思政课"与社会现实紧密融合、与社会实践充分互动、与时代发展同频共振，与社会运行之间具有天然的有机联系。社会生活的本征规律，奠定了"大思政课"的实践哲学基础，并与"大思政课"的实践性品格高度契合。可以说，"大思政课"的思政课程形态是引社会入思政，生活实践形态是引思政入社会，那么基于社会运行建构"大思政课"的泛在形态，则是融思政于社会，社会运行形态在"大思政课"的诸形态之中具有广泛性和兼容性的重要地位。

"大思政课"的社会运行形态以思想政治工作者、宣传思想工作者、先进典型、主流媒介等为主导的社会全员为实施主体，以社会生活全域为空间，以基于学生置身社会运行中的亲身感知进行思想引领和价值引导为实践方式，促进社会良性运行与思想政治教育双向赋能。"大思政课"的社会运行形态着眼于个体全部的社会生活，实现对思政课程形态和生活实践形态的超越。其一，灵活运用社会治理的鲜活成果。社会运行的重要时机和重大事件是赋予"大思政课"的宝贵契机，社会运行中实时产生的治理成果则是鲜活有效的教育素材，如"最多跑一次"改革、新时代"枫桥经验"等都蕴藏着丰富的育人资源。相较而言，一次课程或一次实践活动的场景往往是社会运行中静态的时空截面。通过对社会运行时机的精准把握和对社会治理成果的及时运用，可以有效克服静态场景的局限性，实现"大思政课"与社会运行同向同行。其二，充分激活典型符号的意义象征。一个好的典型可以引领一股社会思潮，典型的竞相涌现为壮大社会主流价值注入了源

---

[1] 《马克思恩格斯选集（第一卷）》，人民出版社 2012 年版，第 135 页。

头活水。遍布于生活、学习、工作等各个场域的典型为个体提供了观察和模仿的直观对象，透过典型自身直接的言传身教，或是多元主体间接传授教化，经由文本、图像等叙事形态及其各种衍生形态的传播介质作用，典型的言行得以全方位呈现给受教育者，社会主流价值观念通过典型实现符号化传播，并在意识形态阵地占据主动位置，从而达到弘扬正能量、消解负能量、引领社会道德风尚的目的。其三，有力回应社会生活的真实困惑。发展成长的迷惘、价值实现的困惑一直以各种各样的形态不同程度地存在于个体生命周期的各个阶段，尤其在人的青年时期最为凸显。对于社会转型期的青年学生而言，他们成长中的困惑随着社会发展迭代升级、生活空间从现实向虚拟延伸、信息密度指数增长愈发复杂而深刻。在敏锐把握青年学生人生困惑的基础上，"大思政课"通过主流媒介的议题设置与舆论引导，从而"及时回应学生在学习生活社会实践乃至影视剧作品、社会舆论热议中所遇到的真实困惑"①。

就现实而言，思政课程形态、生活实践形态、社会运行形态三种"大思政课"的展现形态只是理论层面上的划分，三者之间相互支撑、相互交叠，前者由于自身固有特点存在的局限性也在后者得到弥补。"大思政课"的社会运行形态面临最大的考验在于，社会良性运行状态受到扰动时所产生的连锁反应。一是社会运行阻滞的消极映射。在庞大而复杂的社会系统运行过程中，当遇到运行障碍时，如社会上发生一些负面事件，尤其是在网络社会，即便是局部的个别问题也可能产生全局性影响，若应对处置不当则会削弱党和政府的公信力，进而导致社会现实对于思想政治教育的验证功能受到消极影响。二是负面社会思潮的冲击影响。20 世纪 80 年代初，《中国青年》杂志刊登的一封署名为"潘晓"的来信，表达了一代青年的集体困惑与隐忧。当前，我国正处于经济转型升级的关键时期，各种社会思潮纷纭激荡、复杂多变，为此我们要有清醒的认识，防止西方对我国"西化""分化"的图谋。三是媒介传播失序的不良导向。大众媒介是传播社会主流价值观的重要载体，客观上承载着分配公众注意力的功能，但是部分媒体受

---

① 《习近平首次点评"95 后"大学生》，《人民日报》2017 年 1 月 3 日。

到"流量思维""网红思维"等错误导向,在青年群体中"制造焦虑""贩卖焦虑",加剧了不良社会思潮的网络传播,不利于讲好"大思政课"。

如何屏蔽社会良性运行时受到扰动所产生的负面影响,是优化"大思政课"社会运行形态的主要着力点。一是要合理运用社会运行中的负面资源。首先,要正确认识社会运行的负面资源,"大思政课"所立足的社会现实是社会的全貌,而不是经过"过滤"后只留下正面的一部分。正如邓小平同志强调:"历史上成功的经验是宝贵财富,错误的经验、失败的经验也是宝贵的财富。"[①] 其次,要在坚持正面导向的主基调下,正视并直面社会运行中不和谐的音符,引导学生更加深刻地体悟我国的基本国情和当下社会的主要矛盾,认识理解"中国之治"的来之不易,并以此为基础锚定未来人生的奋斗方向。二是要优化大众媒介的舆论引导。进入全媒体时代,媒介作为"大思政课"重要言说和叙事主体的作用愈发凸显并且亟待激活。由此,需要不断提升大众媒介从业主体的社会责任意识,加快推进媒体深度融合,传播主流价值。尤其是一些社会公共热点事件的网络舆情爆发后,以主流媒体为主导的社会媒介要积极发声,正确发挥媒体在引导社会舆论中的作用,为讲好"大思政课"营造风朗气清的网络空间和积极向上的舆论氛围。

---

① 《邓小平文选(第三卷)》,人民出版社1993年版,第234-235页。

结　语

中国特色社会主义进入新时代,"完善和发展中国特色社会主义制度,推进国家治理体现和治理能力现代化"成为全面深化改革的总目标,治理的意义和价值愈加凸显,有关国家治理现代化的论题成为学界关注的焦点。思想政治教育作为国家治理的重要方式,不仅要关照和服务国家治理现代化的理论和实践发展,还要不断深化思想政治教育自身治理体系和治理能力现代化。本书主要从历史发展维度回顾了高校思想政治教育生态的历史演进、发展特征和基本历史经验,整体上分析了高校思想政治教育生态治理的主要内容、关键要素和运行机理,立足当下对比分析了境内外高校思想政治教育生态的基本状况、治理模式和实践路径。总体上看,本书呈现出鲜明的特点:从战略视野积极回应高校思想政治教育服务国家治理现代化的新要求,从生态治理视角深入思考新时代高校思想政治教育高质量发展的新路径,坚持问题导向重点聚焦新时代高校思想政治教育实践发展的现实困境。高校思想政治教育生态治理既是一个理论前沿问题,也是一个重要的实践问题,高校思想政治教育生态治理的理论和实践研究需要在其发展规律、内生动力机制、效能转化机制等方面进一步深化和拓展。

一、本书研究的主要内容和研究维度

本书主要分为导论和九个章节的主体内容,立足当前学界理论研究和发展现实的基础上,试图厘清高校思想政治教育现有治理模式的效应和成因,阐释基于质量导向的生态治理模式内涵和特质,提出探索顺畅高效的思想政治教育生态治理机制、打造多元主体的思想政治教育队伍、机构以

结 语

生为本的思想政治教育治理生态、集成"守一望多"的思想政治教育内容体系、秉承灵活创新的思想政治教育方法、完善思想政治教育场域等高校思想政治教育生态治理模式优化理路。本研究主要阐述了以下内容：

1. 从历史发展维度回顾高校思想政治教育生态的历史演进、发展特征和基本经验

本研究围绕不同历史时期思想政治教育的中心线和主要任务分析高校思想政治教育生态的历史演进。新民主主义革命时期，中国共产党人通过办学校、办培训班等形式，对青年学生、农民、军人等开展具有思想政治教育形态的教育工作。中国共产党人广泛利用社会生活中的一切积极因素去宣传先进的、科学的理论，既重视通过"教育"手段宣传理论观点，也注重以"渗透"的方式，运用社会生活中"活的教材"去教育和引导广大群众，进而培养更多具有坚定立场和理想信念的无产阶级革命战士。社会主义革命和建设时期，党和国家领导人以培养"又红又专"的社会主义建设者和接班人为目标，更加重视高校思想政治教育。中国共产党人将毛泽东思想纳入高校思想政治教育课程内容，将生产劳动作为高校思想政治教育的重要组成部分，面向社会成员创新开展文艺活动，以期在社会成员中达到修正错误思想观念、宣传主流思想文化的目的，这些都为高校思想政治教育生态的有序运行提供了根本遵循。改革开放和社会主义现代化建设新时期，党和国家进一步强调要围绕学生需要和社会实际开展思想政治教育。高校思想政治教育不断创新教学方法，在全社会范围内通过各种创新手段宣传中国特色社会主义理论体系，增强人民群众对社会主义意识形态的认同。与此同时，将实践教学纳入思想政治教育课程体系，引导青年大学生积极投身国家和革命建设，为高校思想政治教育生态的运行提供了良好的社会生态环境。中国特色社会主义新时代时期，以习近平为核心的党中央更加重视思想政治教育教学。中国共产党人以培养"能够担当民族复兴大任的时代新人"为标准，一以贯之开展马克思主义理论与中国特色社会主义理论教育，注重将理论教育与社会实践相结合，采取青年大学生喜闻乐见的现代媒体技术进行思想教育、政治引导和价值观塑造，推动青年大学生自觉投身中国特色社会主义建设，促进高校思想政治教育生态的有

序运行。

在高校思想政治教育生态的历史变迁呈现鲜明的发展特征。其一，高校思想政治教育生态治理的理念随着时代发展不断深化，经历了从自发到自觉、从感性到理性的发展过程。在新民主主义革命和社会主义革命建设时期，展现的具有生态思维的思想政治教育理念，为高校思想政治教育生态理论的形成和发展奠定了思想自觉。其二，高校思想政治教育生态治理的思维和方法与奋斗主题密切相关。不同历史时期高校思想政治教育生态治理的方式均与该时期的中心任务相契合，如新民主主义革命时期以争夺青年学生、宣传马克思主义理论为主线；社会主义革命建设时期以调动青年参与社会主义建设为重点。高校思想政治教育生态理论和实践的发展，就是在解决不同时期时代变迁的新问题和新挑战中不断创新发展的，具有鲜明的时代性。其三，高校思想政治教育生态治理的场域随着时代的变化而不断扩展。高校思想政治教育生态治理理念、思维方法、治理形态随着时代任务的改变而改变。其四，高校思想政治教育生态治理的内容随着社会发展不断变化。从争取青年赢得革命胜利，到调动青年投身社会主义建设，再到关心青年学生发展，关注青年学生的获得感和幸福感。高校思想政治教育生态治理就是在争取青年、赢得青年的过程中实现青年思想和行为转变这一根本目的。其五，高校思想政治教育生态治理的功能随着时代发展不断延伸。新民主主义革命和社会主义革命建设时期以政治功能为主，目的在于争取革命胜利和国家独立；改革开放和社会主义现代化建设时期以经济功能为主，力争让中国人民和中华民族富起来；在国富民强的社会主义新时代更加重视精神文明建设，这一时期高校思想政治教育生态治理则以文化功能和价值观塑造功能为主。

高校思想政治教育生态历史演变的过程积累了弥足珍贵的基本经验。自新民主主义革命时期以来，中国共产党就开始运用生态思维对青年学生开展思想教育；从社会主义革命建设时期到中国特色社会主义新时代，党和国家领导人更加重视对思想政治教育的政策保障和制度引领。梳理高校思想政治教育生态治理的历史进程，可以发现，高校思想政治教育生态治理的历史就是一部争取青年、赢得青年的历史。历史实践证明，高校思想政治教育生态治理要坚持开展"人文关怀",在关注受教育者的现实需求和切身利益的同时,更要注重对受教育者开展社会价值观教育,进而不断增强高校思想政治教育生态治理的"主体性"和"价值性"作用。高校思想政治教育生态治理的落脚点体现在其社会性上。高校思想政治教育生态治理应以其理论逻辑为基础,以社会实践为教育方法,不断接触社会实际、参与社会实践,解决高校思想政治教育生态治理的现实问题,努力实现"思政小课堂"与"社会大课堂"的有机统一。

2. 从整体上分析高校思想政治教育生态治理的主要内容、关键要素和运行机理

本研究从新民主主义革命时期、社会主义建设时期、改革开放和社会主义现代化建设时期、中国特色社会主义新时代四个历史时期分析高校思想政治教育生态治理的主要内容。新民主主义革命时期,马克思主义是革命学校和高校思想政治教育的重要内容,这一时期马克思主义通过学校的教育手段向青年和工人进行宣传教育,还在社会空间和社会生活中,采取生动的范例将理论和观点"渗透"到广大群众和青年学生中去。社会主义建设时期,高校思想政治教育生态的运行内容朝着系统化、制度化和科学化的方向发展,将毛泽东思想纳入高校思想政治教育课程内容中,并选取社会生活中的典型人物和案例,充分发挥榜样在思想政治教育生态治理中的积极作用。改革开放和社会主义现代化建设时期,高校思想政治教育生态治理的内容始终秉承以马克思主义为指导,并把马克思主义与中国具体实际相结合,形成了邓小平理论、"三个代表"重要思想、科学发展观,形成了中国特色社会主义理论体系。中国特色社会主义理论体系成为高校思想政治教育的重要内容。中国特色社会主义新时代,高校思想政治教育生态的运行内容随着时代的发展而不断集成创新,除了一以贯之开展马克思列宁主义、毛泽东思想、邓小平理论、"三个代表"重要思想、科学发展观、习近平新时代中国特色社会主义思想外,还开展爱国主义教育、理想信念教育等教育。在新时代高校思想政治教育生态治理更重视榜样教育,通过榜样引领,推动青年大学生将核心价值观贯穿于自身实践中,切实促进高校思想政治教育生态的有序运行。

思想政治工作者是高校思想政治教育生态治理的关键力量，在高校思想政治教育生态治理中发挥着重要作用。思想政治工作者是高校思想政治教育制度生态的推动者，通过各种手段对思想政治教育制度生态不断进行优化，使高校思想政治教育制度生态更好地对思想政治教育运行发挥保障作用。这就要求思想政治工作者要立足高校思想政治教育制度生态现状，牢牢把握思想政治教育制度建设方向，吸收既有制度的成果和经验，不断推动高校思想政治教育制度生态治理的发展。思想政治工作者是高校思想政治教育利益机制构建的行动者，在协调和稳定多重利益主体之间利益的平衡发挥着重要作用。高校思想政治教育生态治理要充分满足不同主体之间的利益需求，才能激发他们的育人积极性和主动性。思想政治工作者还是思想政治教育生态治理活动的实施者，要明确教育生态治理的目标，承担起教育生态治理的责任，发挥好教育生态治理的职能，推动高校思想政治教育生态治理效能的有效转化。

厘清高校思想政治工作生态治理的运行机理，是开展高校思想政治工作生态治理的基础。高校日常思想政治工作生态运行机理，按照运行方式分为内部运行、交互运行两个方面。一是内部运行。日常思想政治教育经过长期的发展，已经形成了较完善的运行机制，主要表现在运行载体和运行方式两个维度。高校日常思想政治工作的运行载体包括党团教育、社会实践、管理服务工作等，载体间相互协同，通过针对性、互动性的运行方式，形成育人合力，推动日常思想整治工作的深度拓展。二是交互运行。交互运行是指外部系统与日常思想政治教育体系间的运行状态，这些外部系统包括学科体系、教学体系、教材体系、管理体系等。

3. 立足当下对比分析境内外高校思想政治教育生态的基本状况、治理模式和实践路径

本书研究以中国国内高校和新加坡高校为例，对比分析境内外高校思想政治教育生态治理的发展状况。党的十八大以来，以习近平为核心的党中央高度重视高校思想政治教育，出台了一系列政策加强思想政治教育，为高校思想政治教育生态治理提供了根本遵循。党和国家出台的这些举措为高校思想政治教育生态治理提供了政策层面的保障。此外，高校思想政

治教育的教育内容不断与时俱进,组织机构日益完善,教育方法不断创新,教育途径实现整体联动,推动了高校思想政治教育生态治理实践发展。我国高校思想政治教育总体形成了"以学校党委统筹领导,马克思主义学院统管思想政治理论课,学工部们统管日常思想政治教育工作,党政工团齐抓共管"的治理模式。高校思想政治教育治理模式为高校思想政治教育生态治理模式提供了根本遵循。我国高校思想政治教育生态治理模式以质量为导向,由国家政府和高校师生对思想政治教育进行合作管理,以健全的法律法规、公正的教育环境、公平的教育资源为保障,有效促进高校思想政治教育生态治理得以高质量发展。

新加坡政府从国家宏观角度采取一系列措施对高校思想政治教育进行改革,颁布《德育报告书》全面推行德育教育,培养学生的国家认同、集体主义的价值观。为应对全球化带来的挑战,新加坡教育部提出了青年面向21世纪要培养的能力。新加坡教育部还对不同阶段的学生制定了不同的教育目标,进而帮助他们发现个人价值观和目标,从而协同参与学校的"思想政治教育"。新加坡高校思想政治教育生态治理模式,则与我国的治理模式有较大差异。新加坡自独立以来便将国家的战略目标与高校思想政治教育相结合,因此,新加坡高校思想政治教育治理模式为"国家全权主导型"。20世纪90年代以来,新加坡政府开始出台相关政策调整政府和大学的关系,通过弱化政府权力,强化大学自治,确立了新加坡政府与大学之间的新型关系,新加坡高校思想政治教育不再属于"国家全权主导型"。新加坡高校思想政治教育生态治理模式以思想政治教育治理模式为基础,其治理模式也经历了从"国家全权主导型"向政府监督、大学自治、多方参与治理型模式的转变。

对比国内高校与新加坡高校思想政治教育生态的实践路径,尽管我国和新加坡高校的具体实际情况和办学方针、办学历史不同,但二者存在相似之处。例如：在治理主体方面,国内和新加坡高校均注重激发学生自我教育的治理心态,鼓励学生充分发挥主体意识和创造意识；在思想政治教育方法方面,均注重显性教育与隐形教育相结合,在对国家制度和政策进行宣传教育的同时,也深入挖掘其他课程的思想政治教育资源进行隐形教育；在育人主题方面，均坚持高校与社会、高校与家庭等协同育人，充分发挥高校思想政治教育协同育人的作用。当然，我国国内高校与新加坡高校思想政治教育生态的实践路径之间也存在明显差异，如：在教育内容方面，我国国内高校思想政治教育生态治理模式将社会主义核心价值观教育作为主线纳入思想政治教育，而新加坡高校则是将国家认同教育作为思想政治教育的主线；在教育队伍方面，我国国内高校注重打造一支多元主体、素质优良、主动创新的高校思想政治工作教师队伍开展思想政治教育，新加坡高校则开设学生事务办公室，通过开展不同项目，在活动中渗透"思想政治教育"。

二、全书研究呈现的主要特点

高校思想政治教育生态治理是一项正在进行并且面向未来的治理活动，国家治理现代化为高校思想政治教育生态治理提供了良性运行环境，也提出了更高的要求。本研究以质量为导向推动高校思想政治生态治理体系和治理能力现代化，分析了新时代高校思想政治教育生态治理思路、优化生态治理模式、实施具体措施。本研究呈现出以下特点：

1. 从战略视野积极回应高校思想政治教育服务国家治理现代化的新要求

在系统治理思维下，高校思想政治教育生态治理顶层设计上凸显人本理念，将青年培养为担当民族复兴大任的时代新人，让"立德树人"这一长远性的智力目标导向贯穿于思想政治教育生态治理全过程。加强党的全面领导，健全"立德树人"运行机制，使"立德树人"在高校思想政治教育生态治理中居于核心地位，进而推动高校思想政治教育生态治理的发展。高校坚持从源头治理，紧抓师德师风建设，提升教师综合素养，夯实教师教育体系建设，不断增强教师育人责任担当。聚焦学生"适应－引领"一体化作为高质量的生态治理模式的基本着眼点。一方面，坚持"以生为本"，以围绕学生、关照和服务学生为出发点，加强对不同类型学生的身心特点的认识和把握，发挥主观能动性，积极回应学生疑惑，不断增强学生对思想政治工作者的信任感。另一方面，抓价值观教育和理想信念教育，透彻分析思想理论，发挥强大的真理力量，进而提升思想政治工作者和学生的格局，推动高校思想政治教育生态治理向国家治理体系和治理能力现代化发展。高校构建良性运转的微观治理环境为高质量生态治理提供动力。一方面，遵循机构运行的客观规律和运行逻辑，在学校、党团组织、学生社团和班级中推进民主化建设，使师生在参与民主化建设过程中感受主人翁意识，不断提升获得感；另一方面，在学校、党团组织、学生社团和班级的规章制度建立时融入法治化建设，以学校、党团组织、学生社团和班级成员的实际诉求制定章程，保障师生权益，回应师生疑惑，努力推动高校思想政治教育生态治理服务国家治理体系和治理能力现代化。高校思想政治教育生态治理也注重宏观系统运行，注重自身与国家、社会、政党等宏观环境之间的影响，重视高校思想政治教育系统与宏观环境的其他社会子系统之间的交互运行，用好宏观政策转化机制，实现宏观政策向微观政策有效转化的运行逻辑。将国家关于思想政治教育的一系列政策纳入到高校微观体系中，以制度体系完善和有效运行推动高校思想政治教育生态治理的发展。

2. 从生态治理视角深入思考新时代高校思想政治教育高质量发展的新路径

基于生态治理视角，优化新时代高校思想政治教育生态治理模式的路径，确保高校思想政治教育永葆活力。探索顺畅高效的思想政治教育生态治理机制。思想政治教育生态治理机制包括基本理论传输机制、宏观政策转化机制、学生问题反馈机制、行政职能转变机制。基本理论传输层面，不再局限于理论体系，实现了从单一理论体系向教学体系、实践体系的转变，探索将抽象的、晦涩难懂的理论知识，通过社会实践、集中宣讲等形式讲授给青年，努力实现入脑入心入行。在宏观政策层面，实现了宏观政策向微观政策的转变，将党和国家关于思想政治教育的政策制度纳入高校思想政治教育治理体系中，将政策制度落细落实，有效推动思想政治教育生态治理。在学生问题反馈层面，实现了由单向反馈向互动式反馈的转变，为学生群体提供双向互动、平等交流的平台，推动了高校思想政治教育生态治理的良好发展。在行政职能转变层面，实现了从科层制向扁平化的转变，政府应当适当简政放权，赋予高校更多自主权，进一步激发高校办学活力。打造多元主体的思想政治教育队伍。高校思想政治教育生态治理模式的创新优化，要建设一支多元主体、素质优良、主动创新的高校思想政治专门力量。多元主体是指将党政干部、共青团干部、辅导员、思政课教师、班主任等群体纳入思想政治教育队伍中，充分发挥育人合力，推动高校思想政治教育做到全员育人。此外，对思想政治教育队伍开展专业化、职业化培训，引导高校教师队伍创新思想政治教育工作方法，增强问题意识，提高解决问题能力，进而提高思想政治教育队伍的战斗力。建构以生为本的思想政治教育治理生态。思想政治教育本质是做人的工作。构建起以学生为主体的、贴合学生需求的治理生态，一方面要通过建构师生平等互动的治理生态，打破传统的灌输式教育，转变为采取学生喜闻乐见的教育形式，吸引、提高其学习积极性和主体参与性，形成良好的师生互动氛围，进而提高学习效率。另一方面要构建激发学生自我教育的治理生态，注重对学生的理性引导，激发学生对自我教育、自我参与、自我反思的主体意识，不断提高学生的主观能动性。坚持社会主义核心价值观的主流地位，将社会主义核心价值观这一条主线融入思想政治教育，贯穿思想政治教育教学的全过程，在社会全方位发展的过程中加强社会主义核心价值观的主导作用，使学生将社会主义核心价值观内化为价值追求，形成共同的价值信念。创新思想政治教育方法，是实现思想政治教育高质量发展的需要。注重显性教育与隐形教育相结合，在通过思想政治理论课对学生开展思想教育的基础上，也要深度挖掘、充分汲取社会大课堂中的思政元素，切实发挥隐性育人功能。家庭、学校、社会、网络共同构成了思想政治教育总场域。一方面，坚持学校与家庭、学校与社会育人场域协同联动，形成育人合力，充分发挥高校思想政治教育协同育人效应。另一方面，将实体场域与网络场域相融合。新时代互联网信息技术飞速发展，高校要推动高校思想政治教育生态治理不断优化，必须要契合学生成长发展的特点，充分运用新媒体优势，采用学生喜闻乐见的方式开展思想政治教育，由此增强学生的学习积极性和主动性，进一步推动高校思想政治教育生态治理的发展。

3. 坚持问题导向聚焦破解新时代高校思想政治教育实践发展的现实困境

新时代高校思想政治教育生态治理的重点在思想政治理论课教育教学生态、日常思想政治工作生态、思想政治教育管理服务生态三个方面。思想政治理论课是落实立德树人根本任务的关键课程。当前，开展思想政治理论课教育教学，首先面临着课堂生态群体失衡的问题，即在教师与学生群体中出现不同程度的失衡，主要表现为专业需求与思政教师数量、质量不匹配，教师授课无法满足学生实际需求。其次是思想政治理论课课堂运行要素的失衡，教学内容重复且缺乏实践性，教学方法单一缺乏创新，课堂秩序失范，学生学习积极性不强。最后是思想政治理论课课堂生态失衡，由于思想政治理论课属于公共课，多为大班教学，课堂人数在百人以上，听课学生规模过大导致教师无法根据学生实际情况进行有效指导，且人数过多难以管理，课堂秩序混乱，学习效率低下，进而导致思想政治理论课课堂生态失衡。日常思想政治工作生态方面。高校思想政治工作要善于在应对各种挑战中，真正贯彻"以生为本"的精神。但在新的发展阶段，高校思想政治教育在目标、方法、载体等方面会产生不同的倾向，导致日常思想政治工作生态出现失衡现象。一方面是在思想方面呈现疏离状态，具体表现为在思想理念的上传、下达、协同方面的挑战，这些在思想方面的疏离容易导致高校思想政治教育生态治理无法有序运行。另一方面是在行动上的疏离，主要表现在思政部门与其他部门之间的协同、联动作用不强；开展思想政治工作常以理论教育为主，缺乏实践教育；思想政治工作缺乏个性化、针对性教育。思想政治教育管理服务生态方面。高校思想政治工作的有效开展离不开良好的管理服务。随着时代的发展变化，高校思想政治工作在管理上也面临着挑战。在制度管理方面，党中央围绕思想政治教育学科发展、思想政治工作开展、思想政治理论课改革创新等方面出台了一系列政策意见，当前思想政治教育的学科、教材、教学方面的制度保障越来越成熟，但这也增加了思想政治工作的运行负担，导致思想政治工作创新性不强。在网络化管理方面，在互联网信息技术快速发展的时代，国内外各种社会思潮纷纷涌现，对网络思想政治工作的开展造成了巨大的挑战。如何将网络的优势与日常思想政治工作相结合，充分发挥网络思想政治教育的育人功能，是当前高校开展思想政治工作的重点。在现代化管理方面，高校日常思想政治工作的现代化，不仅是教育理念的现代化，更是教育队伍、教育管理的现代化。当前高校应充分运用现代化手段，运用网络信息平台，通过大数据分析，实时掌握学生的思想状态，但高校却未能将现代化技术充分应用到思想政治工作上，导致现代化管理与高校思想政治工作未能实现深度融合。此外，在思想政治教育载体管理方面，思想政治理论课堂中的传统教学设备未能满足思想政治教育现代化教学的要求，未能以学生喜闻乐见的形式开展教育教学，在一定程度上影响了思想政治理论课教学质量。

三、需要继续深化和拓展研究的重点问题

高校思想政治教育生态治理是思想政治教育研究因事而化、因时而进、因势而新的发展结果，也是服务国家治理体系和治理能力现代化战略部署、回应思想政治教育实践的现实需求，高校思想政治教育生态治理研究也是推动思想政治教育高质量发展重要课题，在很多方面需要科学性、系统性的研究，当下主动要在其发展规律研究、内生动力机制研究、效能转化机制方面进一步深化和拓展。

1. 进一步深化新时代高校思想政治教育生态治理发展规律的研究

运用生态学的理论和国家治理现代化的理论研究高校思想政治教育的理论和实践问题，既是高校思想政治教育服务国家治理体系和治理能力现代化的需要，也是高校思想政治教育运用生态治理的理念和方式，实现新时代高校思想政治教育治理体系和治理能力现代化的需要。高校思想政治教育生态治理理论和实践的研究时间比较短，关于高校思想政治教育生态治理的基础理论的研究还有很多空间，高校思想政治教育生态治理实践经验总结凝炼上升为理论、深化高校思想政治教育生态治理理论研究的实践支撑等方面需要进一步发展。要进一步深化高校思想政治教育生态治理基

础理论的研究，对高校思想政治教育生态治理的基本内涵与特征、理论渊源和基本范畴、要素结构和内在规律等基础性根源性问题的深化研究，进一步增强高校思想政治教育生态治理研究的学理性。要进一步总结凝炼高校思想政治教育生态治理实践中的宝贵经验，转化上升为思想政治教育生态治理理论研究的深厚支撑和丰富滋养，既遵循高校思想政治教育的一般规律，同时更加聚焦问题导向，深入研究高校思想政治教育生态治理中的特殊规律，研究高校思想政治教育生态系统中各要素的构成、结构、运行，以及要素之间、系统内外信息能量交互平衡的内在机理，提升高校思想政治教育生态治理研究的系统性。思想政治教育为人民服务、为中国共产党治国理政服务、为巩固和发展中国特色社会主义制度服务、为改革开放和社会主义现代化建设服务，是思想政治教育本质属性和功能的体现，"我国国家治理体系和治理能力是中国特色社会主义制度及其执行能力的集中体现"[1]，高校思想政治教育生态治理的一切活动都要依照中国特色社会主义制度展开，牢牢把握中国共产党对高校的全面领导的制度优势，依据生态治理的理论，强化思想政治教育实践的研究，推动把党领导高校的制度优势转化为社会主义大学的育人优势。因此，新时代高校思想政治教育生态治理要在国家治理现代化视域下展开，高校思想政治教育治理不能脱离国家治理生态，"要加强习近平新时代中国特色社会主义思想的学习、研究和宣传，不断巩固党执政的青年群众基础"[2]，使之成为精准把握高校思想政治教育实际、推动高校思想政治教育生态治理理论和实践发展的思想和行动指南。

2. 进一步深化新时代高校思想政治教育生态治理内生动力机制研究

思想政治教育生态治理是一项复杂的系统工程，不仅需要外生动力的有效嵌入，最关键的在于通过激发内生动力推动自身发展，要深化研究思想政治教育生态系统中各种资源、环境的共生共享问题，要深化研究思想政治教育生态系统各要素对教育对象发展需求的满足，以及深化研究思想

---

[1] 《中共中央关于坚持和完善中国特色社会主义制度 推进国家治理体系和治理能力现代化若干重大问题的决定》，《人民日报》2019年11月6日。

[2] 冯刚、高山等：《新时代高校思想政治教育治理论》，中国社会科学出版社2021年7月版，第309-310页。

政治教育生态系统各要素的生长与互相适应以及系统结构和功能的动态平衡发展问题。思想政治教育生态治理的内生动力是推动思想政治教育生态治理实践有效运行和促进治理效能转化的内在力量，这种内在力量体现为各种治理主体的有效协同，也表征着各种治理资源的有效整合利用，使思想政治教育在历史与现实的统一、应然与实然的统一中形成"历史合力"。恩格斯指出，"历史是这样创造的：最终的结果总是从许多单个的意志的相互冲突中产生出来的，而其中每一个意志，又是由于许多特殊的生活条件，才成为它所成为的那样"。① 因此，"内生动力在其量的规定性上表现为育人主体的主观能动性及其背后的深层物质力量两类纵深层级"②。以高校思想政治教育生态治理的内生动力推动高校思想政治教育自身的高质量发展，"要在科学理解学生成长发展需求的基础上，完善思想政治教育体制机制的设计、运行和评价"。③ 要优化高校思想政治教育治理供给结构，在充分认识各教育主体特点的基础上，实现多元治理主体的优化配置，提供思想政治教育治理供给结构的科学性和有效性。要发挥思想政治教育生态治理中的文化力量，发挥新时代中国特色社会主义文化的育人优势，提升思想政治教育生态治理中文化熏染的影响力、感召力。高校思想政治教育生态治理本身蕴含了生态学、管理学和思想政治教育学等多学科的交叉，因此，高校思想政治教育生态治理的内生动力机制必然要深化交叉学科视野下的思想政治教育发展研究，既要重视多学科的交叉不断拓展高校思想政治教育研究的有效性，又要坚守高校思想政治教育的学科边际；高校思想政治教育生态治理研究既要避免泛化思想政治教育学科边际，又要克服窄化思想政治教育学科边际的倾向。高校思想政治教育生态治理还要积极面对由于现代信息技术变革带来的大学生思想矛盾和观念冲突，把握历史主动，积极利用智能技术推进高校思想政治教育生态治理自身的科学化、现代化、数智化。

---

① 《马克思恩格斯选集（第四卷）》，人民出版社2012年版，第605页。
② 韩雪娇、刘志：《高校思想政治工作体系构建内生动力的作用机制》，《思想教育研究》2021年第12期。
③ 冯刚：《探索思想政治教育发展的内生动力》，人民出版社2017年版，第224页。

3. 进一步深化新时代高校思想政治教育生态治理效能转化机制研究

"国家治理能力是国家治理体系在运行过程中的效能,决定这一效能的因素包括治理主体能力、治理活动过程、治理文化等。"[①]整个社会就是一个复杂的生态系统,在日趋多元复杂的治理环境下,依托任何单一主体或力量来推动思想政治教育质量提升已不再可能。效能是指"事物所蕴藏的有利的作用"[②],"高校思想政治教育效能是指高校思想政治教育的应然状态"[③]。在国家治理体系和治理能力现代化视域下,高校思想政治教育生态治理效能的应然状态是为推动国家治理体系和治理能力现代化提供正向的动力和能量,为中华民族伟大复兴、党和国家事业后继有人培育德智体美劳全面发展的社会主义建设者和接班人,合目的性和有效性是高校思想政治教育生态治理的鲜明特征,高校思想政治教育生态治理最根本的是落实立德树人根本任务,这是高校思想政治教育生态治理的价值追求。培育时代新人、培养社会主义建设者和接班人,是高校思想政治教育生态治理的目标指向,高校思想政治教育生态治理的有效性体现在社会主义高校人才培养的效果上。解决思想问题与解决实际问题相结合是我们党思想政治教育的宝贵经验。情感治理是思想政治教育治理的重要方式,情感治理强调对人情和伦理的重视与运用。在网络新媒体时代,青年大学生的共同体意识和集体行动不再依靠单一的学生组织约束而直接产生,大学生中情绪情感的聚积与传播效应以及为大学生群体认可的共享情感对他们集体行动的出发具有关键性作用,关注学生、贴近学生、服务学生,对学生的情感动员成为连接学生思想实际和共同行动的重要桥梁。因此,思想政治教育生态治理不仅要关注学生的物质利益,更要关注学生的情感诉求,构建学生"情感共同体""利益共同体""发展共同体"。高校思想政治教育生态治理效能实现有其内在的规律和规定性,有其内在的规律可循,思想政治教育工作根本上是做人的工作,要遵循思想政治工作规律、教书育人规律和学生成

---

① 冯刚、高山等:《新时代高校思想政治教育治理论》,中国社会科学出版社2021年版,第310页。
② 《现代汉语词典》,商务印书馆2017年版,第1165页。
③ 冯刚、高山等:《新时代高校思想政治教育治理论》,中国社会科学出版社2021年版,第327页。

长规律，在思想政治教育生态系统的优化中推动思想政治教育自身的守正创新，源源不断地培养社会主义建设者和接班人。要深入研究党对高校全面领导的领导机制、工作机制和工作体系，推动党的政治建设统领高校立德树人的有效制度机制，把党的领导贯穿高校思想政治教育生态治理全过程、各环节。同时也要加强高校思想政治教育生态治理效能评价的研究，在评价主体、评价要素、评价方法、评价过程、评价导向等方面深化研究，使高校思想政治教育评价更加切合实际、更加体现时代要求。

参考文献

一、著作类

[1]《马克思恩格斯全集》(第3卷),人民出版社1960年版。

[2]《马克思恩格斯全集》(第42卷),人民出版社1979年版。

[3]《马克思恩格斯文集》(第2卷),人民出版社2009年版。

[4]《马克思恩格斯选集》(第1-4卷),人民出版社2012年版。

[5]《列宁全集》(第4卷),人民出版社2013年版。

[6]《毛泽东选集》(第1卷),人民出版社1991年版。

[7]《毛泽东选集》(第3卷),人民出版社1991年版。

[8]《毛泽东文集》(第6卷),人民出版社1999年版。

[9]《毛泽东文集》(第7卷),人民出版社1999年版。

[10]《邓小平文选》(第1卷),人民出版社1994年版。

[11]《习近平谈治国理政》(第1卷),外文出版社2018年版。

[12]《习近平谈治国理政》(第2卷),外文出版社2017年版。

[13]《习近平谈治国理政》(第3卷),外文出版社2020年版。

[14]《习近平重要讲话单行本(2020年合订本)》,人民出版社2021年版。

[15]《习近平关于社会主义社会建设论述摘编》,中央文献出版社2017年版。

[16]中共中央文献研究室:《十四大以来重要文献选编(上)》,人民出版社1996年版。

[17]《在北京大学师生座谈会上的讲话》,人民出版社2018年版。

[18]习近平:《承前启后 继往开来 共创中新关系美好未来》,《中国青年报》2015年11月7日。

[19]《习近平主持召开学校思想政治理论课教师座谈会强调:用新时代中国特色社会主义思想铸魂育人 贯彻党的教育方针落实立德树人根本任务》,《人民日报》2019年3月19日。

[20]《习近平在北京大学师生座谈会上的讲话》,《人民日报》2018年5月3日。

[21]《习近平在全国高校思想政治工作会议上强调:把思想政治工作贯穿教育教学全过程 开创我国高等教育事业发展新局面》,《人民日报》2016年12月9日。

[22]习近平:《胸怀大局把握大势着眼大事 努力把宣传思想工作做得更好》,《人民

日报》2013 年 8 月 21 日。

［23］《中共中央关于坚持和完善中国特色社会主义制度 推进国家治理体系和治理能力现代化若干重大问题的决定》，《人民日报》2019 年 11 月 6 日。

［24］《习近平在全国高校思想政治工作会议上强调：把思想政治工作贯穿教育教学全过程　开创我国高等教育事业发展新局面》，《人民日报》2016 年 12 月 9 日。

［25］《中共中央国务院印发〈新时代爱国主义教育实施纲要〉》，《人民日报》2019 年 11 月 13 日。

［26］杜尚泽：《"大思政课"我们要善用之》，《人民日报海外版》2021 年 3 月 7 日。

［27］《国家中长期教育改革和发展规划纲要（2010—2020 年）》，《人民日报》2010 年 7 月 30 日。

［28］《习近平：把握改革大局自觉服从服务改革大局 共同把全面深化改革这篇大文章做好》，《人民日报》2015 年 5 月 6 日。

［29］刘崇文、陈绍畴：《刘少奇年谱（1898-1969）》，中央文献出版社 1996 年版。

［30］娄永清：《哲学相对论》，人民出版社 2005 年版。

［31］王树荫：《中国共产党思想政治教育史》，中国人民大学出版社 2011 年版。

［32］中共中央文献研究室：《任弼时年谱（1904-1950）》，中央文献出版社 2014 年版。

［33］秦正为：《中国特色社会主义国家利益观》，人民出版社 2013 年版。

［34］俞可平：《治理与善治》，社会科学文献出版社 2000 年版。

［35］余谋昌、王耀先：《环境伦理学》，高等教育出版社 2004 年版。

［36］全球治理委员会：《我们的全球伙伴关系》，牛津大学出版社 1995 年版。

［37］詹姆斯·N·罗西瑙：《没有政府的治理——世界政治中的秩序与变革》，张胜军译，江西人民出版社 2001 年版。

［38］冯刚、高山：《新时代高校思想政治教育治理论》，中国社会科学出版社 2021 年版。

［39］冯刚：《思想政治教育研究热点年度发布 2021》，团结出版社 2022 年版。

［40］冯刚、彭庆红、佘双好、白显良：《新时代高校思想政治教育学原理》，人民出版社 2021 年版。

［41］冯刚、陈飞：《新时代高校立德树人的治理架构与实施路径》，《思想教育研究》2020 年第 7 期。

［42］冯刚：《治理视域下高校思政队伍专业化建设的理论与实践》，《学校党建与思想教育》2020 年第 9 期。

［43］冯刚、史宏月：《思想价值引领在国家治理现代化中的功能研究》，《思想理论教育》2020 年第 2 期。

［44］冯刚、徐先艳:《现代性视域中思想政治教育治理的生成逻辑、基本内涵及时代价值》,《教学与研究》2021 年第 5 期。

［45］冯刚、成黎明:《治理视域下高校思想政治工作体系构建的逻辑与路径》,《思想理论教育》2020 年第 8 期。

［46］秦斌主编:《"05 方案"实施以来广西高校思想政治理论课研究与实践》,人民出版社 2016 年版。

［47］王习胜:《以"三全育人"为导向 构建高校思想政治工作管理体系》,《思想理论教育》2021 年第 4 期。

［48］杨增崒:《生态学方法:思想政治教育研究的一种视野》,《理论与改革》2010 年第 5 期。

［49］钱学森等著:《论系统工程》,湖南科学技术出版社 1982 年版。

［50］陶行知著:《陶行知教育文选》,教育科学出版社 1981 年版。

［51］张耀灿等著:《现代思想政治教育学》,人民出版社 2006 年版。

［52］杨增崒:《思想政治教育生态分析引论》,中国社会科学出版社 2015 年版。

［53］王浦劬、臧雷振编译:《治理理论与实践:经典议题研究新解》,中央编译出版社 2017 年版。

［54］杨东平主编:《2035 迈向教育治理现代化》,人民出版社 2019 年版。

［55］顾建民著:《大学治理模式及其形成机理》,浙江大学出版社 2017 年版。

［56］陈卓:《现代大学制度 变迁与创新》,浙江大学出版社 2021 年版。

［57］陈万柏、张耀灿主编:《思想政治教育学原理》,华中师范大学出版社 2009 年版。

［58］［美］阿尔伯特·班杜拉著《思想和行动的社会基础 社会认知论》单行本,皮连生等译,华东师范大学出版社 2018 年版。

［59］唐克军:《比较思想政治教育学》,华中师范大学出版社 2010 年版。

二、期刊类

［60］代玉启、覃鑫渊:《基于运行的思想政治教育理论体系构建初探》,《河海大学学报(哲学社会科学版)》2021 年第 5 期。

［61］代玉启、李济沅:《思想政治教育的工作形态及优化理路》,《思想教育研究》2021 年第 2 期。

［62］王学风:《多元文化社会的学校道德教育研究——以新加坡为个案》,广东人民出版社 2005 年版。

［63］冯博:《新加坡共同价值观教育研究》,商务印书馆 2021 年版。

［64］杨仲迎：《全媒体融场域下高校思想政治教育协同育人体系构建研究》，《学校党建与思想教育》2021年第2期。

［65］徐勇：《GOVERNANCE：治理的阐释》，《政治学研究》1997年第1期。

［66］杜明峰、范勇、史自词：《学校治理的理论意图与实践进路》，《教育研究》2021年第8期。

［67］王占仁：《高校思想政治教育如何实现全程、全方位育人》，《教育研究》2017年第8期。

［68］孙其昂、张建晓：《基于新理论框架的思想政治教育系统构建》，《河海大学学报（哲学社会科学版）》2020年第1期。

［69］孙其昂、叶方兴：《论思想政治教育的社会性》，《学校党建与思想教育》2013年第4期。

［70］盛明科：《新加坡大学与政府间关系调适的机制设计与制度创新——兼论新加坡经验对中国的启示》，《复旦教育论坛》2013年第3期。

［71］谷伟：《提高高校思想政治教育实效必须加强顶层设计》，《中国成人教育》2014年第3期。

［72］杨晓慧：《加强高校党委在思想政治工作中的顶层设计》，《思想理论教育》2017年第3期。

［73］崔保师、邓友超、万作芳等：《扭转教育功利化倾向》，《教育研究》2020年第8期。

［74］任志锋：《论美国思想政治教育之"名"》，《教学与研究》2018年第4期。

［75］楼艳、郭立群：《构建高校德育共同体：教育生态学的视角》，《国家教育行政学院学报》2021年第3期。

［76］李路曲：《新加坡社会的政治价值观及其作用》，《现代国际关系》1997年第3期。

［77］王思懿、姚荣：《新加坡高等教育治理如何走向现代化——基于"治理均衡器"的理论框架》，《比较教育研究》2018年第1期。

［78］李路曲：《新加坡国家意识形态的变迁》，《武汉大学学报（哲学社会科学版）》2009年第3期。

［79］董雅华：《善用"大思政课"促进教育资源转化：意涵、问题与进路》，《思想理论教育》2022年第4期。

［80］吴鼎福：《教育生态学刍议》，《南京师范大学学报（社会科学版）》1988年第3期。

［81］刘宏明：《教育生态学视野中的高校思想政治教育——社会公正对大学生核心价值观培养的影响研究》，《中国成人教育》2010年第14期。

［82］徐倩：《包容性治理：社会治理的新思路》，《江苏社会科学》2015年第4期。

［83］吴松强：《生态学视阈下高校思想政治教育的生态合力研究》，《教育探索》

2012年第9期。

［84］马雪松、冯修青:《中国共产党制度建设的百年探索:历史视野、主要经验及治理效能》,《云南社会科学》2021年第1期。

［85］叶方兴:《思想政治教育社会化：一个概念的辨析与理解》,《学校党建与思想教育》2017年第13期。

［86］叶方兴:《社会分化与价值引导——思想政治教育社会学的基本问题论析》,《思想教育研究》2015年第5期。

［87］叶方兴:《思想政治教育的社会观论析》,《思想理论教育》2016年第12期。

［88］叶方兴:《思想政治教育的社会视界》,广西师范大学出版社2020年版。

［89］高涵、周明星:《教育生态学的历史演进与学科定位》,《湖南农业大学学报》(社会科学版)2014年第1期。

后 记

党的十九届四中全会审议通过的《中共中央关于坚持和完善中国特色社会主义制度 推进国家治理体系和治理能力现代化若干重大问题的决定》,总结了国家制度和国家治理体系的优势,强调要加强制度理论研究和宣传教育,指出"加强和改进学校思想政治教育,建立全员、全程、全方位育人体制机制"。高校思想政治教育要适应和契合国家治理现代化的总体要求。同时,《深化新时代教育评价改革总体方案》指出要"把思想政治工作作为学校各项工作的生命线紧紧抓在手上,贯穿学校教育管理全过程",为高校思想政治教育治理提供了质量标准和评价依据。在治理现代化、教育现代化和教育评价改革多重背景下,高校思想政治教育治理的基础理论、重点内容、动力系统、评价方式需要进一步深化研究。为系统构建高校思想政治教育治理体系和治理能力的学理和实践体系,由北京师范大学思想政治工作研究院院长冯刚教授担任总主编,邀请高校思想政治教育领域的理论与实践专家,共同编撰了高校思想政治教育治理系列丛书。冯刚、吴满意、张晓飞、吴振礼、徐先艳、严帅、王振等负责丛书总体策划和框架设计,丛书包括《高校思想政治教育治理引论》《高校思想政治教育治理能力研究》《高校思想政治教育数据治理研究》《高校思想政治教育生态治理研究》《高校思想政治教育治理评价研究》共五册。

其中,《高校思想政治教育生态治理研究》由代玉启、白永生负责全书框架设计,作者分别是:导论(代玉启、姚昱帆)、第一章(杨晓帆)、第二章(梁丽)、第三章(董智慧)、第四章(白永生、唐银梅)、第五章(周钰姗)、第六章(姚昱帆)、第七章(白永生、覃泰树)、第八章(代玉启、

后 记

李济沅)、结语(白永生、王淇淇)。代玉启、白永生、杨晓帆、陈宇轩等负责统稿。董智慧、杨瑞、徐硕、王天玲、王淇淇、莫舒惠等协助相关文献整理。

  本书在撰写过程中,参考了经典著作、政策文献以及大量专家学者的研究论著和学术论文,在文中采用脚注方式进行了表明,同时将相关参考资料附在书后,在此深表感谢!因全书涵盖思想政治教育以及相关学科的理论研究、经验总结、比较分析、案例分析等多领域内容,限于时间、精力和篇幅,恳请专家同行和广大读者对本书的不足予以批评指导。

作 者
2022 年 5 月